A REPRODUÇÃO

Dados Internacionais de Catalogação na Publicação (CIP)
(Câmara Brasileira do Livro, SP, Brasil)

Bourdieu, Pierre, 1930-2002.
  A reprodução : elementos para uma teoria do sistema de ensino / Pierre Bourdieu, Jean-Claude Passeron ; tradução de Reynaldo Bairão ; revisão de Pedro Benjamin Garcia e Ana Maria Baeta. 8. ed. – Petrópolis, RJ : Vozes, 2023.
  Título original: La reproduction : éléments pour une théorie du système d'enseignement
  ISBN 978-85-326-6563-8
  1. Educação – Filosofia 2. Integração escolar 3. Pedagogia 4. Sociologia educacional I. Passeron, Jean-Claude. II. Título.

08-01227 CDD-306.43

Índices para catálogo sistemático:
1. Sistema educacional : Teoria : Sociologia educacional   306.43

PIERRE BOURDIEU
JEAN-CLAUDE PASSERON

A REPRODUÇÃO

ELEMENTOS PARA UMA TEORIA DO SISTEMA DE ENSINO

Tradução de Reynaldo Bairão
Revisão de Pedro Benjamin Garcia e Ana Maria Baeta

Petrópolis

© 1970, Les Éditions de Minuit

Tradução do original em francês intitulado *La reproduction – Éléments pour une théorie du système d'enseignement*

Direitos de publicação em língua portuguesa:
2008, Editora Vozes Ltda.
Rua Frei Luís, 100
25689-900 Petrópolis, RJ
www.vozes.com.br
Brasil

Todos os direitos reservados. Nenhuma parte desta obra poderá ser reproduzida ou transmitida por qualquer forma e/ou quaisquer meios (eletrônico ou mecânico, incluindo fotocópia e gravação) ou arquivada em qualquer sistema ou banco de dados sem permissão escrita da editora.

CONSELHO EDITORIAL

Diretor
Volney J. Berkenbrock

Editores
Aline dos Santos Carneiro
Edrian Josué Pasini
Marilac Loraine Oleniki
Welder Lancieri Marchini

Conselheiros
Elói Dionísio Piva
Francisco Morás
Gilberto Gonçalves Garcia
Ludovico Garmus
Teobaldo Heidemann

Secretário executivo
Leonardo A.R.T. dos Santos

Editoração: Maria da Conceição Borba de Sousa
Diagramação: Sheilandre Desenv. Gráfico
Capa: Sérgio Gonzalez

Esta obra teve duas edições anteriores publicadas pela
Francisco Alves Editora S.A.

ISBN 978-85-326-6563-8 (Brasil)
ISBN 2-7073-0226-0 (França)

Este livro foi composto e impresso pela Editora Vozes Ltda.

Le capitaine Jonathan,
Etant âgé de dix-huit ans,
Capture un jour un pélican
Dans une île d'Extrême-Orient.
Le pélican de Jonathan,
Au matin, pond un oeuf tout blanc
Et il en sort un pélican
Lui ressemblant étonnamment.
Et ce deuxième pélican
Pond, à son tour, un oeuf tout blanc
D'où sort, inévitablement,
Un autre Qui en fait autant.
Cela peut durer très longtemps
Si l'on ne fait pas d'omelette avant*.

Robert Desnos. *Chantefleurs, chantefables.*

---

* A tradução literal deste poema seria: O Capitão Jonathan / Estando com a idade de dezoito anos, / Captura, em certo dia, um pelicano / Numa ilha do Extremo Oriente. / O pelicano de Jonathan, / De manhã, põe um ovo inteiramente branco, / E daí sai um pelicano / Espantosamente parecido com ele. / E esse segundo pelicano, / Por sua vez, põe um ovo inteiramente branco, / De onde sai, inevitavelmente, / Um outro que faz o mesmo. / Isso pode persistir por muito tempo / Se antes não fizermos um omelete.

Este livro não teria sido possível sem o trabalho coletivo de todos os pesquisadores do Centro de Sociologia Europeia da École Pratique des Hautes Études. Agradecemos muito especialmente aqueles dentre eles que nos favoreceram com suas sugestões ou com suas críticas: L. Baltanski, R. Castel, J.-C. Chamboredon, P. Saint-Martin e P. Maldidier. Agradecemos igualmente a MM. J. Brunschwicg, J. Lindon, J.-C. Pariente e M. Verret as indicações preciosas que nos transmitiram a propósito deste texto. Agradecemos finalmente a M.-C. Hénocque que datilografou [sic], com uma extrema paciência, as numerosas versões sucessivas deste trabalho*.

---

* Nota da edição original francesa.

Sumário

Apresentação (Nadia Gaiofatto Gonçalves), 9

Prefácio, 13

Livro 1. Fundamentos de uma teoria da violência simbólica, 19

Livro 2. A manutenção da ordem, 99

    Capítulo 1. Capital cultural e comunicação pedagógica, 101

    Desigualdades ante a seleção e desigualdades de seleção, 103

    Da lógica do sistema à lógica de suas transformações, 130

    Capítulo 2. Tradição erudita e conservação social, 147

    Autoridade pedagógica e autoridade da linguagem, 149

    Linguagem e relação com a linguagem, 158

    Conversação e conservação, 173

    Capítulo 3. Eliminação e seleção, 185

    O exame na estrutura e na história do sistema de ensino, 169

    Exame e eliminação sem exame, 203

    Seleção técnica e seleção social, 221

Capítulo 4. A dependência pela independência, 227

As funções particulares do "interesse geral", 230

A indiferenciação das funções e a indiferença às diferenças, 240

A função ideológica do sistema de ensino, 250

Apêndice – A evolução da estrutura das oportunidades de acesso ao ensino superior: deformação ou translação?, 275

Índice de temas e de nomes, 291

Apresentação

Muito pertinente a iniciativa da Editora Vozes em publicar novamente a obra *A reprodução*, de Pierre Bourdieu e Jean-Claude Passeron, que se encontrava esgotada, no Brasil. Este livro, lançado na França em 1970, tornou-se um clássico nas discussões sobre a instituição escolar e o sistema de ensino, sua função na sociedade e o papel dos agentes que os compõem. Os autores escreveram três livros em parceria: *Les héritiers, les étudiants et la culture* (*Os herdeiros, os estudantes e a cultura*) (1964), no qual discutem a relação existente entre o capital cultural e a seleção social e escolar na França; *Le métier de sociologue: préalables épistémologiques* (*A profissão do sociólogo: preliminares epistemológicas*) (1967), defendendo uma postura científica que implica no rompimento do sociólogo com o senso comum, e a necessária relação entre teoria e pesquisa empírica; e *La reproduction – Éléments pour une théorie du système d'enseignement* (*A reprodução – Elementos para uma teoria do sistema de ensino*) (1970), em que retomam questões inicialmente abordadas em *Os herdeiros*, sistematizando as relações existentes entre o sistema de ensino e a sociedade, ou a ordem social, e reafirmando a preocupação com a construção teórica articulada à pesquisa empírica.

Ambos se formaram em Filosofia na *École Normale Supérieure*. Essa área de conhecimento era estabelecida, na década de 1950, no campo intelectual francês, como de consagração, e seus princípios negavam a relação com o campo empírico, o que os incomodava profundamente. Tanto que passaram a pesquisar e produzir trabalhos sociológicos, como é o caso das três obras acima mencionadas.

Pode-se afirmar que *A reprodução* (publicada aqui em 1975) marca o primeiro grande impacto de Pierre Bourdieu no pensamento educacional brasileiro. Curiosamente, quando se faz referência ao livro, quase não há menções a Jean-Claude Passeron, provavelmente porque sua produção acadêmica posterior não teve recepção significativa no Brasil no campo educacional. Em relação a Bourdieu, é preciso lembrar que essa obra não esgota suas proposições, pois continuou a desenvolvê-las.

Em *A reprodução*, Bourdieu e Passeron analisam o sistema de ensino francês do final da década de 1960, sistematizando e descrevendo os mecanismos pelos quais a violência simbólica é exercida pela instituição escolar e seus agentes que, em geral, ignoram que contribuem para legitimá-la socialmente.

O livro é dividido em duas partes: "Fundamentos de uma teoria da violência simbólica" e "A manutenção da ordem". No prefácio os autores já alertam que embora a primeira seja constituída de proposições teóricas, logicamente articuladas, acerca da produção, manifestação, manutenção e legitimação da violência simbólica na e pela instituição escolar, e a segunda, da aplicação dessas proposições em um caso específico, não é possível dissociá-las. Isso porque a sistematização teórica só pôde ser elaborada a partir do estudo do campo empírico, e o campo empírico só pôde ser compreendido e ter seus mecanismos de funcionamento desvelados com a aplicação das proposições teóricas.

Em "Fundamentos de uma teoria da violência simbólica" são apresentadas as relações lógicas mais relevantes, inclusive com sua organização em um esquema inicial, a fim de que o leitor as acompanhe. O texto é organizado na forma de *enunciados*, numerados de acordo com o esquema, e traz noções e conceitos, como violência simbólica, campo, *habitus*, capital (em suas várias dimensões). Articulados entre si e aplicados ao campo escolar, eles são utilizados para desvendar as relações existentes entre a ordem social e as práticas educativas; daí a discussão sobre o trabalho, a ação e a autoridade pedagógica.

Os enunciados e conceitos são aplicados ao sistema de ensino francês em "A manutenção da ordem". Nessa segunda parte do livro encontram-se dados históricos e empíricos, que ilustram e evidenciam a pertinência das proposições teóricas para o caso em questão.

Devido ao texto hermético da primeira parte da obra, não há prejuízo se o leitor preferir iniciar sua apreciação pela segunda parte, invertendo a ordem estabelecida pelos autores.

Uma das principais críticas feitas ao livro é a ênfase na argumentação acerca da escola e de seus agentes como colaboradores da reprodução social. Considerando-se que na década de 1970 no Brasil a ideia da escola libertadora e democrática estava em seu auge, ter desvendados mecanismos que dificultavam e que poderiam inviabilizar a prática desse projeto chocou e irritou a muitos, em especial porque era salientada a cumplicidade, mesmo que inconsciente, dos agentes dessa instituição para legitimar e promover a reprodução da ordem social. Apesar de o estudo referir-se ao sistema de ensino francês, elementos em comum foram identificados em relação ao caso brasileiro, bem como a pertinência de grande parte das proposições teóricas. Infelizmente, alguns daqueles que criticam as proposições presentes dessa obra limitaram-se unicamente à sua leitura, em geral superficial e descontextualizada, ignorando seus limites e os desdobramentos posteriores das ideias e do tema pelos autores.

Bourdieu passa parte de sua trajetória posterior explicando e evidenciando que não defendiam a reprodução, nem a compreendiam como inevitável. Por exemplo, em entrevista concedida a Maria Andréa Loyola em 1999, ou

11

seja, trinta anos depois da publicação de *A reprodução*, a primeira pergunta remete aos mal-entendidos que envolveram o livro, e ele responde:

> [...] Para mim, ainda hoje é surpreendente, como foi naquela época, que o fato de dizer que uma instância como o sistema de ensino contribui para conservar as estruturas sociais, ou dizer que as estruturas tendem a se conservar ou se manter – o que é uma constatação –, é surpreendente que essa constatação seja percebida como uma declaração conservadora. Basta pensarmos um pouco para percebermos que o mesmo enunciado sobre a existência de mecanismos de conservação pode ter um caráter revolucionário. [...] Quando você diz *as coisas são assim*, pensam que você está dizendo *as coisas devem ser assim*, ou *é bom que as coisas sejam dessa forma*, ou ainda o contrário, *as coisas não devem mais ser assim*.
>
> [...] será que mudei? Não. Continuo a pensar que o sistema de ensino contribui para conservar. Insisto sobre o *contribui*, o que é muito importante aqui. Não digo *conserva, reproduz*; digo *contribui para conservar* (2002, p. 13-14, itálicos no original).

Por fim, nunca é demais lembrar que quando da leitura de uma obra de autores estrangeiros deve-se lembrar do contexto dessa produção, no tempo e no espaço. Cabe ao leitor a reflexão, a análise sobre a pertinência ou não dos enunciados e a possibilidade de sua utilização para compreender outra realidade com história e cultura, bem como tempo distinto, e também, caso se interesse pelo tema e autores, conhecer os desdobramentos e desenvolvimento posterior de seus estudos, o que é possível no Brasil, em especial tratando-se de Bourdieu. As apropriações e usos das proposições dos autores são de responsabilidade de quem se dispõe a aplicá-los.

Curitiba, fevereiro de 2008
Nadia Gaiofatto Gonçalves
Doutora em Educação; docente da
Universidade Federal do Paraná

Prefácio

A composição desta obra em duas partes à primeira vista muito desiguais em seu modo de exposição não deve evocar a representação comum da divisão do trabalho intelectual entre as tarefas por etapas do empirismo e um trabalho teórico que tivesse em si mesmo seu começo e seu fim. Diferentemente de um simples catálogo de relações de fato ou de uma soma de conceitos teóricos, o corpo de proposições apresentado na primeira parte (Livro I) é o resultado de um esforço para constituir, num sistema justificável do controle lógico, de um lado proposições que foram construídas pelas e para as próprias operações da pesquisa ou que surgiram como logicamente exigidas para estabelecer os resultados, e por outro lado proposições teóricas que permitiram construir, por dedução ou por especificação, proposições diretamente justificáveis do controle empírico[1].

Ao termo deste processo de retificação recíproca, as análises do Livro II podem ser consideradas como uma aplicação a um caso historicamente determinado de princípios que, por sua generalidade, autorizariam outras aplicações, embora essas análises tenham servido de ponto de partida à construção dos princípios enunciados no Livro I. Porque essa primeira parte dá sua coerência às pesquisas

---

1. Se bem que tenha sua autonomia, esta teoria da ação pedagógica baseia-se numa teoria das relações entre o arbitrário cultural, o hábito e a prática que receberá seu completo desenvolvimento numa obra em preparo da autoria de Pierre Bourdieu.

que abordam o sistema de ensino sob um prisma cada vez diferente (seja sucessivamente em suas funções de comunicação, de inculcação de uma cultura legítima, de seleção e de legitimação), cada um dos capítulos conduz sempre, por caminhos diferentes, ao mesmo princípio de inteligibilidade; isto é, ao sistema das relações entre o sistema de ensino e a estrutura das relações entre as classes, ponto central da teoria do sistema de ensino, que se constituiu enquanto tal à medida que seu poder de construção dos fatos se afirmou no trabalho sobre os fatos.

A lembrança das transformações sucessivas que sofreu o corpo das proposições apresentadas no Livro I (que tendiam todas a substituir proposições por outras mais poderosas, engendrando por sua vez novas proposições ligadas aos princípios por relações mais numerosas e mais fechadas) bastaria para evitar que se considere inevitável o estado atual da formulação desse sistema de proposições, entretanto unidas por relações necessárias, se não soubéssemos que tal acontece a todo corpo de proposições, e mesmo de teoremas, considerado num momento de sua história. As orientações que comandaram a escolha de impelir mais ou menos longe a pesquisa estavam implicadas no próprio projeto deste livro: o desenvolvimento desigual dos diferentes momentos não pode com efeito se justificar senão em função do propósito de levar a regressão na direção dos princípios ou a especificação das consequências tão longe quanto fosse necessário, a fim de ligar a seu fundamento teórico as análises apresentadas no Livro II.

Desde que se afasta a inconveniência de se forjar uma língua artificial, não é possível eliminar completamente, mesmo multiplicando-se as precauções, as ressonâncias e os harmônicos ideológicos que todo léxico sociológico desperta inevitavelmente no leitor. De todas as maneiras possíveis de ler este texto, a pior seria sem dúvida a leitura moralizante que, apoiando-se sobre as conotações éticas ligadas, pelo uso corrente, a termos técnicos tais como *legitimidade* ou *autoridade*, transformaria as comprovações de um fato em justificações ou em denúncias; ou que, tomando efeitos objetivos por produtos da ação intencional, consciente e voluntária dos indivíduos ou dos grupos, encontraria malévola mistificação ou ingenuidade culpável aí onde só se diz *dissimulação* ou *desconhecimento*. Eis um outro tipo de mal-entendido que poderia suscitar o emprego de termos como *violência* ou *arbitrário* que, talvez mais do que quaisquer outros conceitos utilizados neste texto, se prestam a múltiplas interpretações; pois ocupam uma posição ao mesmo tempo ambígua e eminente no campo ideológico pela multiplicidade de suas utilizações presentes e passadas, ou melhor, pela diversidade das posições que os utilizadores presentes e passados destes termos ocuparam no campo intelectual e político. Deveríamos ter o direito de recorrer ao termo *arbitrário* para designar isso somente, o que se dá por uma definição determinada, sem a obrigação de tratar de todos os problemas direta ou indiretamente evocados por esse conceito; e, menos ainda, sem a obrigação de entrar nos debates crepusculares em que todos os filósofos podem acreditar-se sábios e todos os sábios filósofos; nem nas discussões neossaussureanas ou parachomskianas sobre o arbitrário e/ou a necessidade do signo e/ou do sistema de signos, ou sobre os limites naturais das variações culturais, discussões e debates que devem o essencial de seu sucesso ao fato de colocarem no gosto do dia os mais tristes tópicos da tradição escolar. Definir o arbitrário cultural pelo fato de que ele não poderá ser deduzido de nenhum princípio é apenas mostrar, graças a esse *constructum* lógico desprovido de referente sociológico e, *a fortiori*, psicológico, o meio de constituir a ação pedagógica em sua verdade objetiva; e, igualmente, o meio de colocar a questão sociológica das condições sociais capazes de excluir a questão lógica da possibilidade de uma ação, que só pode alcançar seu efeito próprio quando se encontra objetivamente desconhecida a sua verdade objetiva de imposição de um arbitrário cultural.

Essa questão pode, por sua vez, especificar-se na questão das condições institucionais e sociais, que fazem com que uma instituição possa declarar expressamente sua prática pedagógica enquanto tal sem trair a verdade objetiva dessa prática. Desde que o termo de arbitrário se refere, numa outra de suas acepções, a um puro poder de fato, isto é, a um outro *constructum*, igualmente desprovido de referente sociológico – graças ao qual se pode colocar a questão das condições sociais e institucionais capazes de fazer desconhecer esse poder de fato e de fazê-lo ser reconhecido como autoridade legítima –, ele é adequado para lembrar continuamente a relação originária que une o arbitrário da imposição e o arbitrário do conteúdo imposto. Compreende-se que o termo de *violência simbólica*, que diz expressamente a ruptura com todas as representações espontâneas e as concepções espontaneístas da ação pedagógica como ação não violenta, seja imposto para significar a unidade teórica de todas as ações caracterizadas pelo duplo arbitrário da imposição simbólica. Compreende-se ao mesmo tempo a dependência dessa teoria geral das ações de violência simbólica (sejam elas exercidas pelo curandeiro, pelo feiticeiro, pelo padre, pelo profeta, pelo propagandista, pelo professor, pelo psiquiatra ou pelo psicanalista) a uma teoria geral da violência e da violência legítima. Dependência de que é testemunha diretamente a substitutibilidade das diferentes formas de violência social e, indiretamente, a homologia entre o monopólio escolar da violência simbólica legítima e o monopólio estatal do exercício legítimo da violência física.

Aqueles que não desejarem ver num tal projeto senão o efeito de um faccionismo político ou de um irredentismo de caráter não deixarão de sugerir que é preciso ser cego às evidências do bom-senso para tentar apoderar-se das funções sociais da violência pedagógica e para constituir a violência simbólica como uma forma da violência social no exato momento em que o enfraquecimento do modo de imposição mais "autoritária" e a renúncia às técnicas as mais brutais de *coerção* pareciam justificar, mais do que nunca, a fé otimista na moralização da história só pelas virtudes do progresso técnico e do crescimento econômico. Isso será ignorar a questão sociológica das condições sociais que devem ser preenchidas para que se torne possível a explicitação científica das funções sociais de uma instituição: não é um acaso se o momento em que se opera a passagem de técnicas brutais de imposição a técnicas mais sutis é sem dúvida o mais favorável para dar a conhecer a verdade objetiva dessa imposição. As condições sociais que fazem com que a transmissão do poder e dos privilégios deva tomar, mais do que em nenhuma outra sociedade, os caminhos desviados da consagração escolar ou que impedem que a violência pedagógica possa se manifestar em sua verdade de violência social são também as condições que tornam possíveis a explicação da verdade da ação pedagógica, quaisquer que sejam as modalidades, mais ou menos brutais, segundo as quais ela se exerce. Se "não existe ciência senão do que é oculto", compreende-se que a sociologia tenha muito a ver com as forças históricas que, a cada época, constrangem a verdade das relações de força a se revelar, nem que seja pelo fato de obrigá-las a se ocultarem cada vez mais.

Livro 1

Fundamentos de uma teoria da violência simbólica

Poder-se-ia, para evitar um pouco os rodeios e os discursos sem pé nem cabeça, obrigar todo arengador a enunciar no começo de seu discurso a proposição que ele quer fazer.
J.-J. Rousseau. *O governo da Polônia.*

Não podendo o legislador empregar nem a força nem o raciocínio, é uma necessidade que ele recorra a uma autoridade de outra ordem, que possa conduzir sem violência e persuadir sem convencer. Eis o que forçou em todos os tempos os chefes das nações a recorrer à intervenção do céu.
J.-J. Rousseau. *O contrato social.*

Abreviações utilizadas no Livro 1
AP: ação pedagógica
AuP: autoridade pedagógica
TP: trabalho pedagógico
AuE: autoridade escolar
SE: sistema de ensino
TE: trabalho escolar

Estas convenções gráficas têm por função lembrar aos leitores que os conceitos que elas designam constituem eles mesmos uma estenografia de sistemas de relações lógicas que não seria possível enunciar completamente em todas as proposições, ainda que sejam necessários à construção dessas proposições e que sejam a condição de uma interpretação adequada. Se esse processo não foi estendido a todos os conceitos "sistemáticos" que são utilizados aqui (por exemplo, arbitrário cultural, violência simbólica, relação de comunicação pedagógica, modo de imposição, modo de inculcação, legitimidade, *ethos*, capital cultural, *habitus*, reprodução social, reprodução cultural), isso se deveu ao objetivo de evitar que a leitura se tornasse inutilmente difícil.

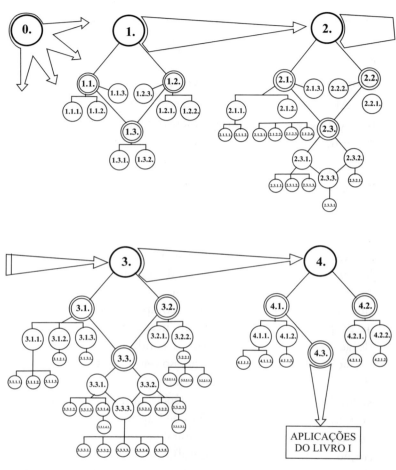

Índice gráfico do Livro I

Esse esquema tem por função ajudar o leitor a aprender a organização do corpo de proposições apresentado no Livro I, mostrando as relações lógicas mais importantes e as correspondências entre as proposições do mesmo grau.

0. Todo poder de violência simbólica, isto é, todo poder que chega a impor significações e a impô-las como legítimas, dissimulando as relações de força que estão na base de sua força, acrescenta sua própria força, isto é, propriamente simbólica, a essas relações de força.

Escólio 1. Recusar este axioma que enuncia simultaneamente a autonomia e a dependência relativas das relações simbólicas frente às relações de força resumir-se-ia a negar a possibilidade de uma ciência sociológica: com efeito, considerando-se que todas as teorias implícita ou explicitamente construídas sobre a base de axiomas diferentes conduziriam seja a colocar a liberdade criadora dos indivíduos ou dos grupos dentro de princípio da ação simbólica, considerada como autônoma em relação às suas condições objetivas de exercício, seja para destruir a ação simbólica enquanto tal, nela recusando toda autonomia em relação às suas condições materiais de existência, tem-se o direito de considerar este axioma como um princípio da teoria do conhecimento sociológico.

Escólio 2. É suficiente reaproximar as teorias clássicas dos fundamentos do poder, as de Marx, de Durkheim e de Weber, para ver que as condições que tornam possível a constituição de cada uma delas excluem a possibilidade da construção do objeto que operam as outras. Assim, Marx se opõe a Durkheim no que ele percebe como o produto de uma denominação de classe em que Durkheim (que não explica jamais tão claramente sua filosofia social, exceto em matéria de sociologia da educação, lugar privilegiado da ilusão do consenso) não vê senão o efeito de um constrangimento social indiviso. Sob um outro prisma, Marx e Durkheim se opõem a Weber quando contradizem, pelo seu objetivismo metodológico, a tentação de ver nas relações de poder apenas relações interindividuais de influência ou de domínio, e de representar as diferentes formas de poder (político, econômico, religioso etc.) como diversas modalidades da relação sociologicamente indiferenciada do poder (*Macht*) de um agente sobre um outro. A reação contra as representações artificialistas da ordem social leva Durkheim a pôr ênfase sobre a exterioridade da coerção enquanto Marx, interessado em revelar sob as ideologias da legitimidade as relações de violência que as apoiam tende a minimizar, em sua análise dos efeitos da ideologia dominante, a eficácia real do esforço simbólico das relações de força, que implica o reconhecimento pelos dominados da legitimidade da dominação. Weber se opõe a Durkheim, como a Marx, por ser o único a escolher expressamente para objeto de análise a contribuição específica que as representações de legitimidade trazem ao exercício e à perpetuação do poder, apesar de que, fechado numa concepção psicossociológica dessas representações, ele não possa se interrogar, como o faz Marx, sobre as funções que preenchem nas relações sociais o desconhecimento da verdade objetiva dessas relações como relações de força.

1. Do duplo arbitrário da ação pedagógica

1. Toda ação pedagógica (AP) é objetivamente uma violência simbólica enquanto imposição, por um poder arbitrário, de um arbitrário cultural.

Escólio. As proposições que se seguem (até as proposições de grau 3 inclusive) compreende-se por toda AP, quer esta seja exercida por todos os membros educados de uma formação social ou de um grupo (educação difusa); quer pelos membros do grupo familiar aos quais a cultura de um grupo ou de uma classe confere essa tarefa (educação familiar); ou pelo sistema de agentes explicitamente convocados para esse fim por uma instituição com função direta ou indiretamente, exclusiva ou parcialmente educativa (educação institucionalizada). Ou ainda, salvo especificação expressa, que essa AP vise a reproduzir o arbitrário cultural das classes dominantes ou das classes dominadas. Dito de outra maneira, o alcance dessas proposições encontra-se definido pelo fato de que elas convêm a toda formação social, entendida como sistema de relações de força e de sentido entre grupos ou classes. Segue-se que se impôs um limite, nos três primeiros pontos, quanto a multiplicar os exemplos supostos ao caso de uma AP dominante de tipo escolar, para evitar de sugerir, mesmo implicitamente, uma restrição da validade das proposições relativas a toda AP. Reservou-se a seu momento lógico (proposições de grau 4) a especificação das formas e dos efeitos de uma AP que se exerce no quadro de uma instituição escolar; é somente na última proposição (4.3) que se encontra caracterizada expressamente a AP escolar que reproduz a cultura dominante, contribuindo desse modo para reproduzir a estrutura das relações de força, numa formação social em que o sistema de ensino dominante tende a assegurar-se do monopólio da violência simbólica legítima.

1.1. A AP é objetivamente uma violência simbólica, num primeiro sentido, enquanto as relações de força entre os grupos ou as classes constitutivas de uma formação social estão na base do poder arbitrário que é a condição da instauração de uma relação de comunicação pedagógica, isto é, da imposição e da inculcação de um arbitrário cultural segundo um modo arbitrário de imposição e de inculcação (educação).

Escólio. Assim, as relações de força que são constitutivas das formações sociais com descendência patrilinear e das formações sociais com descendência matrilinear se manifestam diretamente nos tipos de AP, correspondendo a cada um dos dois sistemas de sucessão. Num sistema de descendência matriarcal em que o pai não detém autoridade jurídica sobre o filho enquanto que o filho não tem nenhum direito sobre os bens e os privilégios do pai, o pai só pode apoiar sua AP sobre sanções afetivas ou morais (ainda que o grupo lhe outorgue seu apoio, em última instância, no caso em que as suas prerrogativas sejam ameaçadas) e não dispõe da assistência jurídica que lhe é assegurada quando, por exemplo, ele quer afirmar seu direito aos serviços sexuais de sua esposa. Ao contrário, num sistema de descendência patriarcal, em que o filho, dotado de direitos explícitos e juridicamente sancionados sobre os bens e os privilégios do pai, mantém com ele uma relação competitiva, na verdade conflitual (como o sobrinho com o tio materno num sistema matrilinear), o pai "representa o poder da sociedade enquanto força no grupo doméstico" e pode a esse título colocar sanções jurídicas a serviço da imposição de sua AP (Fortes, Goody). Se não é o caso de se ignorar a dimensão propriamente biológica da relação de imposição pedagógica, isto é, a dependência biologicamente condicionada que é correlativa da impotência infantil, é preciso ainda afirmar-se que não se pode fazer abstração das determinações sociais que especificam em todos os casos a relação entre os adultos e as crianças. Inclusive quando os educadores não são outros senão os pais biológicos (as determinações ligando-se à estrutura da família ou à posição da família na estrutura social).

1.1.1. Enquanto poder simbólico que não se reduz jamais por definição à imposição da força, a AP não pode produzir seu efeito próprio, isto é, propriamente simbólico, a não ser na medida em que se exerce numa relação de comunicação.

1.1.2. Enquanto violência simbólica, a AP não pode produzir seu efeito próprio, isto é, propriamente pedagógico, senão quando são dadas as condições sociais da imposição ou da inculcação, isto é, as relações de força que não estão implicadas numa definição formal da comunicação.

1.1.3. Numa formação social determinada, a AP que as relações de força entre os grupos ou as classes constitutivas dessa formação social põem em posição dominante no sistema das AP é aquela que, tanto por seu modo de imposição como pela delimitação daquilo que ela impõe e daqueles a quem ela o impõe, corresponde o mais completamente, ainda que sempre de maneira mediata, aos interesses objetivos (materiais, simbólicos e, sob a relação considerada aqui, pedagógicos) dos grupos ou classes dominantes.

Escólio. A força simbólica de uma instância pedagógica define-se por seu peso na estrutura das relações de força e das relações simbólicas (exprimindo sempre essas relações de força) que se instauram entre as instâncias exercendo uma ação de violência simbólica, estrutura que exprime por sua vez as relações de força entre os grupos ou as classes constitutivas da formação social considerada. É pela mediação desse efeito de dominação da AP dominante que as diferentes AP que se exercem nos diferentes grupos ou classes colaboram objetiva e indiretamente na dominação das classes dominantes (inculcação pelas AP dominadas de conhecimentos ou de maneiras, dos quais a AP dominante define o valor sobre o mercado econômico ou simbólico).

1.2. A AP é objetivamente uma violência simbólica, num segundo sentido, na medida em que a delimitação objetivamente implicada no fato de impor e de inculcar certas significações, convencionadas, pela seleção e a exclusão que lhe é correlativa, como dignas de ser reproduzidas por uma AP, reproduz (no duplo sentido do termo) a seleção arbitrária que um grupo ou uma classe opera objetivamente em e por seu arbitrário cultural.

1.2.1. A seleção de significações que define objetivamente a cultura de um grupo ou de uma classe como sistema simbólico é arbitrária na medida em que a estrutura e as funções dessa cultura não podem ser deduzidas de nenhum princípio universal, físico, biológico ou espiritual, não estando unidas por nenhuma espécie de relação interna à "natureza das coisas" ou a uma "natureza humana".

1.2.2. A seleção de significações que define objetivamente a cultura de um grupo ou de uma classe como sistema simbólico é sociologicamente necessária na medida em que essa cultura deve sua existência às condições sociais da qual ela é o produto e sua inteligibilidade à coerência e às funções da estrutura das relações significantes que a constituem.

Escólio. Arbitrárias quando, pelo método comparativo, são ligadas ao conjunto das culturas presentes ou passadas ou, por uma variação imaginária, ao universo das culturas possíveis, as "opções" constitutivas de uma cultura ("opção" que ninguém faz) revelam sua necessidade assim que são ligadas às condições sociais de seu aparecimento e de sua perpetuação. Os mal-entendidos sobre a noção de arbitrário (e em particular a confusão do arbitrário e da gratuidade) conservam-se, no melhor dos casos, naquele nível em que uma percepção puramente sincrônica dos fatos de cultura (como aquela à qual estão mais frequentemente condenados os etnólogos) obstina-se em ignorar tudo o que esses fatos devem às suas condições sociais de existência. Isto é, às condições sociais de sua produção e de sua reprodução, com todas as reestruturações e reinterpretações correlativas de sua perpetuação em condições sociais transformadas: todos os graus que se pode distinguir entre a reprodução quase perfeita da cultura numa sociedade tradicional e a reprodução reinterpretativa da cultura humanista dos colégios jesuítas, adaptada às necessidades de uma aristocracia de salão, na e pela cultura escolar dos liceus burgueses do século XIX. É assim que a amnésia da gênese que se exprime na ilusão ingênua do "sempre-assim", assim como nos usos substancialistas da noção de inconsciente cultural, pode conduzir a eternizar e, com isso, a "naturalizar" as relações significantes que são o produto da história.

1.2.3. Numa formação social determinada, o arbitrário cultural que as relações de força entre os grupos ou classes constitutivas dessa formação social colocam em posição dominante no sistema dos arbitrários culturais é aquele que exprime o mais completamente, ainda que sempre de maneira mediata, os interesses objetivos (materiais e simbólicos) dos grupos ou classes dominantes.

1.3. O grau objetivo de arbitrário (no sentido da prop. 1.1.) do poder de imposição de uma AP é tanto mais elevado quanto o grau de arbitrário (no sentido da prop. 1.2.) da cultura imposta é ele mesmo mais elevado.

Escólio. A teoria sociológica da AP não opera uma distinção entre o arbitrário da imposição e o arbitrário imposto senão para libertar todas as implicações sociológicas da relação entre essas duas ficções lógicas que são a verdade objetiva da imposição como pura relação de força e a verdade objetiva das significações impostas como cultura totalmente arbitrária. O *constructum* lógico de uma relação de força que se manifestasse em sua nudez não teria mais existência sociológica que o *constructum* lógico de significações que fossem apenas arbitrário cultural: tomar esta dupla construção teórica por uma realidade empiricamente observável é destinar-se à crença ingênua seja na força exclusivamente física da força, simples inversão da crença idealista na força totalmente autônoma do direito, seja no arbitrário radical de todas as significações, simples inversão da crença idealista na "força intrínseca da ideia verdadeira". Não há nenhuma AP que não inculque significações não dedutíveis de um princípio universal (razão lógica ou natureza biológica) tendo a autoridade sua parte em toda a pedagogia, mesmo quando se trata de inculcar as significações mais universais (ciências ou tecnologias); não há relação de força, por mecânica e brutal que seja, que não exerça também um efeito simbólico. Isso significa que a AP, que está sempre objetivamente situada entre os dois polos inacessíveis da força pura e da pura razão, deve tanto mais recorrer a meios diretos de coerção quanto as significações que ela impõe se impuserem menos por sua força própria, isto é, pela força da natureza biológica ou da razão lógica.

1.3.1. A AP cujo poder arbitrário de impor um arbitrário cultural repousa em última análise sobre as relações de força entre os grupos ou classes constitutivas da formação social em que ela se exerce (por prop. 1.1. e 1.2.) contribui reproduzindo o arbitrário cultural que ela inculca, para reproduzir as relações de força em que se baseia seu poder de imposição arbitrária (função de reprodução social da reprodução cultural).

1.3.2. Numa formação social determinada, as diferenças AP, que não podem jamais ser definidas independentemente de sua dependência a um sistema das AP submetido ao efeito de dominação da AP dominante, tendem a reproduzir o sistema dos arbitrários culturais característico dessa formação social, isto é, o domínio do arbitrário cultural dominante, contribuin-

do por esse meio à reprodução das relações de força que colocam esse arbitrário cultural em posição dominante.

Escólio. Definindo-se tradicionalmente o "sistema de educação" como o conjunto dos mecanismos institucionais ou habituais pelos quais se encontra assegurada a transmissão entre as gerações da cultura herdada do passado (isto é, a informação acumulada), as teorias clássicas tendem a dissociar a reprodução cultural de sua função de reprodução social, isto é, a ignorar o efeito próprio das relações simbólicas na reprodução das relações de força. Essas teorias que, como o vemos em Durkheim, não fazem senão transpor no caso das sociedades divididas em classes a representação da cultura e da transmissão cultural mais propalada entre os etnólogos, repousam sobre o postulado tácito de que as diferentes AP que se exercem numa formação social colaboram harmoniosamente para a reprodução de um capital cultural concebido como uma propriedade indivisa de toda a "sociedade". Na realidade, devido ao fato de que elas correspondam aos interesses materiais e simbólicos de grupos ou classes diferentemente situadas nas relações de força essas AP tendem sempre a reproduzir a estrutura da distribuição do capital cultural entre esses grupos ou classes, contribuindo do mesmo modo para a reprodução da estrutura social; com efeito, as leis do mercado em que se forma o valor econômico ou simbólico, isto é, o valor enquanto capital cultural, dos arbitrários culturais reproduzido pelas diferentes AP e, por esse meio, dos produtos dessas AP (indivíduos educados), constituem um dos mecanismos, mais ou menos determinantes segundo os tipos de formações sociais, pelos quais se encontra assegurada a reprodução social, definida como reprodução da estrutura das relações de força entre as classes.

2. Da autoridade pedagógica

2. Enquanto poder de violência simbólica se exercendo numa relação de comunicação que não pode produzir seu efeito próprio, isto é, propriamente simbólico, do mesmo modo que o poder arbitrário que torna possível a imposição não aparece jamais em sua verdade inteira (no sentido da prop. 1.1.), e enquanto inculcação de um arbitrário cultural realizando-se numa relação de comunicação pedagógica que não pode produzir seu efeito próprio, isto é, propriamente pedagógica, do mesmo modo que o arbitrário do conteúdo inculcado não aparece jamais em sua verdade inteira (no sentido da prop. 1.2.), a AP implica necessariamente como condição social de exercício a autoridade pedagógica *(AuP) e a* autonomia relativa *da instância encarregada de exercê-la.*

Escólio 1. A teoria da AP produz o conceito de AuP na operação mesma pela qual, reconduzindo a AP à sua verdade objetiva de violência, ela faz surgir a contradição entre essa verdade objetiva e a prática dos agentes, que manifesta objetivamente o desconhecimento dessa verdade (quaisquer que possam ser as experiências ou as ideologias acompanhando essas práticas). Assim, coloca-se a questão das condições sociais da instauração de uma relação de comunicação pedagógica que dissimule as relações de força que a tornam possível e acrescente por esse meio a força específica de sua autoridade legítima à força que retém dessas relações. Logicamente contraditória a ideia de uma AP que se exercesse sem AuP é sociologicamente impossível: uma AP que visasse revelar em seu próprio exercício sua verdade objetiva de violência e destruir por esse meio mesmo a base da AuP do agente seria autodestrutiva. Encontrar-se-ia então uma nova forma do paradoxo de Epimênides, o Mentiroso: ou bem você acredita que eu não minto quando lhe digo que a educação é violência e meu ensino não é legítimo, pois você não pode me acreditar; ou então você acredita que eu minto e meu ensino é legítimo, pois você não pode mais acreditar no que eu digo quando digo que ela é violência. Para libertar todas as implicações deste paradoxo é suficiente refletir nas incertezas às quais seria conduzido aquele que desejasse basear uma prática pedagógica sobre a verdade teórica de toda prática pedagógica: é a mesma coisa que ensinar o "relativismo cultural", isto é, o caráter arbitrário de toda cultura, a indivíduos que já foram educados de acordo com os princípios do arbitrário cultural de um grupo ou de uma classe; seria diferente pretender dar uma educação relativista, isto é, produzir realmente um homem cultivado que seria o indígena de todas as culturas. Os problemas que colocam as situações de bilinguismo ou de biculturalismo precoces dão apenas uma fraca ideia da contradição insuperável com que se chocaria uma AP que pretendesse tomar por princípio prático da aprendizagem a afirmação teórica do arbitrário dos códigos linguísticos ou culturais. Prova pelo absurdo de que toda AP tem objetivamente por condição de exercício o desconhecimento social da verdade objetiva da AP.

Escólio 2. A AP gera necessariamente em e por seu exercício experiências que possam permanecer não formuladas e a se exprimir somente nas práticas ou que possam se explicitar em ideologias que contribuem umas e outras para dissimular sua verdade objetiva: as ideologias da AP como ação não violenta – quer se trate dos mitos socráticos ou neossocráticos de um ensino não diretivo, dos mitos rousseaunianos de uma educação natural ou dos mitos pseudofreudianos de uma educação não repressiva – fazem ver sob a sua forma mais clara a função genérica das ideologias pedagógicas que ocultam, pela negação decisiva de um de seus termos, a contradição entre a verdade objetiva da AP e a representação necessária (inevitável) dessa ação arbitrária como necessária ("natural").

2.1. Enquanto poder arbitrário de imposição que, só pelo fato de ser desconhecido como tal, se encontra objetivamente reconhecido como autoridade legítima, a AuP, poder de violência simbólica que se manifesta sob a forma de um direito de imposição legítima, reforça o poder arbitrário que a estabelece e que ela dissimula.

Escólio 1. Falar de reconhecimento da legitimidade da AP não é entrar na problemática da gênese psicológica das representações de legitimidade, à qual poderiam pender as análises weberianas, e menos ainda se comprometer numa tentativa para estabelecer a soberania sobre qualquer princípio que fosse físico, biológico ou espiritual, para legitimar a legitimidade: somente ao desembaraçar as implicações do fato de que a AP implica a AuP, isto é, que ela "tem cotação" no sentido em que uma moeda tem cotação e, mais geralmente, um sistema simbólico, língua, estilo artístico ou mesmo modo de vestir-se. Nesse sentido, o reconhecimento da AuP não se deixa jamais reduzir completamente a um ato psicológico e ainda menos a uma aquiescência consciente, como testemunha o fato de que ela não é jamais tão total do que quando é totalmente inconsciente. Descrever o reconhecimento da AuP como livre-decisão de se deixar cultivar ou ao contrário como abuso de poder exercido sobre o natural, isto é, fazer do reconhecimento de uma legitimidade um ato de reconhecimento livre ou extorquido, não seria menos ingênuo que seguir as teorias do contrato ou as metafísicas da cultura concebida como sistema lógico de escolha, quando elas situam num lugar originário, e por conseguinte mítico, a seleção arbitrária de relações significantes que é constitutiva de uma cultura.

Assim, dizer que os agentes reconhecem a legitimidade de uma instância pedagógica é dizer somente que faz parte da definição completa da relação de forças, na qual eles estão objetivamente colocados, impedi-los da apreensão do fundamento dessa relação. Desse modo, deles se obtêm práticas que objetivamente levam em vontade, mesmo quando são desmentidas pelas racionalizações do discurso ou pelas certezas da experiência, a necessidade das relações de força. (cf., por exemplo, o fora da lei outorgando objetivamente força de lei a lei que ele transgride pelo único fato de que se escondendo para transgredi-la ajusta sua conduta às sanções que a lei tem a força de lhe impor.)

Escólio 2. O peso das representações de legitimidade, e em particular da legitimidade da AP dominante, no sistema dos instrumentos (simbólicos ou não) que asseguram e perpetuam o domínio de um grupo ou de uma classe sobre outras, é variável historicamente: a força relativa do esforço que é assegurado à relação de força entre os grupos ou as classes pelas relações simbólicas que exprimem essas relações de força é tanto maior, isto é, o peso das representações de legitimidade na determinação completa da relação de força entre as classes é tanto maior quanto 1) o estado da relação de forças permite menos às classes dominantes invocar o fato grosseiro e brutal da dominação como princípio de legitimação de sua dominação e quanto 2) o mercado onde se constitui o valor simbólico e econômico dos produtos das diferentes AP está mais completamente unificado. (Cf., por exemplo, as diferenças que separam sob essas duas relações a dominação de uma sociedade sobre uma outra e a dominação de uma classe sobre uma outra dentro de uma mesma formação social, ou ainda, nesse último caso, a feudalidade e a democracia burguesa com o crescimento contínuo do peso da escola no sistema dos mecanismos que asseguram a reprodução social.) O reconhecimento da legitimidade de uma dominação constitui sempre uma força (historicamente variável) que vem reforçar a relação de força estabelecida, porque, impedindo a apreensão das relações de força como tais, ele tende a impedir aos grupos ou classes dominadas a compreensão de toda a força que lhes daria a tomada de consciência de sua força.

2.1.1. As relações de força são no princípio, não somente da AP, mas também do desconhecimento da verdade objetiva da AP, desconhecimento que define o reconhecimento da legitimidade da AP e que, por essa razão, constitui a sua condição de exercício.

Escólio 1. Assim, enquanto instrumento principal da transubstanciação das relações de força em autoridade legítima, a AP procura um objeto privilegiado para a análise do fundamento social dos paradoxos da dominação e da legitimidade (o papel que representa, na tradição indo-europeia, o fato bruto do poder fecundante, guerreiro ou mágico, como sinal da autoridade legítima, e do qual testemunham tanto a estrutura dos mitos de origem como as ambivalências do vocabulário da soberania).

Escólio 2. Permitir-nos-emos deixar a outros o cuidado de se perguntar, em termos sem dúvida menos desenvoltos, se as relações entre as relações de força e as relações de sentido são, em última análise, relações de sentido ou relações de força.

2.1.1.1. As relações de força determinam o modo de imposição característico de uma AP, como sistema dos meios necessários para a imposição de um arbitrário cultural e para a dissimulação do duplo arbitrário dessa imposição, isto é, como combinação histórica dos instrumentos de violência simbólica e dos instrumentos de dissimulação (isto é, de legitimação) dessa violência.

Escólio 1. A ligação entre os dois sentidos do arbitrário inerente à AP (no sentido das prop. 1.1. e 1.2.) se vê, entre outras coisas, no fato de que o arbitrário de um modo determinado de imposição do arbitrário cultural tem tanto mais oportunidades de se revelar, ao menos parcialmente, como tal, na medida em que 1) a AP se exerce sobre um grupo ou uma classe das quais o arbitrário cultural está mais afastado do arbitrário cultural que inculca essa AP, e em que 2) a definição social do modo legítimo de imposição exclui mais completamente o recurso às formas mais diretas da coerção. A experiência que uma categoria de agentes tem do arbitrário da AP é função não somente de sua caracterização sob essa dupla relação, mas da convergência dessas caracterizações (a atitude dos intelectuais confucionistas em face de uma denominação cultural baseada sobre a força militar dos colonizadores) ou de sua divergência (hoje na França o desinteresse que os filhos das classes populares manifestam com respeito às punições simultaneamente porque sua distância face à cultura inculcada tende a lhes fazer sentir como inevitável o arbitrário da inculcação e, sob um outro prisma, porque o arbitrário cultural de sua classe faz menos face à indignação moral contra formas de repressão que antecipam as sanções mais prováveis para sua classe). Todo arbitrário cultural implica, com efeito, numa definição social do modo legítimo de imposição do arbitrário cultural e, em particular, do grau em que o poder arbitrário que torna possível a AP pode se desenvolver como tal sem aniquilar o efeito próprio da AP. Assim, enquanto em certas sociedades o recurso às técnicas de coerção (pancadas ou mesmo castigo mandando fazer a lição dobrada) é suficiente para desqualificar o agente pedagógico, as sanções corporais (os rabos de gato dos colégios ingleses, a chibata do mestre-escola ou a *falaga* dos mestres do Corão) surgem simplesmente como atributos da legitimidade pertencente ao mestre numa cultura tradicional, em que não trazem o risco de trair a verdade objetiva de uma AP por serem, nesse caso, o modo de imposição legítima.

Escólio 2. A tomada de consciência do arbitrário de um modo particular de imposição ou de um arbitrário cultural determinado não implica a apreensão do duplo arbitrário da AP: ao contrário, as contestações mais radicais de um poder pedagógico inspiram-se sempre na utopia autodestrutiva de uma pedagogia sem arbitrário ou da utopia espontaneísta que outorga ao indivíduo o poder de encontrar nele o mesmo princípio de sua própria "expansão". Todas essas utopias se constituem um instrumento de luta ideológica para os grupos que, através da denúncia de uma legitimidade pedagógica, visam a assegurar-se o monopólio do modo de imposição legítima (no século XVIII, o papel do discurso sobre a "tolerância" na crítica pela qual as novas categorias de intelectuais se esforçavam em destruir a legitimidade do poder de imposição simbólica da Igreja). A ideia de uma AP "culturalmente livre", que escaparia ao arbitrário tanto naquilo que ela impusesse como na maneira de impô-lo, supõe um desconhecimento da verdade objetiva da AP, em que se exprime ainda a verdade objetiva de uma violência cuja especificidade reside naquilo que ela consegue fazer esquecer como tal. Seria, pois, ilusório opor à definição da AP a experiência que os educadores e os educandos possam ter da AP e em particular dos modos de imposição mais indicados (num momento determinado) para dissimular o arbitrário da AP (pedagogia não diretiva): isso seria esquecer que "não existe educação liberal" (Durkheim) e que não se deve tomar por uma abolição do duplo arbitrário da AP a forma de que esta se reveste, por exemplo, com o recurso aos métodos "liberais" para inculcar disposições liberais. A "maneira suave" pode ser o único meio eficaz de exercer o poder de violência simbólica num certo estado das relações de força e de disposições mais ou menos tolerantes relativas à manifestação explícita e brutal do arbitrário. Se acontece que se possa acreditar hoje na possibilidade de uma AP sem obrigação nem sanção é pelo efeito de um etnocentrismo que leva a não perceber como tais as sanções do modo de imposição da AP característica de nossas sociedades: cumular os alunos de afeição, como fazem as professoras americanas, através do uso dos diminutivos e dos qualificativos afetuosos, através do apelo insistente à compreensão afetiva etc., é encontrar-se dotado desse instrumento de repressão sutil que constitui a retração de afeição, técnica-pedagógica que não é menos arbitrária (no sentido da prop. 1.1.) que os castigos corporais ou a repreensão infamante. Se a verdade objetiva desse tipo de AP é mais difícil de perceber, é que, de um lado, as técnicas empregadas dissimulam a significação social da relação pedagógica sob a aparência de uma relação puramente psicológica e que, de outro lado, sua dependência ao sistema das técnicas de autoridade que definem o modo de imposição dominante contribui para impedir os agentes moldados segundo esse modo de imposição de apreenderem o seu caráter arbitrário. As transformações das relações de autoridade são correlativas de uma transformação das relações de força capaz de levar consigo uma elevação do limiar de tolerância relativo à manifestação explícita e brutal do arbitrário. Assim, em universos sociais tão diferentes como a igreja, a escola, a família, o hospital psiquiátrico, ou mesmo a empresa ou o exército, verifica-se em todos a tendência para substituir a "maneira forte" pela "maneira suave" (métodos não diretivos, diálogo, participação, *relações humanas* etc.). Isto mostra, com efeito, a relação de interdependência que constitui em sistema as técnicas de imposição da violência simbólica, características do modo de imposição tradicional assim como daquele que tende a substituí-lo na mesma função.

2.1.1.2. Numa formação social determinada, as instâncias que pretendem objetivamente o exercício legítimo de um poder de imposição simbólico, e que tendem assim a reivindicar o monopólio da legitimidade, entram necessariamente em relações de concorrência. Isto é, em relações de força e relações simbólicas cuja estrutura exprime segundo sua lógica o estado da relação de força entre os grupos ou as classes.

Escólio 1. Essa concorrência é sociologicamente necessária pelo fato de que a legitimidade é indivisível: não há instância a legitimar as instâncias de legitimidade, porque as reivindicações de legitimidade retêm sua força relativa, em última análise, da força dos grupos ou classes da qual elas exprimem, direta ou indiretamente, os interesses materiais e simbólicos.

Escólio 2. As relações de concorrência entre as instâncias obedecem à lógica específica do campo de legitimidade considerado (político, religioso ou cultural) sem que a autonomia relativa do campo exclua jamais totalmente a dependência relativamente às relações de força. A forma específica que tomam os conflitos entre instâncias que pretendem à legitimidade num campo dado é sempre a expressão simbólica, mais ou menos transfigurada, das relações de força que se estabelecem nesse campo entre essas instâncias, e que não são jamais independentes das relações de força exteriores ao campo (a dialética da excomunhão, da heresia e da contestação da ortodoxia na história literária, religiosa ou política).

2.1.2. Na medida em que a relação de comunicação pedagógica na qual se realiza a AP supõe a AuP para se instaurar, ela não se reduz a uma pura e simples relação de comunicação.

Escólio 1. Contra o senso comum e numerosas teorias eruditas que fazem do ouvir (no sentido de compreender) a condição de escutar (no sentido de prestar atenção e conceder crédito), nas situações reais de aprendizagem (compreendida aqui a da língua), e o reconhecimento da legitimidade da emissão, isto é, da AuP do emissor, condiciona a recepção da informação e, mais ainda, o cumprimento da ação transformadora capaz de transformar essa informação em formação.

Escólio 2. A AuP marca tão fortemente todos os aspectos da relação de comunicação pedagógica que essa relação é frequentemente vivida ou concebida sobre o modelo da relação primordial de comunicação pedagógica, isto é, a relação entre pais e filhos ou, mais geralmente, entre gerações. A tendência a reinstaurar com toda pessoa investida de uma AuP a relação arquétipa com o pai é tão forte que aquele que ensina, por mais jovem que seja, tende a ser tratado como pai. Por exemplo: *Manu*: "O brâmane que dá o nascimento espiritual e ensina o dever, mesmo criança, é, em nome da lei, o pai de um homem de idade"; e Freud: "Nós compreendemos agora nossas relações com nossos professores. Esses homens, que não eram pais eles mesmos, tornavam-se para nós substitutos paternais. Eis por que nos pareciam tão maduros, tão inacessivelmente adultos, mesmo quando eram ainda muito jovens. Nós transferíamos para eles o respeito e as esperança que nos inspirava o pai onisciente de nossa infância, e fazíamos uma imitação de nós mesmos ao tratá-los como trataríamos nosso pai em casa".

2.1.2.1. Na medida em que toda AP em exercício dispõe logo de imediato de uma AuP, a relação de comunicação pedagógica deve suas características próprias ao fato de que ela se encontra totalmente dispensada de produzir as condições de sua instauração e de sua perpetuação.

Escólio. Inteiramente oposto ao que proclama uma ideologia muito difundida entre os professores – levados a transmudar a relação de comunicação pedagógica num encontro eletivo entre o "mestre" e o "discípulo", isto é, a desconhecer em sua prática profissional ou a negar em seu discurso as condições objetivas dessa prática, e que tendem a se comportar objetivamente, como diz Weber, como "pequenos profetas estipendiados pelo Estado" – a relação de comunicação pedagógica se distingue das diferentes formas de relação de comunicação que instauram agentes ou instâncias visando a exercer um poder de violência simbólica na ausência de toda autoridade prévia e permanente, e sendo constrangidos portanto a conquistar e reconquistar ininterruptamente o reconhecimento social que a AuP confere logo de imediato e de uma vez por todas. Por aí se explica que as instâncias (agentes ou instituições) pretendendo, sem dispor logo de princípio de uma AuP, o exercício do poder de violência simbólica (propagandistas, publicitários, vulgarizadores científicos, curandeiros etc.), tendem a procurar uma caução social na usurpação das aparências, diretas ou invertidas, da prática legítima, ao modo do feiticeiro cuja ação mantém com a AP do padre uma relação homóloga (cf., por exemplo, as cauções "científicas" ou "pedagógicas" invocadas pela publicidade ou mesmo pela vulgarização científica).

2.1.2.2. Desde que toda AP em exercício dispõe por definição de uma AuP, os emissores pedagógicos são logo de imediato designados como dignos de transmitir o que transmitem, e por conseguinte autorizados a impor a recepção e a controlar a inculcação por sanções socialmente aprovadas ou garantidas.

Escólio 1. Vê-se que o conceito de AuP é desprovido de todo conteúdo normativo. Dizer que a relação de comunicação pedagógica supõe a AuP da instância pedagógica (agente ou instituição) não é prejulgar em nada do valor intrinsecamente ligado a essa instância, já que a AuP tem precisamente por efeito assegurar o valor social da AP independentemente do valor "intrínseco" da instância que o exerce e qualquer que seja, por exemplo, o grau de qualificação técnica ou carismática do emissor. O conceito de AuP permite fugir à ilusão pré-sociológica que consiste em creditar à pessoa do emissor a competência técnica ou a autoridade pessoal que, nos fatos, é automaticamente conferida a todo emissor pedagógico pela posição, garantida tradicional ou institucionalmente, que ele ocupa numa relação de comunicação pedagógica. A dissociação personalista da pessoa e da posição conduz a apresentar como ser da pessoa que ocupa a posição (ou como o dever-ser de toda pessoa digna de ocupar a posição) isso que ela parece ser em virtude de sua posição, sem ver que a autoridade que ela adquire em sua posição tem por efeito excluir que ela possa parecer não ser o que ela parece ser em virtude de sua posição.

Escólio 2. Porque uma emissão que se opera numa relação de comunicação pedagógica transmite sempre ao menos a afirmação do valor da AP, a AuP que garante a comunicação tende sempre a excluir a questão do rendimento informativo da comunicação. Prova de que a relação de comunicação pedagógica é irredutível a uma relação de comunicação definida de modo formal e de que o conteúdo informativo da mensagem não esgota o conteúdo da informação, é o fato de que a relação de comunicação pedagógica pode manter-se enquanto tal, mesmo quando a informação transmitida tende a se anular, como se vê no caso-limite dos ensinos iniciáticos ou, mais perto, de certo ensino literário.

2.1.2.3. Desde que toda AP em exercício dispõe por definição de uma AuP, os receptores pedagógicos estão de imediato dispostos a reconhecer a legitimidade da informação transmitida e a AuP dos emissores pedagógicos, e por conseguinte a receber e a interiorizar a mensagem.

2.1.2.4. Numa formação social determinada, a força propriamente simbólica das sanções físicas ou simbólicas, positivas ou negativas, juridicamente garantidas ou não, que asseguram, reforçam e consagram duravelmente o efeito de uma AP, é tanto maior quanto elas se aplicam a grupos ou classes mais dispostos a reconhecer a AuP que os impõe.

2.1.3. Numa formação social determinada, a AP legítima, isto é, dotada da legitimidade dominante, não é outra coisa que a imposição arbitrária do arbitrário cultural dominante, na medida em que ela é desconhecida em sua verdade objetiva de AP dominante e de imposição do arbitrário cultural dominante (por prop. 1.1.3. e 2.1.).

Escólio. O monopólio da legitimidade cultural dominante é sempre o resultado do jogo de uma concorrência entre instâncias ou agentes: segue-se que a imposição de uma ortodoxia cultural corresponde a uma forma particular da estrutura do campo de concorrência. Tal particularidade não aparece completamente exceto se a ligamos a outras formas possíveis tais como o ecletismo e o sincretismo, vistos como solução escolar dos problemas colocados pela concorrência para a legitimidade no campo intelectual ou artístico, e pela concorrência entre os valores e as ideologias das diferentes frações das classes dominantes.

2.2. Na medida em que está investida de uma AuP, a AP tende a produzir o desconhecimento da verdade objetiva do arbitrário cultural, pelo fato de que, reconhecida como instância legítima de imposição, ela tende a produzir o reconhecimento do arbitrário cultural que ela inculca como cultura legítima.

2.2.1. Na medida em que toda AP em exercício dispõe logo de princípio de uma AuP, a relação de comunicação pedagógica na qual se realiza a AP tende a produzir a legitimidade do que ela transmite designando o que é transmitido, só pelo fato de transmiti-lo legitimamente, como digno de ser transmitido, por oposição a tudo o que ela não transmite.

Escólio 1. Se deste modo se encontra fundada a possibilidade sociológica da AP, resulta que a interrogação sobre o princípio absoluto da AP – interrogação tão fictícia em seu gênero quanto aquela que conduz às aporias do contrato social ou da "situação pré-linguística" – terminaria por manter-se logicamente impossível, tal como o vemos no paradoxo de *Eutidemo,* que repousa sobre o postulado oculto de uma AP sem AuP: o que sabes, não tens necessidade de aprender; o que sabes, não podes aprendê-lo, já que não sabes o que é preciso aprender.

Escólio 2. Reduzir a relação de comunicação pedagógica a uma pura e simples relação de comunicação é abster-se de compreender as condições sociais de sua eficácia propriamente simbólica e propriamente pedagógica, que residem precisamente na dissimulação do fato de que não é uma

45

simples relação de comunicação; trata-se de forçar-se a supor entre os receptores a existência de uma "necessidade de informação" que seria além disso informada das informações dignas de satisfazê-la e que preexistiria às suas condições sociais e pedagógicas de produção.

2.2.2. Numa formação social determinada, a cultura legítima, isto é, a cultura dotada da legitimidade dominante, não é outra coisa que o arbitrário cultural dominante, na medida em que ele é desconhecido em sua verdade objetiva de arbitrário cultural e de arbitrário cultural dominante (pela prop. 1.2.3. e 2.2.).

Escólio. O desconhecimento do fato de que os arbitrários culturais que reproduzem as diferentes AP não podem ser jamais definidos independentemente de sua dependência a um sistema dos arbitrários culturais, mais ou menos integrado segundo as formações sociais, mas sempre submetido à dominação do arbitrário cultural dominante, está na base das contradições tanto da ideologia em matéria de cultura das classes ou das nações dominadas quanto do discurso semierudito sobre "a alienação" e a "desalienação" cultural. O desconhecimento do que a cultura legítima e a cultura dominada devem à estrutura de suas relações simbólicas, isto é, à estrutura da relação de dominação entre as classes, inspira tanto a intenção da cultura popular ("populicultrice") de "liberar" as classes dominadas dando-lhes os meios de se apropriar da cultura legítima, tal como ela é, com tudo o que ela deve às suas funções de distinção e de legitimação (por exemplo, o programa das universidades populares ou a defesa jacobina do ensino do latim) quanto o projeto populista de decretar a legitimidade do arbitrário cultural das classes dominadas assim como ele é, constituído no e pelo fato de sua posição dominada, canonizando-o como "cultura popular". Essa antinomia da ideologia dominada que se exprime diretamente na prática ou no discurso das classes dominadas (sob a forma por exemplo de uma alternância entre o sentimento da indignidade cultural e a depreciação agressiva da cultura dominante) e que os porta-vozes, mandados ou não por essas classes, reproduzem ou amplificam (complicando-a com as contradições de sua relação com as classes dominadas e com as contradições delas: *proletkult*) pode sobreviver às condições sociais que a produzem. Assim o testemunham a ideologia e mesmo a política cultural das classes ou das nações outrora dominadas, que oscilam entre a intenção de recuperar a herança cultural legada pelas classes ou as nações dominantes, e a intenção de reabilitar as sobrevivências da cultura dominada.

2.3. Toda instância (agente ou instituição) que exerce uma AP não dispõe da AuP senão a título de mandatária dos grupos ou classes dos quais ela impõe o arbitrário cultural segundo um modo de imposição definido por esse arbitrário, isto é, a título de detentor por delegação do direito de violência simbólica.

Escólio. Falar de delegação de autoridade não é supor a existência de uma convenção explícita e, menos ainda, de um contrato codificado entre um grupo ou uma classe e uma instância pedagógica ainda que, mesmo no caso da AP familiar de uma sociedade tradicional, a AuP da instância pedagógica possa ser juridicamente reconhecida e sancionada (cf. escólio da prop. 1.1.): com efeito, mesmo quando certos aspectos da AuP da instância estão explicitamente codificados (a codificação do direito de violência constitutiva da *patria potestas* ou as limitações jurídicas da AuP paternal em nossas sociedades, ou ainda a delimitação dos programas de ensino e as condições jurídicas do acesso ao magistério numa instituição escolar), "tudo não é contratual no contrato" de delegação. Falar de delegação de autoridade é somente nomear as condições sociais do exercício de uma AP, isto é, a proximidade cultural entre o arbitrário cultural imposto por essa AP e o arbitrário cultural dos grupos ou classes que estão sujeitos a ela. Neste sentido, toda ação de violência simbólica que consegue se impor (isto é, impor o desconhecimento de sua verdade objetiva de violência) supõe objetivamente uma delegação de autoridade: assim, contrariamente às representações populares ou semieruditas que se prestam à publicidade ou à propaganda e, mais geralmente, às mensagens veiculadas pelos meios modernos de difusão, imprensa, rádio, televisão, o poder de manipular, senão de criar as opiniões, essas ações simbólicas só podem exercer-se na medida e na medida somente em que elas encontram e reforçam predisposições (por exemplo, as relações entre um jornal e seu público). Não há "força intrínseca da ideia verdadeira"; não vemos por que haveria uma força de ideia falsa, mesmo repetida. Essas são sempre as relações de força que definem os limites nos quais pode agir a força de persuasão de um poder simbólico (os limites da eficácia de toda pregação ou propaganda revolucionária exercendo-se sobre classes privilegiadas). Assim também a ação profética, isto é, uma ação que, como a do profeta religioso, *auctor* pretendendo encontrar nele mesmo o princípio de sua *auctoritas*, deve em aparência constituir *ex nihilo* a AuP do emissor e conquistar progressivamente a adesão do público, logrando êxito apenas na medida em que ela se apoia sobre uma delegação de autoridade prévia (ainda que virtual e tácita). Com efeito, sob pena de se dar o milagre de um princípio absoluto (como levaria a fazê-lo a teoria weberiana do carisma), é preciso estabelecer que o profeta que logra êxito é aquele que formula, para uso dos grupos ou classes aos quais ele se dirige, uma mensagem cujas condições objetivas sejam determinadas pelos interesses, materiais e simbólicos, desses grupos ou classes, predispondo-os a escutar e a compreender. Dito doutra maneira, é preciso inverter a relação aparente entre a profecia e sua audiência: o profeta religioso ou político prega sempre para os convertidos e segue seus discípulos ao menos do mesmo modo que seus discípulos o seguem, já que só escutam e compreendem as suas lições aqueles que, por tudo o que eles são, lhe deram objetivamente mandato para lhes dar a lição. Se não é conveniente negar o efeito próprio da quase sistematização profética, cujas alusões e elipses são adequadas para favorecer a compreensão no mal-entendido e no subentendido, só resta concluir que as oportunidades de sucesso da mensagem profética não podem ser deduzidas das características intrínsecas da mensagem (por exemplo, a difusão comparada do cristianismo e do islamismo). Uma verbalização que consagra, isto é, sanciona e santifica, só pelo fato de enunciá-las, as expectativas que ela vem preencher não pode acrescentar sua própria força, isto é, propriamente simbólica, às relações de força preexistentes, senão pelo fato de que tira a sua força da delegação tácita que lhe conferem os grupos ou as classes engajados nessas relações de força.

2.3.1. Uma instância pedagógica não dispõe da AuP que lhe confere seu poder de legitimar o arbitrário cultural que ela inculca senão nos limites traçados por esse arbitrário cultural, isto é, na medida em que, tanto em seu modo de imposição (modo de imposição legítima) quanto na delimitação do que ela impõe, daqueles que estão baseados para impô-lo (educadores legítimos) e daqueles a quem ela o impõe (destinatários legítimos), ela reproduz os princípios fundamentais do arbitrário cultural. Isto é, um grupo ou uma classe produz aquilo que é digno de ser reproduzido, tanto por sua existência mesma quanto pelo fato de delegar a uma instância a autoridade indispensável para o reproduzir.

Escólio. Se é muito fácil perceber as limitações implicadas na delegação quando elas estão explicitamente definidas, como é o caso todas as vezes que a AP é exercida por uma instituição escolar, elas se observam também no caso da AP exercida pelo grupo familiar (tanto nos grupos ou classes dominantes como nos grupos ou classes dominados): a definição dos educadores legítimos, da elasticidade legítima de sua AP e de seu modo de imposição legítima reveste-se, por exemplo, de formas muito diferentes segundo a estrutura do parentesco e o modo sucessorial como modo de transmissão dos bens econômicos e do poder (cf., por exemplo, as formas diferentes da divisão do trabalho pedagógico entre os pais, nas formações sociais de descendência patriarcal ou matriarcal, ou ainda nas diferentes classes de uma mesma formação social). Assim, não é um acaso se a educação das crianças é objeto de representações conflituais, e mesmo ocasião de tensões ou de conflitos, todas as vezes que coabitam famílias, ou que, no seio da mesma família, as descendências ou as gerações pertençam a classes diferentes (sendo exemplo os conflitos a propósito do direito dos adultos de uma família de exercer uma AP e sobretudo uma repressão física sobre as crianças de uma outra família; esse conflito sobre as fronteiras legítimas da AP familiar deve sempre sua forma específica à posição relativa dos grupos familiares que engaja na estrutura das relações de classe).

2.3.1.1. A delegação do direito de violência simbólica em que se baseia a AuP de uma instância pedagógica é sempre uma delegação limitada; isto é, a delegação a uma instância pedagógica do que é preciso de autoridade para inculcar legitimamente um arbitrário cultural, segundo o modo de imposição definido por esse arbitrário, tem por contrapartida a impossibilidade para essa instância de definir livremente o modo de imposição, o conteúdo imposto e o público ao qual ela o impõe (princípio da limitação da autonomia das instâncias pedagógicas).

2.3.1.2. Numa formação social determinada, as sanções, materiais ou simbólicas, positivas ou negativas, juridicamente garantidas ou não, nas quais se exprime a AuP e que asseguram, reforçam e consagram duravelmente o efeito de uma AP, têm tanto mais oportunidades de serem reconhecidas como legítimas, isto é, têm uma força simbólica tanto maior (pela prop. 2.1.2.4.) quanto mais se aplicam aos grupos ou classes para as quais essas sanções têm mais oportunidades de serem confirmadas pelas sanções do mercado em que se constitui o valor econômico e simbólico dos produtos das diferentes AP (princípio de realidade ou lei do mercado).

Escólio 1. Estando o reconhecimento objetivamente outorgado a uma instância pedagógica por um grupo ou classe sempre em função (quaisquer que possam ser as variações psicológicas ou ideológicas da experiência correspondente) do grau em que o valor mercantil e o valor simbólico de seus membros são dependentes de sua transformação e de sua consagração pela AP dessa instância compreende-se, por exemplo, por que a nobreza medieval outorgou tão pouco interesse à educação escolástica ou, ao contrário, por que as classes dirigentes das cidades gregas recorreram aos serviços dos sofistas ou dos retóricos; ou ainda por que, em nossas sociedades, as classes médias e mais precisamente as frações das classes médias cuja ascensão social, passada e futura, depende o mais diretamente da Escola, distinguem-se das classes populares por uma docilidade escolar que se exprime, entre outras coisas, pela sua sensibilidade particular ao efeito simbólico das punições ou das recompensas e, mais precisamente, ao efeito de certificação social dos títulos escolares.

Escólio 2. Quanto mais o mercado em que se constitui o valor dos produtos das diferentes AP está unificado, mais os grupos ou as classes que sofreram uma AP que lhes inculcou um arbitrário cultural dominado têm oportunidades de lembrar o não valor de seu acervo cultural, tanto pelas sanções anônimas do mercado de trabalho quanto pelas sanções simbólicas do mercado cultural (por exemplo, o mercado matrimonial), sem falar nos *veredictos* escolares, que estão sempre carregados de implicações econômicas e simbólicas. Essas chamadas à ordem tendem a produzir em si mesmas, aliás, se não a declaração explícita da cultura dominante como cultura legítima, pelo menos a consciência larvada da ingenuidade cultural de seus conhecimentos. Assim, unificando o mercado em que se constitui o valor dos produtos das diferentes AP, a sociedade burguesa multiplicou (relativamente, por exemplo, a uma sociedade de tipo feudal) as ocasiões de submeter os produtos das AP dominadas aos critérios de avaliação da cultura legítima, afirmando e confirmando sua dominação na ordem simbólica: numa tal formação social, a relação entre as AP dominadas e a AP pode, por conseguinte, compreender-se por analogia com a relação que se estabelece, numa economia dualista, entre o modo de produção dominante e os modos de produção dominados (agricultura e artesanato tradicionais), cujos produtos são submetidos às leis de um mercado dominado pelos produtos do modo de produção capitalista. Todavia, a unificação do mercado simbólico, por desenvolvida que seja, não exclui nunca que as AP dominadas consigam impor a essas que as submetem, pelo menos durante algum tempo e em certos domínios da prática, o reconhecimento de sua legitimidade: a AP familiar não pode exercer-se nos grupos ou classes dominados senão na medida em que é reconhecida como legítima, tanto pelos que a exercem quanto por aqueles que a ela se submetem, mesmo se esses últimos são votados a descobrir que o arbitrário cultural do que tiveram de reconhecer o valor para alcançá-lo é desprovido de valor em um mercado econômico ou simbólico dominado pelo arbitrário cultural das classes dominantes (cf., por exemplo, os conflitos que acompanham a aculturação à cultura dominante, seja para o intelectual colonizado – aquilo que os argelinos chamam *m'turni* – seja para o intelectual proveniente das classes dominadas, condenado à revalorização da autoridade paternal com suas negações, suas repulsas ou suas acomodações).

2.3.1.3. Uma instância pedagógica tem tanto menos a afirmar e a justificar sua legitimidade própria quanto o arbitrário que ela inculca reproduz mais diretamente o arbitrário cultural do grupo ou da classe que lhe delega sua AuP.

Escólio. Desse modo, a AP que se exerce numa sociedade tradicional constitui um caso-limite, já que, substituindo uma autoridade social pouco diferenciada e, por isso, indiscutível e indiscutida, ela não se acompanha nem de uma justificação ideológica da AuP enquanto tal nem de uma reflexão técnica sobre os instrumentos da AP. Acontece o mesmo quando uma instância pedagógica tem por função principal, senão única, reproduzir o estilo de vida de uma classe dominante ou de uma fração da classe dominante (a formação do jovem ilustre pela colocação numa casa ilustre – *fosterage* – ou, em menor grau, a formação do *gentleman* na tradicional Oxford).

2.3.2. Na medida em que o êxito de toda AP é função do grau em que os receptores reconhecem a AuP da instância pedagógica e do grau em que dominam o código cultural da comunicação pedagógica, o êxito de uma AP determinada numa formação social determinada é função do sistema das relações entre o arbitrário cultural que impôs essa AP, o arbitrário cultural dominante na formação social considerada e o arbitrário cultural inculcado pela primeira educação nos grupos ou classes em que são pré-formados os que se submetem a essa AP (por prop. 2.1.2., 2.1.3., 2.2.2. e 2.3.).

Escólio. É suficiente situar em relação a esses três princípios de variação as diferentes formas históricas da AP ou as diferentes AP simultaneamente em exercício numa formação social, para explicar a razão das oportunidades que têm essas AP e a cultura que elas impõem de serem recebidas e reconhecidas por grupos ou classes diferentemente situados em relação às instâncias pedagógicas e em relação aos grupos ou classes dominantes. É evidente que a caracterização de uma AP em relação a essas três dimensões dê tanto mais conta das características dessa AP quanto integração das diferentes AP de uma mesma formação social num sistema objetivamente hierarquizado é mais total; isto é, quanto o mercado em que se constitui o valor econômico e simbólico dos produtos das diferentes AP seja mais completamente unificado, de sorte que o produto de uma AP dominada tenha portanto mais oportunidades de estar submetido aos princípios de avaliação que reproduz a AP dominante.

2.3.2.1. Numa formação social determinada, o êxito diferencial da AP dominante segundo os grupos ou as classes é função: 1) do ethos pedagógico *próprio a um grupo ou a uma classe, isto é, do sistema das disposições relativamente a essa AP e da instância que a exerce como produto da interiorização* a) *do valor que a AP dominante confere por suas sanções aos produtos das diferentes AP familiares e* b) *do valor que, por suas sanções objetivas, os diferentes mercados sociais conferem aos produtos da AP dominante segundo o grupo ou a classe de onde eles são provenientes; e 2) do* capital cultural, *isto é, dos bens culturais que são transmitidos pelas diferentes AP familiares e cujo valor enquanto capital cultural é função da distância entre o arbitrário cultural imposto pela AP dominante e o arbitrário cultural inculcado pela AP familiar nos diferentes grupos ou classes (por prop. 2.2.1., 2.3.1.2. e 2.3.2.).*

2.3.3. Na medida em que tem sua AuP de uma delegação de autoridade, a AP tende a reproduzir entre os que a ela se submetem a relação que os membros de um grupo ou de uma classe mantêm com sua cultura, isto é, desconhecimento da verdade objetiva dessa cultura como arbitrário cultural (etnocentrismo).

2.3.3.1. Numa formação social determinada, o sistema das AP, na medida em que é submetido ao efeito de dominação da AP dominante, tende a reproduzir, nas classes dominantes como nas classes dominadas, o desconhecimento da verdade objetiva da cultura legítima como arbitrário cultural dominante, cuja reprodução contribui à reprodução das relações de força (por prop. 1.3.1.).

3. Do trabalho pedagógico

3. Enquanto imposição arbitrária de um arbitrário cultural que supõe a AuP, isto é, uma delegação de autoridade (por 1 e 2), a qual implica que a instância pedagógica reproduza os princípios do arbitrário cultural, imposto por um grupo ou uma classe como digno de ser reproduzido, tanto por sua existência quanto pelo fato de delegar a uma instância a autoridade indispensável para reproduzi-lo (por prop. 2.3. e 2.3.1), a AP implica o trabalho pedagógico *(TP) como trabalho de inculcação que deve durar o bastante para produzir uma formação durável; isto é, um* habitus *como produto da interiorização dos princípios de um arbitrário cultural capaz de perpetuar-se após a cessação da AP e por isso de perpetuar nas práticas os princípios do arbitrário interiorizado.*

Escólio 1. Enquanto ação que deve durar para produzir um hábito durável, isto é, enquanto ação de imposição e de inculcação de um arbitrário que não pode se realizar completamente senão pelo TP, a AP se distingue das ações de violência simbólica descontínuas e extraordinárias como as do profeta, do "criador" intelectual ou do feiticeiro. Tais ações de imposição simbólica não podem provocar a transformação profunda e durável daqueles que elas atingem a não ser na medida em que se prolongam numa ação de inculcação contínua, isto é, num TP (prédica e catequese sacerdotais ou comentário professor dos "clássicos"). Considerando-se as condições que devem ser preenchidas para que se realize um TP ("o educador, diz Marx, tem ele mesmo necessidade de ser educado"), toda instância pedagógica é caracterizada por uma duração estrutural maior do que a de outras instâncias que exercem um poder de violência simbólica, porque tende a reproduzir, na medida em que o permite sua autonomia relativa, as condições nas quais foram produzidos os reprodutores, isto é, as condições de sua reprodução: o tempo extremamente lento da transformação da AP, quer se trate do tradicionalismo da AP exercida pela família que, encarregada da primeira educação, tende a realizar mais completamente as tendências de toda AP e pode assim, mesmo nas sociedades modernas, representar o papel de conservatório das tradições herdadas, quer da inércia das instituições de ensino, cuja própria função leva sempre a se autorreproduzir e tão pouco modificadas quanto possível, à maneira das sociedades tradicionais.

Escólio 2. Instrumento fundamental da continuidade histórica, a educação considerada como processo através do qual se opera no tempo a reprodução do arbitrário cultural, pela mediação da produção do hábito produtor de práticas de acordo com o arbitrário cultural (isto é, pela transmissão da formação como informação capaz de "informar" duravelmente os receptores), é o equivalente na ordem da cultura daquilo que é a transmissão do capital genético na ordem biológica: o hábito sendo o análogo do capital genético, a inculcação que define a realização da AP é o análogo da geração na medida em que transmite uma informação geradora de informação análoga.

3.1. Enquanto trabalho prolongado de inculcação produzindo uma formação durável, isto é, produtores de práticas conformes aos princípios do arbitrário cultural dos grupos ou classes que delegam à AP a AuP necessária à sua instauração e à sua continuação, o TP tende a reproduzir as condições sociais de produção desse arbitrário cultural, isto é, as estruturas objetivas das quais ele é o produto, pela mediação do hábito como princípio gerador de práticas reprodutoras das estruturas objetivas.

3.1.1. A produtividade específica do TP se mede objetivamente pelo grau em que ele produz seu efeito próprio de inculcação, isto é, seu efeito de reprodução.

3.1.1.1. A produtividade específica do TP, isto é, o grau em que ele consegue inculcar aos destinatários legítimos o arbitrário cultural que se espera que reproduza, mede-se pelo grau em que o hábito que ele produz é durável, isto é, capaz de engendrar mais duravelmente as práticas conformes aos princípios do arbitrário inculcado.

Escólio. Pode-se opor o efeito próprio da AP ao efeito do poder político pelo alcance temporal em que se exprime a duração estrutural dos poderes de imposição correspondentes: o TP é capaz de perpetuar mais duravelmente que uma coerção política o arbitrário que ele inculca (salvo quando o poder político recorre ele mesmo a um TP, isto é, a uma didática específica). É na medida em que o poder religioso se incarna numa igreja que exerce um TP, direta ou mediatamente, isto é, pelo intermediário das famílias (educação cristã), que ele informa duravelmente as práticas. Em outros termos, o poder de violência simbólica da AP que recorre ao TP se inscreve no tempo dilatado por oposição à autoridade de um poder político, sempre colocado frente a frente com o problema de sua perpetuação (sucessão).

3.1.1.2. A produtividade específica do TP, isto é, o grau em que ele consegue inculcar aos destinatários legítimos o arbitrário cultural que ele foi chamado a reproduzir, mede-se pelo grau em que o habitus *que ele produz é transferível, isto é, capaz de engendrar práticas conformes aos princípios do arbitrário inculcado num maior número de campos diferentes.*

Escólio. Assim, a ação de um poder religioso se mede pelo grau em que o *habitus* produzido pelo TP das instâncias pedagógicas correspondentes engendra práticas conformes aos princípios do arbitrário inculcado em domínios mais afastados daqueles expressamente regulados pela doutrina, como as condutas econômicas ou as opções políticas. Do mesmo modo, "a forma formadora de hábitos" (Panofsky) da educação escolástica se reconhece nos efeitos que ela produz na estrutura da catedral gótica ou na disposição gráfica dos manuscritos.

3.1.1.3. *A produtividade específica do TP, isto é, o grau em que ele consegue inculcar aos destinatários legítimos o arbitrário cultural que foi chamado a reproduzir, mede-se pelo grau em que o* habitus *que ele produz é* exaustivo, *isto é, reproduz mais completamente nas práticas que ele engendra os princípios do arbitrário cultural de um grupo ou de uma classe.*

Escólio. Ainda que a congruência de três medidas do efeito de reprodução não seja logicamente necessária, a teoria do *habitus* como princípio unificador e gerador das práticas permite compreender que a durabilidade, a transferibilidade e a exaustividade de um *habitus* estejam fortemente ligadas aos fatos.

3.1.2. *A delegação que estabelece uma AP implica, além de uma delimitação do conteúdo inculcado, uma definição do modo de inculcação (modo de inculcação legítima) e da duração da inculcação (tempo de formação legítima) que definem o grau de realização do TP considerado como necessário e sendo suficiente para reproduzir a forma realizada do* habitus, *isto é, o grau de realização cultural (grau de competência legítima) pelo qual um grupo ou uma classe reconhece o homem realizado.*

3.1.2.1. *Numa formação social determinada, a delegação que estabelece a AP dominante implica, além de uma delimitação do conteúdo inculcado, uma definição dominante do modo de inculcação e da duração da inculcação que definem o grau de realização do TP considerado como necessário e suficiente para reproduzir a forma realizada do* habitus: *isto é, o grau de realização cultural (grau de competência legítima em matéria de cultura legítima) pelo qual não somente as classes dominantes, mas também as classes dominadas tendem a reconhecer "o homem cultivado" e pelo qual se encontram objetivamente medi-*

dos os produtos das AP dominadas, isto é, as diferentes formas do homem realizado tal como ele se encontra definido pelo arbitrário cultural dos grupos ou classes dominados.

3.1.3. Enquanto trabalho prolongado de inculcação que produz um habitus *durável e transponível, isto é, inculcando ao conjunto dos destinatários legítimos um sistema de esquemas de percepção, de pensamento, de apreciação e de ação (parcial ou totalmente idênticos), o TP contribui para produzir e para reproduzir a integração intelectual e a integração moral do grupo ou da classe em nome dos quais ele se exerce.*

Escólio. É somente na condição de constatar que a integração de um grupo repousa sobre a identidade (total ou parcial) dos *habitus* inculcados pelo TP, isto é, na condição de encontrar o princípio da homologia das práticas na identidade total ou parcial das gramáticas geradoras de práticas, que se pode escapar às ingenuidades das filosofias sociais do consenso que, reduzindo a integração de um grupo à possessão de um repertório comum de representações, não conseguem, por exemplo, apreender a unidade e a função integradora de práticas ou de opiniões fenomenalmente diferentes, ou mesmo contraditórias, mas produzidas pelo mesmo *habitus* gerador (o estilo das produções artísticas de uma época e de uma classe determinadas). Mais ainda, um mesmo *habitus* pode engendrar tanto uma prática quanto o seu inverso, quando tem por princípio a lógica da diferenciação (por exemplo, entre os aprendizes intelectuais inclinados a jogar de maneira particularmente direta o jogo intelectual da divisão de fronteiras, o mesmo *habitus* de classe privilegiada pode gerar opiniões políticas ou estéticas radicalmente opostas, cuja unidade profunda se trai somente na modalidade das profissões de fé ou das práticas).

3.1.3.1. Enquanto trabalho prolongado de inculcação que produz a interiorização dos princípios de um arbitrário cultural sob a forma de um habitus *durável e transferível, e por conseguinte capaz de gerar práticas conformes a esses princípios fora de e para além de toda regulamentação expressa e de todo apelo explícito à regra, o TP permite ao grupo ou à classe que delegue à AP sua autoridade de produzir e de reproduzir sua integração intelectual e moral sem recorrer à repressão externa e, em particular, à coerção física.*

Escólio. O TP é um substituto da coerção física; a repressão física (o internamento numa prisão ou num asilo) vem com efeito sancionar os reveses da interiorização de um arbitrário cultural; e é um substituto rendoso: ainda que (e talvez porque) mais dissimulado, o TP é pelo menos tão eficaz a longo prazo quanto a coerção física – que não pode produzir um efeito além da cessação de seu exercício direto, a não ser na medida em que tende sempre a exercer por acréscimo um efeito simbólico (o que significa dizer, a propósito, que o rei não está jamais nu, e que só uma concepção inocentemente idealista da força intrínseca da justiça, concepção estabelecida sobre a dissociação implícita da força e das representações de legitimidade que ela gera necessariamente, pode conduzir a que se fale, com Russell e outros após ele, de "força crua" – *naked power*). É assim que o TP, na medida em que assegura a perpetuação dos efeitos da violência simbólica, tende a produzir uma disposição permanente para dar em toda situação (em matéria de fecundidade, de opções econômicas ou de engajamento políticos) a boa réplica (isto é, a réplica prevista pelo arbitrário cultural e somente essa) aos estímulos simbólicos que emanam das instâncias investidas da AuP que tornou possível o TP produtor do *habitus* (os efeitos da prédica sacerdotal ou das bulas papais como reativações simbólicas da educação cristã).

3.2. Enquanto ação transformadora que tende a inculcar uma formação como sistema de disposições duráveis e transponíveis, o TP, que tem por condição prévia de exercício a AuP, tem por efeito confirmar e consagrar irreversivelmente a AuP, isto é, a legitimidade da AP e do arbitrário cultural que ela inculca, dissimulando cada vez mais completamente, pelo sucesso da inculcação do arbitrário, o arbitrário da inculcação e da cultura inculcada.

Escólio. Ver um círculo vicioso na presença da AuP no princípio e no fim da AP seria ignorar que, na ordem da gênese (biografia e sucessão das gerações), a AuP de que dispõe toda AP em exercício não quebra o círculo pedagógico ao qual seria consagrada uma AP, sem AuP, senão para conter cada vez mais completamente aquilo que submete o TP, que assim se torna possível no círculo do etnocentrismo (de grupo ou de classe). Encontrar-se-á uma representação paradigmática desse paradoxo no círculo do batismo e da confirmação (crisma): a profissão de fé realizada na idade da razão é considerada como um ato para validar retrospectivamente o engajamento tomado na ocasião do batismo, destinado a uma educação que conduziria necessariamente a essa profissão de fé. Assim, à medida que se realiza, o TP produz cada vez mais completamente as condições objetivas do desconhecimento do arbitrário cultural, isto é, as condições da experiência subjetiva do arbitrário cultural como necessário no sentido de "natural". Aquele que delibera sobre a sua cultura já é cultivado e as questões daquele que crê colocar em questão os princípios de sua educação têm ainda a sua educação por princípio. O mito cartesiano de uma razão inata, isto é, de uma cultura natural ou de uma natureza cultivada que preexistiria à educação, ilusão retrospectiva necessariamente inscrita na educação como imposição arbitrária capaz de impor a omissão do arbitrário, é apenas uma outra solução mágica do círculo da AuP: "Por termos sido todos crianças antes de ser homens, e por ter sido necessário durante muito tempo sermos governados por nossos apetites e nossos preceptores, que eram frequentemente contrários uns aos outros, e porque nem uns nem outros nos aconselhavam talvez sempre o melhor, é quase impossível que nossos julgamentos sejam tão puros ou tão sólidos quanto teriam sido se tivéssemos tido o uso completo de nossa razão desde o momento de nosso nascimento, e que não tivéssemos sido conduzidos jamais senão por ela". Assim, não fugimos ao círculo do batismo inevitavelmente confirmado senão para sacrificar à mística do "segundo nascimento", do qual poderíamos ver a transcrição filosófica no fantasma transcendentalista da reconquista pelas virtudes exclusivas do pensamento de um pensamento sem nada antes pensado.

3.2.1. Enquanto trabalho prolongado de inculcação que produz cada vez mais completamente o desconhecimento do duplo arbitrário da AP, isto é, o reconhecimento da AuP da instância pedagógica e da legitimidade do produto que ela propõe, o TP produz indissociavelmente a legitimidade do produto e a necessidade legítima desse produto como produto legítimo que produz o consumidor legítimo, isto é, dotado da definição social do produto legítimo e da disposição a consumi-lo nas formas legítimas.

Escólio 1. Só o TP pode romper o círculo em que se encerra quando se esquece que a "necessidade cultural" é uma necessidade cultivada, isto é, quando a dissociamos de suas condições sociais de produção: assim a devoção religiosa ou cultural, que gera práticas religiosas ou estéticas tais como a frequentação assídua da igreja ou do museu, é o produto da AuP da família (e secundariamente da instituição, Igreja ou Escola) que, no desenvolvimento de uma biografia, rompe o círculo da "necessidade cultural" consagrando como merecendo ser procurados os bens de salvação religiosa ou cultural e produzindo a necessidade desses bens pelo único fato de impor a consumação. Sabendo que a necessidade de frequentar o museu ou a igreja tem por condição a frequentação do museu ou da igreja e que a frequentação assídua supõe a necessidade de frequentar, constatamos que, para romper o círculo da primeira entrada na igreja ou no museu, é preciso que seja dada uma predisposição à frequentação que, salvo acreditar-se no milagre da predestinação, não pode ser outra coisa senão a disposição da família em fazer frequentar frequentando, o tempo dessa frequentação produzindo uma disposição durável para frequentar. No caso da religião, da arte, a amnésia da gênese conduz a uma forma específica da ilusão de Descartes: o mito de um gosto inato que não deveria nada aos constrangimentos da aprendizagem, já que seria dado inteiramente desde o nascimento, transmuta em escolhas livres de um livre-arbítrio originário os determinismos capazes de produzir tanto as escolhas determinadas como o esquecimento dessa determinação.

Escólio 2. Se deixarmos de constatar que o TP produz inseparavelmente o produto legítimo como tal, isto é, como objeto digno de ser consumido material ou simbolicamente (isto é, venerado, adorado, respeitado, admirado etc.) e a propensão a consumir material ou simbolicamente esse objeto, condenamo-nos a nos interrogar indefinidamente sobre a prioridade da veneração ou do venerável, da adoração e do adorável, do respeito e do respeitável, da admiração e do admirável etc.; isto é, a oscilarmos entre o esforço para deduzir das propriedades intrínsecas do objeto as disposições relativamente ao objeto e o esforço para deduzir as propriedades do objeto às propriedades que lhe conferem as disposições do sujeito. De fato, o TP produz agentes que, dotados da disposição adequada, não podem aplicá-la senão a certos objetos, e objetos que aparecem aos agentes produzidos pelo TP como apelando ou exigindo a disposição adequada.

3.2.2. *Enquanto trabalho prolongado de inculcação que produz cada vez mais completamente o desconhecimento do duplo arbitrário da AP, o TP tende a dissimular tanto mais completamente quanto é realizada a verdade objetiva do* habitus *como interiorização dos princípios de um arbitrário cultural que está tanto mais realizado quanto o trabalho de inculcação está mais realizado.*

Escólio. Compreende-se que a definição social da excelência tende sempre a se referir ao "natural", isto é, a uma modalidade da prática que supõe um grau de realização do TP capaz de fazer esquecer não somente o duplo arbitrário da AP do qual ele é o produto, mas tudo o que a prática realizada deve ao TP (a "virtude" [*areté*] grega, o desembaraço do *honnête homme* francês, a *sarr* do homem de bem de Cabília ou o "academismo antiacadêmico" do mandarim chinês).

3.2.2.1. *Enquanto trabalho prolongado de inculcação que produz cada vez mais completamente o desconhecimento do duplo arbitrário da AP, isto é, entre outras coisas o desconhecimento da delimitação constitutiva do arbitrário cultural que inculca, o TP produz cada vez mais completamente o desconhecimento das limitações éticas e intelectuais que são correlativas da interiorização dessa delimitação (etnocentrismo ético e lógico).*

Escólio. Isso significa que o TP que produz o hábito como sistema de esquemas de pensamento, de percepção, de apreciação e de ação, produz o desconhecimento das limitações implicadas nesse sistema, de sorte que a eficácia da programação ética e lógica por ele produzida se encontra redobrada pelo desconhecimento das limitações inerentes a essa programação, desconhecimento que está em função do grau de realização do TP: os agentes que produzem o TP não seriam também completamente prisioneiros das limitações que o arbitrário cultural impõe a seu pensamento e a sua prática se, fechados no interior desses limites por uma autodisciplina e uma autocensura (tanto mais inconscientes quanto interiorizaram mais completamente os princípios), eles não vivessem seu pensamento e sua prática na ilusão da liberdade e da universalidade.

3.2.2.1.1. Numa formação social determinada, o TP pelo qual se realiza a AP dominante consegue tanto melhor impor a legitimidade da cultura dominante quanto está mais realizado, isto é, quanto consegue mais completamente impor o desconhecimento do arbitrário dominante como tal, não somente aos destinatários legítimos da AP, mas aos membros dos grupos ou classes dominados (ideologia dominante da cultura legítima como única cultura autêntica, isto é, como cultura universal).

3.2.2.1.2. Numa formação social determinada, o TP pelo qual se realiza a AP dominante tem sempre uma função de manter a ordem, isto é, de reprodução da estrutura das relações de força entre os grupos ou as classes, na medida em que tende, seja pela inculcação, seja pela exclusão, a impor aos membros dos grupos ou classes dominados o reconhecimento da legitimidade da cultura dominante, e a lhes fazer interiorizar, numa medida variável, disciplinas e censuras que servem tanto melhor aos interesses, materiais ou simbólicos, dos grupos ou classes dominantes, quanto mais tomam a forma da autodisciplina e da autocensura.

3.2.2.1.3. Numa formação social determinada, o TP pelo qual se realiza a AP dominante que tende a impor aos membros dos grupos ou classes dominados o reconhecimento da legitimidade da cultura dominante, tende a lhes impor do mesmo modo, pela inculcação ou exclusão, o reconhecimento da legitimidade de seu arbitrário cultural.

Escólio. Contrariamente a uma representação empobrecida da violência simbólica que uma classe exerce sobre uma outra pelo intermediário da educação (representação comum, paradoxalmente, àquelas que denunciam uma dominação ideológica reduzida ao esquema da ingestão forçada e àquelas que dissimulam deplorar a imposição aos filhos dos "meios modestos" de uma "cultura que não é feita para eles"), uma AP dominante tende menos a inculcar a informação constitutiva da cultura dominante (nem que fosse pelo fato de que o TP tem uma produtividade específica e uma duração tanto mais fracas quanto mais se exerce sobre grupos ou classes situados mais baixo na escala social) do que a inculcar o fato realizado da legitimidade da cultura dominante. Por exemplo: interiorizando naqueles que estão excluídos do número dos destinatários legítimos (seja na maioria das sociedades, antes de toda educação escolar, seja durante os estudos) a legitimidade de sua exclusão; impondo o reconhecimento, por aqueles que ela relega a ensinos de segunda ordem, da inferioridade desses ensinos e daqueles que os recebem; ou ainda inculcando, através da submissão às disciplinas escolares e da adesão às hierarquias culturais, uma disposição transmissível e generalizada a respeito das disciplinas e das hierarquias sociais. Em suma, em todos os casos, a principal força da imposição do reconhecimento da cultura dominante como cultura legítima e do reconhecimento correlativo da ilegitimidade do arbitrário cultural dos grupos ou classes dominados reside na exclusão, que talvez por isso só adquire força simbólica quando toma as aparências da autoexclusão. Tudo se passa como se a duração legítima do TP que é concedido às classes dominadas fosse objetivamente definida como o tempo que é necessário e suficiente para que o fato da exclusão adquira toda a sua força simbólica, isto é, para que apareça àqueles que a ele se submetem como a sanção de sua indignidade cultural e para que nenhum seja levado a ignorar a lei da cultura legítima: um dos efeitos menos percebidos da escolaridade obrigatória consiste no fato de que ela consegue obter das classes dominadas um reconhecimento do saber e do saber-fazer legítimos (por exemplo, em matéria de direito, de medicina, de técnica, de entretenimento ou de arte), levando consigo a desvalorização do saber e do saber-fazer que elas efetivamente dominam (por exemplo, direito consuetudinário, medicina doméstica, técnicas artesanais, língua e arte populares ou ainda tudo o que veiculava "a Escola *buissonnière* de feiticeira e do pastor", segundo a expressão de Michelet), e estabelecendo assim um mercado para as produções materiais e sobretudo simbólicas cujos meios de produção (a começar pelos estudos superiores) são o quase monopólio das classes dominantes (por exemplo, diagnóstico médico, conselho jurídico, indústria cultural, etc.).

3.3. Na medida em que o TP é um processo irreversível que produz no tempo necessário à inculcação uma disposição irreversível, isto é, uma disposição que não pode ser ela mesma reprimida ou transformada senão por um processo irreversível que produz por sua vez uma nova disposição irreversível, a AP primária (primeira educação) que se realiza num TP sem antecedente (TP primário) produz um hábito primário, característico de um grupo ou de uma classe, e que está no princípio da constituição ulterior de todo o outro hábito.

Escólio. Não é sem alguma malícia que citaremos aqui Husserl descobrindo a evidência da genealogia empírica da consciência: "Recebi a educação de um alemão, não a de um chinês. Mas também a de um cidadão de cidade pequena, num quadro familiar e numa escola de pequeno-burgueses, não a de um fidalgote provinciano, grande proprietário com bens de raiz, educado numa escola de cadetes". E ele observa que se é possível sempre se dar um conhecimento erudito de uma outra cultura ou mesmo refazer uma educação de acordo com os princípios dessa cultura (por exemplo, "tentando aprender a série de cursos dados na escola de cadetes", ou "refazendo sua educação à chinesa"), "essa apropriação da China não é possível num sentido pleno, do mesmo modo que não é possível apropriar-se num sentido pleno, e em seu ser plenamente concreto, o tipo do Junker".

3.3.1 O grau de produtividade específica de todo TP diferente do TP primário (TP secundário) é função da distância que separa o habitus *que ele tende a inculcar (isto é, o arbitrário cultural imposto) do* habitus *que foi inculcado pelos TP anteriores e, ao termo da regressão, pelo TP primário (isto é, arbitrário originário).*

Escólio 1. O sucesso de toda educação escolar e, mais geralmente, de todo TP secundário depende fundamentalmente da primeira educação que a precedeu, mesmo e sobretudo quando a Escola recusa essa prioridade em sua ideologia e em sua prática fazendo da história escolar uma história sem pré-história: sabe-se que através do conjunto de aprendizagens ligadas à conduta cotidiana da vida e em particular através da aquisição da língua materna ou a manipulação dos termos e das relações de analogia, criam-se disposições lógicas que são dominadas pelo estado prático, disposições essas mais ou menos complexas e mais ou menos elaboradas simbolicamente, segundo os grupos ou as classes, que predispõem inegavelmente para o domínio simbólico das operações implicadas por uma demonstração matemática assim como pela decifração de uma obra de arte.

Escólio 2. Constata-se também a ingenuidade que há em colocar o problema da eficácia diferencial das diferentes instâncias de violência simbólica (por exemplo, família, escola, meios de comunicação modernos etc.) abstraindo, como os servidores do culto de toda a autoridade da Escola ou os profetas da onipotência das "comunicações de massa", o fato da irreversibilidade dos processos de aprendizagem, que faz com que o *habitus* adquirido na família esteja no princípio da recepção e da assimilação da mensagem escolar, e que o hábito adquirido na escola esteja no princípio do nível de recepção e do grau de assimilação das mensagens produzidas e difundidas pela indústria cultural e mais geralmente de toda mensagem erudita ou semierudita.

3.3.1.1. Um modo de inculcação determinado caracteriza-se (sob a relação considerada na prop. 3.3.1.) pela posição que ele ocupa entre 1) o modo de inculcação visando operar a substituição completa de um habitus *por um outro (conversão) e 2) o modo de inculcação visando confirmar puramente e simplesmente o* habitus *primário (manutenção ou reforço).*

Escólio. O essencial das características dos TP secundários que visam determinar uma conversão radical (*metanoia*) pode ser deduzido da necessidade em que eles se encontram de organizar as condições sociais de seu exercício, que têm em vista matar o "velho homem" e *gerar ex nihilo* o novo *habitus*. Pense-se, por exemplo, na tendência ao formalismo pedagógico, isto é, na exibição do arbitrário da inculcação como arbitrário pelo arbitrário e, mais geralmente, na imposição da regra pela regra, que constitui a característica principal do modo a inculcação própria às

AP de conversão: por exemplo, exercícios de piedade e de automortificação ("embruteça-se"), operação militar etc. Sob esse título as instituições totais (caserna, convento, prisão, asilos e internato) permitem que se perceba com toda clareza as técnicas de desculturação e de reculturação às quais deve recorrer um TP que visa produzir um *habitus* tão semelhante quanto possível àquele que produz a primeira educação, tudo levando em conta um *habitus* preexistente. Na outra extremidade, as instituições tradicionais para mocinhas de boa família representam a forma paradigmática de todas as instituições pedagógicas que não tendo por destinatários, em virtude dos mecanismos de seleção e de autosseleção, senão agentes já dotados de um *habitus* tão pouco diferente quanto possível daquele que trata de produzir, podem se contentar de organizar, não sem ostentação e ênfase, todas as aparências de uma aprendizagem realmente eficaz (por exemplo, Escola Nacional de Administração). Se, nas épocas em que as classes dominantes confiam a primeira educação dos filhos a agentes que pertencem às classes inferiores, as instituições de ensino que lhes estão reservadas apresentam todas as características da instituição total, visto que elas devem nesse caso operar uma verdadeira reeducação (por exemplo, internato dos colégios jesuítas ou ginásios alemães e russos do século XIX).

3.3.1.2. Considerando-se que o habitus *primário inculcado pelo TP primário está no princípio da constituição ulterior de todo* habitus, *o grau de produtividade específica de um TP secundário se mede sob essa relação pelo grau em que o sistema dos meios necessários à realização do TP (modo de inculcação) está objetivamente organizado em função da distância existente entre o* habitus *que ele visa inculcar e o* habitus *produzido pelos TP anteriores.*

Escólio. Um TP secundário é por conseguinte tanto mais produtivo quanto, levando em conta o grau em que os destinatários da mensagem pedagógica possuam o código dessa mensagem, ele produz mais completamente as condições sociais da comunicação pela organização metódica de exercícios que visam assegurar a assimilação acelerada do código de transmissão e portanto a inculcação acelerada do *habitus*.

3.3.1.3. O grau de tradicionalismo de um modo de inculcação mede-se pelo grau em que ele se encontra objetivamente organizado em referência a um público limitado de destinatários legítimos, isto é, pelo grau em que a aceitação do TP secundário pressupõe que os destinatários sejam dotados do habitus adequado (isto é, do ethos *pedagógico e do capital cultural próprio aos grupos ou classes dos quais ele reproduz o arbitrário cultural).*

3.3.1.3.1. Pelo fato de que, numa formação social determinada, o modo de inculcação dominante tende a responder aos interesses das classes dominantes, isto é, dos destinatários legítimos, a produtividade diferencial do TP dominante segundo os grupos ou classes sobre os quais ele se exerce, tende a ser função da distância entre o habitus *primário inculcado pelo TP primário nos diferentes grupos ou classes e o* habitus *inculcado pelo TP dominante (isto é, pelo grau em que a educação ou a aculturação é reeducação ou desculturação segundo os graus ou classes).*

3.3.2. Considerando-se 1) que a explicitação e a formalização dos princípios que operam numa prática, isto é, o domínio simbólico dessa prática, seguem-se necessariamente, na ordem lógica e cronológica, ao domínio prático desses princípios, isto é, que o domínio simbólico não é jamais em si mesmo seu próprio fundamento; considerando-se 2) que o domínio simbólico é irredutível ao domínio prático do qual ele procede e ao qual ele acrescenta portanto seu efeito próprio, segue-se 1) que todo TP secundário produz práticas secundárias irredutíveis às práticas primárias das quais ele procura o domínio simbólico e 2) que o domínio secundário que ele produz pressupõe um domínio prévio tanto mais próximo do simples domínio prático das práticas quanto ele se exerce mais cedo na ordem biográfica.

Escólio. O ensino escolar da gramática não inculta, propriamente falando, uma nova gramática geradora das práticas linguísticas: a criança deve possuir no estado prático os princípios que ela aprende a submeter ao controle lógico (conjugações, declinações, construções sintáticas etc.); porém, adquirindo a codificação sábia do que faz, ela adquire a possibilidade de fazê-lo mais conscientemente e mais sistematicamente (cf. Piaget, Vygotsky). Essa transformação é análoga, na ordem biográfica, do processo histórico pelo qual um direito consuetudinário ou uma justiça tradicional (*Kadi Justiz*) se transforma num direito racional, isto é, codificado, a partir de princípios explícitos (cf. mais geralmente as análises weberianas das características gerais do processo de racionalização em matéria de religião, de arte, de teoria política etc.). Vimos, na mesma lógica, que o êxito da ação de imposição simbólica do profeta é função do grau em que ele consegue explicitar e sistematizar os princípios que o grupo ao qual ele se endereça detém já no estado prático.

3.3.2.1. Um modo de inculcação determinado, isto é, o sistema dos meios pelos quais é produzida a interiorização de um arbitrário cultural, caracteriza-se (sob a relação considerada na prop. 3.3.2.) pela posição que ele ocupa entre 1) o modo de inculcação que produz um habitus *pela inculcação inconsciente de princípios só manifestados no estado prático na prática imposta (pedagogia implícita) e 2) o modo de inculcação que produz o* habitus *pela inculcação metodicamente organizada enquanto tal por princípios formais e mesmo formalizados (pedagogia explícita).*

Escólio. Seria inútil crer que se poderia hierarquizar esses dois modos de inculcação opostos segundo sua produtividade específica, já que essa eficácia medida à durabilidade e à transferibilidade do *habitus* produzido não pode ser definida independentemente do conteúdo inculcado e das funções sociais que preenche, numa formação social determinada, o TP considerado: assim, a pedagogia implícita é sem dúvida mais eficaz quando se trata de transmitir conhecimentos tradicionais, indiferenciados e totais (aprendizagem das maneiras ou das habilidades), na medida em que ela exige do discípulo ou do aprendiz a identificação à pessoa total do "mestre" ou do "companheiro" mais experimentado, ao preço de uma verdadeira entrega de si excluindo a análise dos princípios da conduta exemplar; por outro lado, uma pedagogia implícita que, supondo um conhecimento prévio, seja por si pouco eficaz quando se aplica a agentes desprovidos desse conhecimento, pode ser muito "rentável" para as classes dominantes quando a AP correspondente se exerce num sistema das AP dominado pela AP dominante, que contribui assim para a reprodução cultural e, portanto, para a reprodução social, assegurando aos detentores do conhecimento prévio o monopólio desse conhecimento.

3.3.2.2. Considerando-se que todo TP secundário tem por efeito próprio produzir práticas irredutíveis às práticas em que ele procura o domínio simbólico, o grau de produtividade específica de um TP secundário se mede sob essa relação pelo grau em que o sistema dos meios necessários para a realização do TP (modo de inculcação) está objetivamente organizado visando assegurar, pela inculcação explícita de princípios codificados e formais, a transferibilidade formal do habitus.

3.3.2.3. O grau de tradicionalismo de um modo de inculcação se mede pelo grau em que os meios necessários para a realização do TP se reduzem às práticas que exprimem o habitus *a reproduzir a que tendem, só pelo fato de que são realizadas de modo repetido por agentes investidos da AuP, a reproduzir diretamente um* habitus *definido pela transferibilidade prática.*

Escólio. Um TP é tanto mais tradicional quanto ele é 1) menos claramente delimitado como prática específica e autônoma 2) quanto é exercido por instâncias nas funções mais totais e mais indiferenciadas, isto é, quanto se reduz mais completamente a um processo de familiarização no qual o mestre transmite inconscientemente pela conduta exemplar princípios que ele não domina conscientemente a um receptor que os interioriza inconscientemente. Ao termo, como se vê nas sociedades tradicionais, todo o grupo e todo o meio ambiente como sistema das condições materiais de existências, enquanto são dotadas da significação simbólica que lhes confere um poder de imposição, exercem sem agentes especializados nem momentos especificados uma AP anônima e difusa (por exemplo, a formação do *habitus* cristão, na Idade Média, através do calendário das festas como catecismo e a organização do espaço cotidiano, ou os objetos simbólicos como livro de piedade).

3.3.2.3.1. Numa formação social determinada, o TP primário ao qual estão submetidos os membros dos diferentes grupos ou classes repousa tanto mais completamente sobre a transferibilidade prática quanto suas condições materiais de existência os submetem mais estreitamente à urgência da prática, tendendo assim a impedir a construção e o desenvolvimento da aptidão para o domínio simbólico da prática.

Escólio. Se se admite que um TP está tanto mais próximo da pedagogia explícita quanto ele recorre mais à verbalização e à conceitualização classificatória, vê-se que o TP primário prepara tanto melhor os TP secundários baseados sobre uma pedagogia explícita quanto mais se exerce num grupo ou numa classe cujas condições materiais de existência lhe permitam mais completamente estabelecer suas distâncias relativamente à prática, isto é, de "neutralizar" sobre o modo imaginário ou reflexivo as urgências vitais que impõem às classes dominadas uma disposição pragmática. E isso tanto mais quanto os agentes encarregados de exercer o TP primário foram eles mesmos muito irregularmente preparados para o domínio simbólico por um TP secundário e quanto eles estão, por esse motivo, muito irregularmente aptos a orientar o TP primário para a verbalização e a conceitualização do domínio prático que são exigidas pelos TP secundários (por exemplo, num caso extremo, a continuidade entre o TP familiar e o TP escolar, nas famílias de docentes ou de intelectuais).

3.3.3. Considerando-se a delegação que o fundamenta, o TP dominante tende a se dispensar tanto mais completamente de inculcar explicitamente as preliminares que são a condição de sua produtividade específica quanto o arbitrário cultural dominante é mais completamente dominado pelos destinatários legítimos, isto é, quanto uma parte importante do que ele é determinado a inculcar (capital e ethos) já foi inculcado pelo TP primário dos grupos ou classes dominantes.

3.3.3.1. Numa formação social em que, tanto na prática pedagógica quanto no conjunto das práticas sociais, o arbitrário cultural dominante subordina o domínio prático ao domínio simbólico das práticas, o TP dominante tende a se dispensar tanto mais completamente de inculcar explicitamente os princípios que autorizam o domínio simbólico quanto o domínio ao estado prático dos princípios que autorizam o domínio simbólico das práticas já foi mais completamente inculcado nos destinatários legítimos pelo TP primário dos grupos ou classes dominantes.

Escólio. Contrariamente ao que sugerem certas teorias psicogenéticas que descrevem o desenvolvimento da inteligência como um processo universal de transformação unilinear do domínio sensório-motriz em domínio simbólico, os TP primários dos diferentes grupos ou classes produzem sistemas de disposições primárias que diferem não somente como graus diferentes de explicitação de uma mesma prática, mas igualmente como tipos de domínio prático que predispõem desigualmente à aquisição do tipo particular de domínio simbólico que privilegia o arbitrário cultural dominante. Assim, um domínio prático orientado para a manipulação das coisas e a relação com as palavras que lhe é correlativa predispõe menos ao domínio e erudito das regras de verbalização letrada do que um domínio prático voltado para a manipulação das palavras e para a relação com as palavras e as coisas que autoriza o primado da manipulação das palavras. É quando tem por destinatários legítimos indivíduos dotados pelo TP primário do domínio prático com uma dominante que um TP secundário destinado por delegação a inculcar primordialmente o domínio de uma linguagem e de uma relação com a linguagem pode, paradoxalmente, limitar-se a uma pedagogia implícita, muito particularmente quando se trata de linguagem, porque pode apoiar-se sobre um *habitus* que encerra, ao estado prático, a predisposição para usar a linguagem segundo uma relação erudita com a da linguagem (por exemplo, a afinidade estrutural entre o ensino das humanidades e a primeira educação burguesa). Inversamente, num TP secundário que tem por função declarada inculcar o domínio prático de técnicas manuais (por exemplo, o ensino da tecnologia nos estabelecimentos de ensino técnico), só o fato de explicitar num discurso erudito os princípios de técnicas das quais as crianças provenientes das classes populares possuem já o domínio prático é suficiente para a rejeição de receitas e habilidades que se reduzem à ilegitimidade de uma simples "destreza", da mesma maneira que a sua linguagem é reduzida ao jargão pelo ensino geral.

Eis aí um dos efeitos sociais mais poderosos do discurso erudito, que separa com uma barreira intransponível o detentor dos princípios (por exemplo, o engenheiro) do simples prático (por exemplo, o técnico).

3.3.3.2. Considerando-se que, no tipo de formação social definido em 3.3.3.1., o TP secundário dominante que recorre a um modo de inculcação tradicional (no sentido das prop. 3.3.1.3. e 3.3.2.3.) tem uma produtividade específica tanto mais fraca quanto mais se exerce sobre grupos ou classes formadas por um TP primário mais afastado do TP primário dominante, que inculca, entre outras coisas, um domínio prático com uma dominante verbal, tal TP tende a produzir, em e por seu próprio exercício, a delimitação de seus destinatários realmente possíveis, excluindo tanto mais rapidamente os diferentes grupos ou classes quanto estão mais completamente desprovidos do capital e do ethos *objetivamente pressupostos por seu modo de inculcação.*

3.3.3.3. Considerando-se que, no tipo de formação social definido em 3.3.3.1., o TP secundário dominante que, recorrendo a um modo de inculcação tradicional, define-se como não produzindo completamente as condições de sua produtividade, pode preencher sua função de eliminação sem outra ação que sua abstenção, um tal TP tende a produzir não somente a delimitação de seus destinatários realmente possíveis, como também o desconhecimento dos mecanismos dessa delimitação; isto é, tende a fazer reconhecer seus destinatários de fato como destinatários legítimos e a duração da inculcação à qual estão submetidos de fato os diferentes grupos ou classes como duração legítima de inculcação.

Escólio. Se toda AP dominante supõe uma delimitação de seus destinatários legítimos, a exclusão é frequentemente operada por mecanismos exteriores à instância que exerce o TP, que se trata do efeito mais ou menos direto dos mecanismos econômicos ou de prescrições habituais ou jurídicas (*numerus clausus* como limitação autoritária dos destinatários em função de critérios étnicos ou outros). Uma AP que elimina certas categorias de receptores apenas pela eficácia do modo de inculcação de seu TP dissimula melhor e mais completamente que qualquer outra o arbitrário da delimitação de fato de seu público, impondo assim mais sutilmente a legitimidade de seus produtos e de suas hierarquias (função de *sociodiceia*). Pode-se ver no museu que delimita seu público e que legitima a qualidade social só pelo efeito de seu "nível de emissão", isto é, só pelo fato de que ele pressupõe a possessão do código cultural necessário à decifração das obras expostas, o limite para o qual tende um TP baseado sobre a preliminar implícita da possessão das condições de sua produtividade. A ação dos mecanismos que tendem a assegurar, de maneira quase automática, isto é, conformemente às leis que regem a relação dos diferentes grupos ou classes com a instância pedagógica dominante, a exclusão de certas categorias de receptores (autoeliminação, eliminação adiada etc.), pode encontrar-se dissimulada além disso pelo fato de que a função social de eliminação se dissimula sob a função patente de seleção que a instância pedagógica exerce no interior do conjunto dos destinatários legítimos (função ideológica do exame).

3.3.3.4. Considerando-se que, no tipo de formação social definida em 3.3.3.1., o TP secundário dominante que recorre a um modo de inculcação tradicional não inculca explicitamente as preliminares que são a condição de sua produtividade específica, um tal TP tende a produzir por seu próprio exercício a legitimidade do modo de possessão dos conhecimentos adquiridos preliminarmente dos quais os grupos ou classes dominantes têm o monopólio porque têm o monopólio do modo de aquisição legítimo, isto é, de inculcação por um TP primário dos princípios no estado prático da cultura legítima (relação cultivada pela cultura legítima como relação de familiaridade).

3.3.3.5. Considerando-se que, no tipo de formação social definido em 3.3.3.1., o TP secundário dominante que recorre a um modo de inculcação tradicional não inculca explicitamente as preliminares que são a condição de sua produtividade específica, um tal TP supõe, produz e inculca, em e por seu próprio exercício, ideologias que tendem a justificar a petição de princípio que é a condição de seu exercício (ideologia do dom como negação das condições sociais de produção das disposições cultivadas).

Escólio 1. Pode-se ver uma imagem paradigmática de um dos efeitos mais típicos da ideologia do dom numa experiência de Rosenthal: dois grupos de experimentadores aos quais foram confiados dois grupos de ratos provenientes das mesmas origens indicando-lhes que eles foram selecionados, uns por sua inteligência, outros por sua estupidez, obtiveram de seus objetos respectivos progressos significativamente diferentes (cf., por exemplo, os efeitos que exerce tanto sobre os mestres quanto sobre os alunos a distribuição da população escolar em subpopulações escolar e socialmente hierarquizadas segundo os tipos de estabelecimento – liceus clássicos, CES (Collège d'Enseignement Sécondaire), CET (Collège d'Enseignement Technique) ou grandes escolas e faculdades –, as seções – clássica e moderna – e mesmo as disciplinas).

Escólio 2. Considerando-se que no tipo de formação social definida em 3.3.3.1. o TP secundário dominante que se caracteriza por um modo de inculcação tradicional (tanto no sentido da prop. 3.3.1.3. quanto da prop. 3.3.2.3.)

tende sempre, pelo fato de que sua produtividade específica varia em razão inversa da distância entre o arbitrário cultural dominante e o arbitrário cultural dos grupos ou classes sobre os quais ele se exerce, a privar os membros das classes dominadas dos benefícios materiais e simbólicos da educação realizada, pode-se perguntar se um TP secundário que, ao contrário, levasse em conta a distância entre os *habitus* preexistentes e o *habitus* a inculcar e que se organizasse sistematicamente segundo os princípios de uma pedagogia explícita não teria por efeito suprimir a fronteira que o TP tradicional reconhece e confirma entre os destinatários legítimos e todos os outros; ou, em outros termos, se um TP perfeitamente racional, isto é, um TP que se exercesse *ab ovo* e em todos os domínios sobre todos os educáveis sem nada conceder quanto ao começo e em relação ao fim explícito de inculcar explicitamente a todos os princípios práticos do domínio simbólico das práticas que só são inculcadas pela AP primária em certos grupos ou classes, em suma um TP que substituísse em todas as situações o modo de inculcação tradicional pela transmissão programada da cultura legítima, não corresponderia ao interesse pedagógico dos grupos ou classes dominados (hipóteses da democratização do ensino pela racionalização da pedagogia). Mas é suficiente, para se convencer do caráter utópico de uma política da educação baseada sobre essa hipótese, observar que, sem mesmo falar da inércia própria a toda instituição educativa a estrutura das relações de força exclui uma AP dominante que possa recorrer a um TP contrário aos interesses das classes dominantes que lhe delegam sua AuP. Além disso, não se pode ter uma tal política como própria ao interesse pedagógico das classes dominadas a não ser com a condição de identificar o interesse objetivo dessas classes com a soma dos interesses individuais de seus membros (por exemplo, em matéria de mobilidade social ou de promoção cultural), o que conduz de novo ao esquecimento de que a mobilidade controlada de um número limitado de indivíduos pode servir à perpetuação da estrutura das relações de classe; ou, em outros termos, com a condição de supor possível a generalização ao conjunto da classe de propriedades que não podem sociologicamente pertencer a certos membros da classe senão na medida em que elas permaneçam reservadas a alguns, e por conseguinte recusadas ao conjunto da classe enquanto tal.

4. Do sistema de ensino

4. Todo sistema de ensino institucionalizado (SE) deve as características específicas de sua estrutura e de seu funcionamento ao fato de que lhe é preciso produzir e reproduzir, pelos meios próprios da instituição, as condições institucionais cuja existência e persistência (autorreprodução da instituição) são necessários tanto ao exercício de sua função própria de inculcação quanto à realização de sua função de reprodução de um arbitrário cultural do qual ele não é o produtor (reprodução cultural) e cuja reprodução contribui à reprodução das relações entre os grupos ou as classes (reprodução social).

Escólio 1. Trata-se de estabelecer a forma especificada que devem revestir as proposições enunciando em toda a sua generalidade as condições e os efeitos da AP (prop. 1, 2, 3) quando essa AP é exercida por uma instituição (SE), isto é, estabelecer o que deve ser uma instituição para ser capaz de produzir as condições institucionais de produção de um *habitus* ao mesmo tempo que o desconhecimento dessas condições. Essa interrogação não se reduz à procura propriamente histórica das condições sociais do aparecimento de um SE particular ou mesmo da instituição de ensino em sua generalidade: assim, o esforço de Durkheim em compreender as características de estrutura e de funcionamento do SE francês a partir do fato de que ele devia, na origem, ter se organizado com o objetivo de produzir um hábito cristão que visava integrar de alguma maneira a herança greco-romana e a fé cristã, conduziu menos diretamente a uma teoria geral do SE que a tentativa de Max Weber para deduzir as características trans-históricas de toda a Igreja das exigências funcionais que determinam a estrutura e o funcionamento de qualquer instituição que visa produzir um *habitus* religioso. Só a formulação das condições genéricas de possibilidade de uma AP institucionalizada permite dar todo seu sentido à procura das condições sociais necessárias à realização dessas condições genéricas, isto é, compreender de que maneira, em situações históricas diferentes, processos sociais tais como a concentração urbana, os progressos da divisão do trabalho implicando a autonomização das instâncias ou das práticas intelectuais, a constituição de um mercado dos bens simbólicos etc. tomam um sentido sistemático enquanto sistema das condições sociais do surgimento de um SE (cf. a diligência regressiva pela qual Marx procede à construção dos fenômenos sociais ligados à dissolução da sociedade feudal como sistema das condições sociais do surgimento do modo de produção capitalista).

Escólio 2. Com a condição de não esquecer que a história relativamente autônoma das instituições educativas deve ser substituída pela história das formações sociais correspondentes, tem-se o direito de considerar que certas características da instituição cujo surgimento é correlativo de transformações sistemáticas da instituição (por exemplo, ensino remunerado, constituição de escolas capazes de organizar a formação de novos mestres, homogeneização da organização escolar sobre um vasto território, exame, funcionarização e salariado) marcam os limiares significativos no processo de institucionalização do TP. Assim, ainda que a história da educação na Antiguidade permita perceber as etapas de um processo contínuo que conduz do preceptorado às escolas filosóficas e retóricas da Roma Imperial, passando pela educação iniciática dos magos ou dos mestres de sabedoria e pelo ensino artesanal dos conferencistas itinerantes que foram a maior parte sofistas, Durkheim foi levado a considerar que no Ocidente não se encontra SE antes da Universidade Medieval, já que o surgimento de um controle juridicamente sancionado dos resultados da inculcação (diploma, que ele mantém como critério determinante, vem se juntar à especialização dos agentes, à continuidade da inculcação e homogeneidade do modo de inculcação. Poder-se-ia igualmente, numa perspectiva weberiana, considerar que as características determinantes da instituição escolar são adquiridas desde o momento em que aparece um corpo de especialistas permanentes cuja formação, recrutamento e carreira são regulados por uma organização especializada e que encontram na instituição os meios de afirmar com sucesso sua pretensão ao monopólio da inculcação legítima da cultura legítima. Se se pode indiferentemente compreender as características estruturais ligadas à institucionalização de uma prática social relacionando-as com os interesses de um corpo de especialistas que evolui para o monopólio dessa prática ou o contrário, é que esses processos representam duas manifestações indissociáveis da autonomização de uma prática, isto é, de sua constituição enquanto tal: do mesmo modo que, como o observa Engels, o surgimento do direito enquanto direito, isto é, enquanto "domínio autônomo", é correlativo dos progressos da divisão do trabalho que conduzem à constituição de um corpo de juristas profissionais; do mesmo modo também que, como o mostra Weber, a "racionalização" da religião é correlativa da constituição de um corpo sacerdotal; do mesmo modo ainda que o processo que conduz à constituição da arte enquanto arte é correlativo da constituição de um campo intelectual e artístico relativamente autônomo; a constituição do TP enquanto tal é, do mesmo modo, correlativo da constituição do SE.

4.1. Considerando-se 1) que um SE não pode se desincumbir de sua função própria de inculcação senão com a condição de produzir e de reproduzir pelos meios próprios da instituição as condições de um TP capaz de reproduzir nos limites dos meios da instituição, isto é, continuamente, ao menor preço e em série, um habitus *tão homogêneo e tão durável quanto possível, entre o maior número possível dos destinatários legítimos (entre os quais os reprodutores da instituição); considerando-se 2) que um SE deve, para cumprir sua função externa de reprodução cultural e social, produzir um* habitus *tão conforme quanto possível aos princípios do arbitrário cultural que ele é destinado a reproduzir, as condições do exercício de um TP institucionalizado e da reprodução institucionais de um tal TP tendem a coincidir com as condições da realização da função de reprodução; isso porque um corpo permanente de agentes especializados, bastante intercambiáveis para poder ser recrutados continuamente e em número suficiente, dotados da formação homogênea e dos instrumentos homogeneizados e homogeneizantes que são a condição do exercício de um TP específico e regulamentado, isto é, de um* trabalho escolar *(TE), forma institucionalizada do TP secundário, está predisposto pelas condições institucionais de sua própria reprodução a limitar sua prática aos limites traçados por uma instituição convocada para reproduzir o arbitrário cultural e não decretá-lo.*

4.1.1. Considerando-se que ele deve produzir as condições institucionais que permitam aos agentes intercambiáveis exercer continuamente, isto é, cotidianamente e sobre uma alçada territorial tão vasta quanto possível, um TE que reproduza o arbitrário cultural para o qual foi convocado a reproduzir, o SE tende a garantir ao corpo dos agentes, recrutados e formados para assegurar a inculcação, condições institucionais capazes por sua vez de dispensá-los e de impedi-los de exercer TE heterogêneos e heterodoxos, isto é, as condições mais adequadas para excluir, sem interdição explícita, toda prática incompatível com sua função de reprodução da integração intelectual e moral dos destinatários legítimos.

Escólio. A distinção medieval entre o autor que produz ou professa "extracotidianamente" obras originais e o *lector* que, fechado no comentário reiterado e reiterável das autoridades, professa "cotidianamente" uma mensagem que ele próprio não produziu, exprime a verdade objetiva da prática professoral que talvez não seja jamais tão evidente quanto na ideologia professoral da mestria, negação laboriosa da verdade da função professoral, ou na pseudocriação magisterial que põe todas as receitas de escola a serviço de uma superação escolar do comentário de escola.

4.1.1.1. Considerando-se que ele deve garantir as condições institucionais da homogeneidade e da ortodoxia do TE, o SE tende a dotar os agentes encarregados da inculcação de uma formação homogênea e de instrumentos homogeneizados e homogeneizantes.

Escólio. É preciso ver não somente os adjuvantes da inculcação, mas os instrumentos de controle que tendem a garantir a ortodoxia do TE contra as heresias individuais nos instrumentos pedagógicos que o SE põe à disposição de seus agentes (por exemplo, manuais, comentários, sumário de memória, livros do mestre, programas, instruções pedagógicas etc.).

4.1.1.2. Na medida em que deve garantir as condições institucionais da homogeneidade e da ortodoxia do TE, o SE tende a submeter a informação e a formação que ele inculca a um tratamento cujo princípio reside por sua vez nas exigências do TE e nas tendências inerentes a um corpo de agentes colocados nessas condições institucionais, isto é, a codificar, homogeneizar e sistematizar a mensagem escolar (cultura escolar como cultura "rotinizada").

Escólio 1. As condenações que os profetas ou os criadores e, com eles, todos os aspirantes a criadores e profetas, têm sempre lançado contra a ritualização professoral ou sacerdotal da profecia de origem ou da obra original (os anátemas, eles próprios votados a se tornarem clássicos, contra a "fossilização" ou o "embalsamamento" dos clássicos), inspiram-se na ilusão artificialista que um TE poderia não levar a marca das condições institucionais de seu exercício: toda cultura escolar é necessariamente homogeneizada e ritualizada, isto é, "rotinizada" pela e para a rotina do TE, isto é, por e para exercícios de repetição e de restituição que devem ser bastante estereotipados para que repetidores tão pouco insubstituíveis quanto possível possam fazê-los repetir indefinidamente (por exemplo, manuais e mementos, breviários e catecismos religiosos ou políticos, glosas e comentários, enciclopédias e *corpus*, trechos escolhidos, anais de exame e coletas de exercícios após a correção, compilações de sentenças, de apotegmas, de versos mnemotécnicos, de tópicos etc.). Qualquer que seja o *habitus* a inculcar, a conformista ou inovador, conservador ou revolucionário, e isso tanto na ordem religiosa quanto na ordem artística, política ou científica, todo TE gera um discurso que tende a explicitar e a sistematizar os princípios desse *habitus* segundo uma lógica que obedece primordialmente às exigências da institucionalização da aprendizagem (por exemplo, o academismo ou a "canonização" dos autores revolucionários segundo Lenin). Se o sincretismo e o ecletismo, que podem às vezes se basear explicitamente numa ideologia da meditação e da reconciliação universal das doutrinas e das ideias (com a filosofia correlativa da filosofia como *philosophia perennis*, condição de possibilidade dos diálogos com os infernos), constituem um dos traços mais característicos do efeito de "rotinização" que exerce todo ensino, é que a "neutralização" e a irrealização das mensagens e, portanto, dos conflitos entre os valores e as ideologias em concorrência com a legitimidade cultural constituem uma solução tipicamente escolar ao problema propriamente escolar do consenso sobre o programa como condição necessária da programação dos espíritos.

Escólio 2. Um SE determinado (ou uma instância determinada do SE) obedece tanto mais completamente à lei da "rotinização" quanto mais completamente sua AP se organiza em relação à função de reprodução cultural: se, por exemplo, mesmo em suas instâncias mais elevadas, o SE francês apresenta mais completamente que outros as características de funcionamento que estão funcionalmente ligadas à institucionalização do TP (por exemplo, primado da autorreprodução, deficiência do ensino de pesquisa, programação escolar das normas da pesquisa e dos objetos de investigação etc.) e se, nesse sistema, o ensino literário apresenta essas características num grau mais elevado do que o ensino científico, é que existem, sem dúvida, poucos SE dos quais as classes dominantes exijam menos que faça outra coisa exceto reproduzir tal qual a cultura legítima e produzir agentes capazes de manipulá-la legitimamente (isto é, professores, dirigentes, administradores ou advogados e médicos, e, a rigor, literatos, antes que pesquisadores e eruditos ou mesmo técnicos). Por outro lado, as práticas pedagógicas e, *a fortiori*, intelectuais (por exemplo, as atividades de pesquisa) de uma categoria de agentes obedecem tanto mais completamente à lei da "rotinização" quanto esta categoria está mais completamente definida por sua posição no SE, isto é, quanto ela participa menos de outros campos de prática (por exemplo, campo científico ou campo intelectual).

4.1.2. Considerando-se que deve reproduzir no tempo as condições institucionais do exercício do TE, isto é, que deve se reproduzir como instituição (autorreprodução) para reproduzir o arbitrário cultural a que é destinado a reproduzir (reprodução cultural e social), todo SE detém necessariamente o monopólio da produção dos agentes encarregados de reproduzi-lo, isto é, dos agentes dotados da formação durável que lhes permite exercer um TE que tende a reproduzir essa mesma formação entre novos reprodutores, e envolve por isso uma tendência à autorreprodução perfeita (inércia), exercida nos limites de sua autonomia relativa.

Escólio 1. Não se deveria ver apenas um efeito de *hysteresis* ligado à duração estrutural do ciclo de reprodução pedagógica na tendência de todo corpo professoral para retransmitir o que ele adquiriu segundo uma pedagogia tão semelhante quanto possível àquela da qual ele é o produto. Com efeito, enquanto eles trabalham para reproduzir por sua prática pedagógica a formação da qual eles são o produto, os agentes de um SE cujo valor econômico e simbólico depende quase que totalmente da sanção escolar, tendem a assegurar a reprodução de seu próprio valor, assegurando a reprodução do mercado sobre o qual eles têm todo seu valor. Mais geralmente, o conservantismo pedagógico dos defensores da raridade dos títulos escolares não encontraria um apoio tão firme junto aos grupos ou classes mais ligados à conservação da ordem social se, sob a aparência de defender somente seu valor sobre o mercado quando defendem o valor de seus títulos universitários, eles não defendessem, pelo seu próprio fato, a própria existência de um certo mercado simbólico, com as funções conservadoras que assegura. Vê-se que a dependência pode tomar uma forma inteiramente paradoxal quando se realiza pelo intermediário de um SE, isto é, quanto as tendências da instituição e os interesses do corpo podem se exprimir a favor e nos limites da autonomia relativa da instituição.

Escólio 2. A tendência à autorreprodução jamais se realiza tão completamente quanto num SE em que a pedagogia permanece implícita (no sentido da prop. 3.3.1.), isto é, num SE em que os agentes encarregados da inculcação não possuam princípios pedagógicos senão em estado prático, pelo fato de que eles os adquiriram inconscientemente pela frequência prolongada de mestres que não os dominam eles mesmos a não ser no estado prático: "Diz-se que o jovem mestre se pautará sobre as lembranças de sua vida de liceu e de sua vida de estudante? Não se vê que isso é decretar a perpetuidade da rotina. Pois então o professor de amanhã não poderá fazer outra coisa senão repetir os gestos de seu professor de ontem e, como este não fazia ele mesmo senão imitar seu próprio mestre, não se vê como, nesta sequência ininterrupta de modelos que se reproduzem uns aos outros, se poderia jamais introduzir qualquer novidade" (Durkheim).

4.1.2.1. Considerando-se que encerra uma tendência à autorreprodução, o SE tende a só reproduzir com atraso, na medida de sua autonomia relativa, as transformações sobrevindas no arbitrário cultural que ele é convocado a reproduzir (atraso cultural da cultura escolar).

4.2. Considerando-se que ele coloca explicitamente a questão de sua própria legitimidade pelo fato de que se declara como instituição propriamente pedagógica constituindo a AP enquanto tal, isto é, enquanto ação específica expressamente exercida e submetida como tal (ação escolar), todo SE deve produzir e reproduzir, pelos meios próprios da instituição, as condições institucionais do desconhecimento da violência simbólica que exerce, isto é, do reconhecimento de sua legitimidade como instituição pedagógica.

Escólio. A teoria da AP faz surgir o paradoxo do SE aproximando a verdade objetiva de toda AP e a significação objetiva da institucionalização da AP: abolindo a inconsciência feliz das educações primárias ou primitivas, ações de persuasão clandestina que impõem, melhor do que qualquer outra forma de educação, o desconhecimento de sua verdade objetiva (já que, em casos extremos, elas podem mesmo não aparecer como educação), o SE se exporia a ver colocada a questão de seu direito de instituir uma relação de comunicação pedagógica e de impor uma delimitação do que merece ser inculcado, se não encontrasse no próprio fato da institucionalização os meios específicos de aniquilar a possibilidade dessa questão. Em suma, a persistência de um SE prova que ele resolve por sua própria existência as questões que faz surgir sua existência. Se uma tal reflexão pode parecer abstrata ou artificial quando se considera um SE em exercício, ela adquire todo seu sentido quando se examina momentos do processo de institucionalização em que a colocação em questão da legitimidade da AP e a ocultação dessa questão não são simultâneas: assim, os sofistas, esses professores que declaravam como tal sua prática de professores (por exemplo, Protágoras dizendo: "Reconheço ser um professor profissional – *sofista* –, um educador de homens") sem poder se apoiar sobre a autoridade de uma instituição, não podiam subtrair-se completamente à questão, incessantemente assentada em seu próprio sentido, que eles faziam surgir fazendo profissão de ensinar; daí um ensino cuja temática e problemática consistem, no essencial, numa reflexão apologética sobre o ensino. Igualmente, nos momentos de crise em que se encontra ameaçado o contrato tácito de delegação que confere sua legitimidade ao SE, os professores, colocados numa situação que não deixa de recordar a dos sofistas, são intimados a resolver completamente e cada um por sua própria conta as questões que a instituição tende a excluir por seu funcionamento mesmo: a verdade objetiva do exercício do ofício de professor, isto é, as condições sociais e institucionais que tornam possível a AuP, não se revela, talvez, jamais tão claramente do que quando a crise da instituição torna o exercício da profissão difícil ou impossível (por exemplo, numa carta a um jornal, um professor declara: "Certos pais ignoram que a prostituta respeitosa trata do problema do negro e imaginam que o professor – maluco, drogado, que sei eu? – vai arrastar sua classe para casas de prostituição [...] Outros protestam porque o professor aceitou falar da pílula: a educação sexual, isso não interessa senão à família [...] Enfim, tal professor será tachado de comunista por ter exposto exaustivamente o que é o marxismo; um outro ouvirá que é suspeito de desejar escarnecer a laicidade por acreditar indispensável explicar o que é a Bíblia ou a obra de Claudel [...]").

4.2.1. Na medida em que dota todos os seus agentes de uma autoridade delegada, isto é, de uma autoridade escolar (AuE), forma institucionalizada da AuP, por uma delegação de dois graus que reproduz na instituição a delegação de autoridade a qual beneficia a instituição, o SE produz e reproduz as condições que são necessárias tanto ao exercício de uma AP institucionalizada como à realização de sua função externa de reprodução, já que a legitimidade de instituição dispensa os agentes da instituição de conquistar e de confirmar continuamente sua AuP.

Escólio 1. Na medida em que repousa sobre uma delegação de dois graus, a AuE, autoridade de um agente do SE, distingue-se por sua vez da AuP dos agentes ou das instâncias que exercem uma educação de maneira difusa e não especificada à da AuP do profeta. Do mesmo modo que o padre como funcionário de uma Igreja detentora do monopólio da manipulação legítima dos bens de salvação, o docente como funcionário de um SE não vai fundamentar sua AuP por sua própria conta, em cada ocasião e a cada momento, já que, à diferença do profeta ou do criador intelectual, *auctores* cuja *auctoritas* permanece suspensa às intermitências e às flutuações da relação entre a mensagem e as expectativas do público, ele procura persuadir um público de fiéis confirmados, em virtude da AuE, legitimidade de função que lhe garante a instituição e que é socialmente objetivada e simbolizada nos procedimentos e regras institucionais que definem a formação, os títulos que a sancionam e o exercício legítimo da profissão (cf. Max Weber: "Ao contrário do profeta, o padre dispensa os bens de salvação em virtude de sua função. Se a função do padre não exclui um carisma pessoal, mesmo nesse caso o padre permanece legitimado por sua função, enquanto membro de uma associação de salvação". E Durkheim: "O mestre, como o padre, tem uma autoridade reconhecida, porque ele é o órgão de uma pessoa moral que o ultrapassa".). Encontrar-se-ia ainda uma vez na tradição católica a expressão paradigmática da relação entre o funcionário e a função pedagógica, com o dogma da infalibilidade graças à instituição que não é senão a forma transfigurada da AuP de instituição e que os comentaristas descrevem expressamente como a condição de possibilidade de ensino da fé: "Para que a Igreja seja capaz de preencher o papel que lhe é consignado de guardiã e de intérprete do acervo cristão, é necessário que ela goze da infalibilidade, isto é, que ela seja assegurada de uma assistência particular de Deus, em virtude da qual ela é preservada de todo erro quando propõe oficialmente uma verdade à crença dos fiéis. Assim o papa é infalível quando ele ensina *ex cathedra* como doutor da Igreja" (Cônego Bardy).

Escólio 2. Ainda que as instituições escolares sejam quase sempre provenientes da laicização de instituições eclesiásticas ou da secularização de tradições sagradas (com exceção, como o observa Weber, das escolas da Antiguidade Clássica), a comunidade de origem deixa inexplicadas as similitudes manifestas entre o personagem do padre e o do professor, na medida em que não leva em conta a analogia de estrutura e de função entre a Igreja e a Escola. Como se vê em Durkheim, que entretanto formulou a homologia entre a função professoral e a função sacerdotal, a evidência da filiação histórica tende a dispensar inteiramente outra explicação: "A universidade é feita em parte de leigos que guardaram a fisionomia do clérigo, e de clérigos que são laicizados. De ora em diante, em face do corpo eclesiástico, existe um corpo diferente, mas que se formou parcialmente à imagem daquele ao qual se opõe".

4.2.1.1. Uma instância pedagógica determinada caracteriza-se, segundo o grau de institucionalização da AP que exerce, isto é, segundo seu grau de autonomização, pela posição que ocupa entre 1) um sistema de educação em que a AP não está constituída como prática específica e incumbe à quase totalidade dos membros educados de um grupo ou de uma classe (as especializações sendo apenas esporádicas ou parciais) e 2) um SE em que a AuP necessária ao exercício da AP é explicitamente delegada e juridicamente garantida por um corpo de especialistas, especificamente recrutados, formados e convocados para realizar o TE segundo processos controlados e regulados pela instituição, em lugares e momentos determinados, usando instrumentos padronizados e controlados.

4.2.2. Enquanto produz uma AuE, autoridade de instituição que, repousando sobre uma delegação de dois graus, parece não ter outro fundamento senão a autoridade pessoal do agente, o SE produz e reproduz as condições do exercício de um TP institucionalizado, já que o fato da institucionalização pode constituir o TP como tal sem que os que o exercem como os que a ele se submetem cessem de desconhecer a verdade objetiva, isto é, de ignorar o fundamento último da autoridade delegada que torna possível o TE.

Escólio 1. Todas as representações ideológicas da independência do TP relativamente às relações de força constitutivas da formação social em que ele se exerce tomam uma forma e uma força específicas quando, com a delegação de dois graus, a instituição impede, interpondo-se, a apreensão das relações de força que fundamentam em última análise a autoridade dos agentes encarregados de exercer o TE: a AuE está no princípio da ilusão – que acrescenta sua força de imposição às relações de força que exprime – de que a violência simbólica exercida por um SE não mantém nenhuma relação com as relações de força entre os grupos ou classes (por exemplo, a ideologia jacobina da "neutralidade" da Escola nos conflitos de classe ou as ideologias humboldtianas e neo-humboldtianas da universidade como asilo da ciência, ou ainda a ideologia da *Freischwebende Intelligenz*, ou enfim, no caso extremo, a utopia de uma "universidade crítica" capaz de denunciar ante o tribunal da legitimidade pedagógica os princípios do arbitrário cultural do qual ela procede, utopia menos afastada do que parece da ilusão, própria de certos etnólogos, segundo a qual o ensino institucionalizado constituiria, à diferença da educação tradicional, um "mecanismo de transformação" capaz de determinar "descontinuidades" e de "criar um novo mundo" – M. Mead). Na medida em que dissimula mais completamente os fundamentos últimos de sua autoridade pedagógica e, portanto, da AuE de seus agentes a "Universidade liberal" dissimula que não existe. Universidade liberal mais eficaz do que um SE teocrático ou totalitário, em que a delegação de autoridade se manifesta objetivamente no fato de que os mesmos princípios fundamentam diretamente a autoridade política, a autoridade religiosa e a autoridade pedagógica.

Escólio 2. A ilusão da autonomia absoluta do SE não é jamais tão forte do que com a funcionarização completa do corpo docente na medida em que, com os honorários pagos pelo Estado ou pela instituição universitária, o professor não é mais retribuído pelo cliente, como outros vendedores de bens simbólicos (por exemplo, profissões liberais), nem mesmo em relação aos serviços prestados ao cliente, e encontra-se, pois, nas condições as mais favoráveis para desconhecer a verdade objetiva de sua tarefa (ideologia do "desinteresse").

4.2.2.1. Na medida em que autoriza o desvio da autoridade de função (AuE) em proveito da pessoa do funcionário, isto é, na medida em que produz as condições da dissimulação e do desconhecimento do fundamento institucional da AuE, o SE produz as condições favoráveis para o exercício de um TP institucionalizado já que desvia em proveito da instituição e dos grupos ou das classes que ela (a AuE) serve o efeito de reforço que produz a ilusão da independência do exercício do TE, em relação às suas condições institucionais e sociais (paradoxo do carisma professoral).

Escólio. Pelo fato de que a prática sacerdotal não pode jamais escapar tão completamente à estereotipação quanto à prática pedagógica como manipulação de bens secularizados, o carisma sacerdotal não pode jamais repousar tão completamente quanto o carisma professoral sobre a técnica da desritualização ritual como jogo com o programa implicitamente inscrito no programa. Nada é mais adequado para servir à autoridade da instituição e do arbitrário cultural servido pela instituição do que a adesão mágica do mestre e do aluno à ilusão de uma autoridade e de uma mensagem sem outro fundamento nem origem que a pessoa de um mestre capaz de transformar seu poder delegado de inculcar o arbitrário cultural num poder de decretá-lo (por exemplo, a improvisação programada comparada à pedagogia que, fundando-se sobre o recurso do argumento de autoridade, deixa sempre transparecer a autoridade com que o mestre detém sua autoridade).

4.3. Numa formação social determinada, o SE dominante pode constituir o TP dominante como TE sem que os que o exercem como os que a ele se submetem cessem de desconhecer sua dependência relativa às relações de força constitutivas de forma social em que ele se exerce, porque 1) ele produz e reproduz, pelos meios próprios da instituição, as condições necessárias ao exercício de sua função interna de inculcação que são ao mesmo tempo as condições suficientes da realização de sua função externa de reprodução da cultura legítima e de sua contribuição correlativa à reprodução das relações de força; e porque 2), só pelo fato de que existe e subsiste como instituição, ele implica as condições institucionais do desconhecimento da violência simbólica que exerce, isto é, porque os meios institucionais dos quais dispõe enquanto instituição relativamente autônoma, detentora do monopólio do exercício legítimo da violência simbólica, estão predispostos a servir também, sob a aparência da neutralidade, os grupos ou classes dos quais ele reproduz o arbitrário cultural (dependência pela independência).

Livro 2

A manutenção da ordem

A função docente tem, por conseguinte, a missão de manter e promover essa ordem nos pensamentos, tão necessária quanto a ordem na rua e nas províncias.

G. Gusdorf. *Por que professores?*

Capítulo 1
Capital cultural e comunicação pedagógica

Serpentin: — *Quando dirijo para você meu pensamento, ele se reflete em seu espírito na medida em que ali encontra ideias correspondentes e palavras adequadas. Ele se formula ali em palavras, em palavras que você parece entender; ele se envolve ali com a sua própria língua, as suas frases habituais. Muito provavelmente, as pessoas que o acompanham entendem o que lhe digo, cada uma com suas diferenças individuais de vocabulário e elocução.*

Barnstaple: — *E eis por que de vez em quando, por exemplo [...] quando você se eleva até as ideias das quais nossos espíritos não possuem sequer a suspeita, nós não entendemos nada.*

H.G. Wells. O Senhor Barnstaple
entre os homens-deuses.

Esta pesquisa nasceu da intenção de tratar a relação pedagógica como uma simples relação de comunicação e de medir o seu rendimento, ou seja, mais precisamente, de determinar os fatores sociais e escolares do êxito da comunicação pedagógica pela análise das variações do rendimento da comunicação em função das características sociais e escolares dos receptores[1]. Por oposição aos índices comumente utilizados para medir o rendimento de um sistema de ensino, o rendimento informativo da comunicação pedagógica constitui sem dúvida um dos índices mais seguros da produtividade específica do trabalho pedagógico, sobretudo quando ele tende a se reduzir, como nas faculdades das letras, à manipulação das palavras. A análise das variações da eficácia da ação de inculcação que se realiza principalmente em e pela relação de comunicação conduz por conseguinte ao princípio primeiro das desigualdades do êxito escolar dos alunos procedentes das diferentes classes sociais: com efeito pode-se colocar, por hipótese, que o grau de produtividade específica de todo trabalho pedagógico que não seja o trabalho pedagógico realizado pela família é função da distância que separa o *habitus* que ele tende a inculcar (sob a relação considerada aqui, o domínio erudito da língua erudita) do *habitus* que foi inculcado por todas as formas anteriores de

---

1. Encontrar-se-á uma apresentação dos instrumentos e dos principais resultados da pesquisa que fundamenta as análises propostas mais abaixo em BOURDIEU, P.; PASSERON, J.-C. & SAINT-MARTIN, M. Rapport pédagogique et communication. *Cahiers du CSE*, 2, 1965. Paris: Mouton. Visando discernir as variações das aptidões das diferentes categorias de estudantes de letras para a compreensão e para o manejo da língua, deve-se recorrer a exercícios de tipos diferentes para explorar por sua vez os diferentes domínios da competência linguística, desde os mais escolares até os mais "livres", e os diferentes níveis do comportamento linguístico, desde a compreensão de palavras inseridas num contexto até a forma mais ativa de manipulação das palavras, aquela que exige a formulação de definições.

trabalho pedagógico e, ao termo da regressão, pela família (isto é, aqui, a domínio prático da língua materna).

Desigualdades ante a seleção e desigualdades de seleção

Ignorar, como se faz frequentemente, que as categorias recortadas numa população de estudantes por critérios como a origem social, o sexo ou tal característica do passado escolar foram inegavelmente selecionadas no curso da escolaridade anterior, seria impedir-se de ter uma total consciência de todas as variações que fazem aparecer esses critérios[2]. Assim, por exemplo, os resultados obtidos de uma prova de linguagem não são somente o feito de estudantes caracterizados por sua formação anterior, sua origem social, seu sexo, ou mesmo todos esses critérios considerados simultaneamente, mas da categoria que, pelo próprio fato de ser dotada do conjunto dessas características, não sofreu a eliminação no mesmo grau que uma categoria definida

---

2. O paralogismo que consiste em ignorar as propriedades que uma população produzida por uma série de seleções deve a esse processo não seria tão frequente se não exprimisse uma das tendências mais profundas da epistemologia espontânea, a saber, a inclinação a uma representação realista e estática das categorias da análise, e se não encontrasse além disso um encorajamento e uma caução no uso maquinal da análise multivariada que imobiliza uma situação dada de um sistema de relações. Para terminar com certas objeções suscitadas por aquelas de nossas análises que se fundamentam sobre a consideração sistemática do efeito de seleção relativa, talvez valesse a pena desmontar, segundo as exigências analíticas do cânone metodológico, os recursos lógicos dessa ilusão que mereceria figurar no catálogo dos erros metodológicos sob o nome tipicamente metodológico de *multivariate fallacy*. Se renunciamos às deleitações morosas desse exercício de escola, é que uma refutação que adotasse, mesmo que fosse à maneira de um pastiche, os sinais exteriores do aparato metodológico contribuiria mais ainda para afiançar a dissociação entre a prática e a reflexão sobre a prática que define a tentação metodológica; e sobretudo porque a sociologia propõe tarefas menos estéreis do que a denúncia sistemática de erros que resistiriam menos à refutação lógica se fossem menos necessários sociologicamente.

por outras características. Dito doutra maneira, é cometer um paralogismo da forma *pars pro toto* acreditar-se que se apreende direta e exclusivamente a influência, mesmo cruzada, de fatores como a origem social ou o sexo em relações sincrônicas que de uma população definida por um certo passado, ele mesmo definido pela ação contínua no tempo desses fatores, não tomam todo seu sentido a não ser quando substituídos no processo da carreira. Se escolheu adotar aqui um método de exposição dedutiva, é porque só um modelo teórico como esse, que põe em relação os dois sistemas de relações subentendidos sob os dois conceitos de capital *linguístico* e de *grau de seleção*, é capaz de esclarecer o sistema dos fatos que ele constrói como tais instaurando entre eles uma relação sistemática: inteiramente ao contrário da verificação pontilhista que submete a experimentações parciais uma série descontínua de hipóteses fragmentárias, a verificação sistemática que é proposta acima pretende dar à experimentação seu pleno poder de desmentir, confrontando os resultados do cálculo teórico com as verificações da dimensão empírica.

Devendo ter conseguido êxito num empreendimento de aculturação para satisfazer ao mínimo as exigências escolares em matéria de linguagem, os estudantes das classes populares e médias que ascendem ao ensino superior são necessariamente submetidos a uma mais forte seleção, segundo o próprio critério da competência linguística, sendo os examinadores frequentemente constrangidos, na agregação* como no bacharelato**, a diminuir suas exigências em matéria de conhecimento e de habilidade para prender-se

---

* *Agrégation* é o concurso para seleção dos professores de liceu e de algumas faculdades [N.R.].

** O bacharelato (*baccalauréat*), no sistema francês, constitui o certificado de conclusão do 2º ciclo secundário (seção clássica, moderna ou técnica) e o primeiro título universitário [N.R.].

às exigências de forma[3]. Particularmente manifesta nos primeiros anos de escolaridade em que a compreensão e o manejo da língua constituem o alvo de atenção principal no julgamento dos mestres, a influência do capital linguístico não cessa nunca de se exercer: o estilo permanece sempre levado em conta, implícita ou explicitamente, em todos os níveis do ensino médio e, ainda que em graus diversos, em todas as carreiras universitárias, mesmo científicas. Mais do que isso, a língua não é apenas um instrumento de comunicação, mas ela fornece, além de um vocabulário mais ou menos rico, um sistema de categorias mais ou menos complexo, de sorte que a aptidão à decifração e à manipulação de estruturas complexas, quer elas sejam lógicas ou estéticas, depende em certa parte da complexidade da língua transmitida pela família. Segue-se logicamente que a mortalidade escolar só pode crescer à medida que se vai às classes mais afastadas da língua escolar, mas também que, numa população que é o produto da seleção, a desigualdade da seleção tende a reduzir progressivamente e às vezes a anular os efeitos da desigualdade ante a seleção: de fato, só a seleção diferencial segundo a origem social, e em particular a superseleção dos estudantes de origem popular, permitem explicar sistematicamente todas as variações da competência linguística em função da classe social de origem e, em particular, a anulação ou a inversão da relação direta (observável em níveis menos elevados do curso) entre a possessão de um capital cultural (determinado pela profissão do pai) e o grau de êxito.

---

3. Como gostam de dizer os examinadores: "o essencial é que isso seja bem escrito". Falando do concurso de admissão à Escola Normal, Célestin Bouglé escreveu: "Está formalmente entendido que, mesmo para a dissertação de história, que supõe um certo número de conhecimentos de fatos, os examinadores devem apreciar sobretudo as qualidades de composição e de exposição" *(Humanisme, sociologie, philosophie, remarques sur la conception française de la culture générale.* L'École Normale Superieure, Hermann et Cie., 1938, p. 21). Os relatórios de agregação e de Capes estão cheios de afirmações do mesmo tipo.

Sabendo que a vantagem dos estudantes originários das classes superiores é cada vez mais marcada à medida que se afasta dos domínios da cultura diretamente ensinada e totalmente controlada pela Escola e que se passa por exemplo do teatro clássico ao teatro de vanguarda ou ainda da literatura escolar ao *jazz*, compreende-se que, no caso de um comportamento como o uso escolar da língua escolar, as diferenças tendem a se atenuar ao máximo e mesmo a se inverter: de fato, os estudantes altamente selecionados das classes populares obtêm nesse domínio resultados ao menos equivalentes aos dos estudantes das altas classes, menos fortemente selecionados, e superiores aos estudantes das classes médias, tão desprovidos quanto eles de capital linguístico ou cultural, porém menos fortemente selecionados (Quadro 2)[4].

Do mesmo modo, se, seja qual for o meio a que eles pertençam, os estudantes parisienses obtêm resultados superiores aos dos estudantes provincianos, é entre os estudantes originários das classes populares que a diferença ligada à residência é mais marcada (91% contra 46% obtendo mais de 12 em lugar de 65% e 59% para as classes superiores),

---

4. Diferentemente das classes populares, para quem a superseleção continua a ser a regra, os artesãos e comerciantes são mais fortemente beneficiados pela ampliação da base social do recrutamento das universidades (passando de 3,8% a 12,5% entre 1939 e 1959), sem dúvida sob o efeito de uma elevação relativa do nível de vida e em relação com a extensão a essa categoria da atitude das classes médias em face à escola. Não é, pois, de espantar que, selecionados menos rigorosamente em meios tão desfavorecidos culturalmente, os estudantes originários dessas categorias obtenham os resultados mais fracos em todos os exercícios: 40,5% dentre eles obtêm uma nota superior a 12 no exercício de definição, contra 57% dos originários de quadros superiores a 54% dos estudantes das classes populares. Por outro lado, diferentemente dos alunos de quadros superiores que têm resultados melhores do que os estudantes de todas as outras categorias quando eles provêm de liceus e os mais fracos quando provêm de colégios, os filhos de artesãos e comerciantes mantêm-se na última fila, quer tenham feito seus estudos num estabelecimento público ou privado.

os estudantes originários das classes populares obtendo em Paris os melhores resultados, seguidos pelos estudantes das classes médias e os estudantes das classes superiores (Quadro 2): para compreender este conjunto de relações é preciso compreender que a residência parisiense está associada de um lado a vantagens linguísticas e culturais e de outro lado que o grau de seleção correlativo da residência parisiense não pode ser definido independentemente do fato de pertencer a uma classe, nem que seja em razão da estrutura hierárquica e centralizada do sistema universitário e, de maneira mais geral, dos aparatos de poder[5]. Se se define em valor relativo (+, 0 ou –) a importância do capital linguístico transmitido pelos diferentes meios familiares e o grau de seleção que implica a admissão à universidade, em Paris e na província, para as diferentes categorias sociais, vê-se que é suficiente compor esses valores para se dar conta da hierarquia dos resultados no exercício da linguagem (Quadro 1 e Quadro 2). Esse modelo explica, pois, sistematicamente variações empiricamente constatadas, isto é, por exemplo, da posição dos estudantes parisienses originários das classes populares (+) em relação aos estudantes parisienses das classes superiores (0) e em relação aos estudantes provincianos das classes populares (–) ou ainda da posição relativa dos estudantes das classes médias que, em Paris (0) como na província (– –), obtêm resultados inferiores aos estudantes das classes populares.

---

5. A análise multivariada faz ver que, se se neutraliza a ação dos outros fatores favoráveis, os resultados dos parisienses permanecem sempre superiores aos dos provincianos e isso em todos os subgrupos. Com efeito, em Paris 79% dos estudantes que receberam a formação mais clássica, 67% dos que receberam uma formação moderna e 65% dos que fizeram latim obtiveram mais de 12 no exercício de definição, contra 54%, 45,5% e 42% dos estudantes provincianos. Ver-se-á também que tanto os rapazes quanto as moças, os filósofos quanto os sociólogos, os estudantes procedentes de liceus como os que vêm de estabelecimentos privados obtêm melhores resultados em Paris do que na província.

Quadro 1
Esquema

		Capital linguístico		Grau de seleção		Competência linguística
Classes populares	Paris	–		+ +	→	+
	Província	– –		+	→	–
Classes médias	Paris	–		+	→	0
	Província	– –		0	→	– –
Classes superiores	Paris	+ +		– –	→	0
	Província	+		–	→	0

A expressão dos graus relativos de seleção em termos de + e de – é a tradução aproximada das oportunidades de acesso à universidade que caracterizam os diferentes subgrupos (cf. apêndice infra).

Quadro 2

	PARIS			PROVÍNCIA			AMBAS		
	Classes Populares %	Classes Médias %	Classes Superiores %	Classes Populares %	Classes Médias %	Classes Superiores %	Classes Populares %	Classes Médias %	Classes Superiores %
Menos de 12	9	31	35	54	60	41	46	55	42,5
Mais de 12	**91**	69	65	46	40	**59**	54	45	57,5

Estando as percentagens calculadas por coluna, sublinhou-se (em negrito) a tendência mais forte por fileira no interior de cada das três populações (Paris, província, ambas).

109

Segue-se também dessas análises que se a parte dos estudantes das classes populares que ascende à universidade viesse a aumentar de modo sensível, o grau de seleção relativo a esses estudantes compensaria cada vez menos, enfraquecendo-se as desvantagens escolares ligadas à desigualdade da distribuição do capital linguístico e cultural entre as classes sociais. Ver-se-ia, pois, reaparecer a correlação direta entre os resultados escolares e a classe social de origem que, no ensino superior, só se observa plenamente nos domínios menos diretamente controlados pela Escola, enquanto, no ensino secundário, ela já se manifesta nos resultados propriamente escolares.

Do mesmo modo, para compreender que uma prova que medisse formas muito diferentes de manejo da língua fizesse aparecer uma superioridade constante dos rapazes sobre as moças, é preciso não esquecer que a situação das estudantes se distingue da situação dos rapazes de modo sistemático, isto é, por um paradoxo aparente, de maneira diferente no conjunto da universidade, nas faculdades de letras ou em tal tipo de estudos e de carreira escolar. Sabendo-se que as moças são duas vezes mais frequentes que os rapazes entre os condenados ao estudo de letras (em 1962, 52,8 de oportunidades sobre 100 contra 23) e que, por oposição aos rapazes a quem as outras faculdades estão mais amplamente abertas, as estudantes de letras são, pelo próprio fato dessa relegação, menos selecionadas do que os rapazes dessa mesma faculdade, compreende-se que elas tenham resultados mais fracos. Aqui ainda, o modelo explicativo que põe em relação os resultados das duas categorias e seus graus respectivos de seleção pode dar conta, à condição de que se o aplique sistematicamente, de todos os fatos que a análise multivariada deixaria inexplicados, a não ser que se recorra à explicação fictícia e tautológica pelas "desigualdades naturais entre os sexos".

Considerando-se que o grupo das estudantes tem uma composição diferente do grupo dos estudantes quanto à relação da origem social, do tipo de estudos ou do passado escolar (36% por exemplo dos rapazes tendo recebido a formação mais clássica contra 19,5% das moças) e que essas características estão todas ligadas, desigualmente, a graus desiguais de êxito, poder-se-ia esperar da simples análise multivariada que ela revelasse sob a relação aparente entre o sexo e os resultados dos exercícios outras relações efetivas neutralizando sucessivamente a ação das diversas variáveis, isto é, estudando separadamente a ação da variável principal nos diferentes subgrupos divididos por outras variáveis no interior do grupo principal. Mas como, sem invocar a desigualdade natural, explicar então a superioridade dos rapazes, já que o desvio não pode ser imputado às diferenças que separam as duas categorias quanto à relação do conhecimento das línguas antigas, do estabelecimento frequentado durante a escolaridade secundária, do tipo de estudos ou da origem social?

Assim, as diferenças entre rapazes e moças permanecem no mesmo sentido nas diversas categorias sociais de origem e são *grosso modo* da mesma amplitude no interior dessas categorias (Quadro 5). Elas subsistem qualquer que seja o tipo de estabelecimento frequentado durante a escolaridade secundária, a diferença sendo apenas um pouco mais forte entre os antigos alunos dos colégios em que 62% dos rapazes e 35% das moças têm uma nota superior a 12, contra 70% e 54% no caso dos antigos alunos dos liceus.

Para explicar ao mesmo tempo o desvio que se observa constantemente entre rapazes e moças nas faculdades de letras e sua ausência no grupo originário de liceus é suficiente saber que o grau de seleção característico dos rapazes e das moças não é o mesmo nos dois casos: a *sex-ratio* estando no ensino secundário muito vizinha da *sex-ratio* das classes de idade correspondente, pode-se supor que rapazes e moças são aí selecionados quase da mesma forma, o que não é o caso das faculdades de letras. Se as estudantes manifestam mais raramente que os estudantes a aptidão ao manejo da linguagem das ideias (que é exigida em graus muito desiguais nas diferentes disciplinas), são antes de tudo os mecanismos objetivos que orientam preferencialmente as moças para as faculdades de letras e, no interior dessas, para certas especialidades (como as línguas vivas, a história da arte ou as letras), e que devem uma parte de sua eficácia a uma definição social das qualidades "femininas" que eles (os mecanismos objetivos) contribuem para forjar, ou, dito de outra maneira, à interiorização da necessidade externa que impõe essa definição dos estudos femininos: para que um destino, que é o produto objetivo das relações sociais definidoras da condição feminina num momento dado, encontre-se transmudado em vocação, é preciso e é suficiente que as moças (e tudo que as cerca, a começar por suas famílias) orientem-se inconscientemente pelo preconceito – particularmente vivo e ativo na França em razão da continuidade entre a cultura de salão e a cultura universitária – de que existe uma afinidade eletiva entre as qualidades ditas femininas e qualidades "literárias" tais como a sensibilidade às nuanças imponderáveis do sentimento ou o gosto para as preciosidades imprecisas do estilo. Assim, as "escolhas" em aparência as mais deliberadas ou as mais inspiradas levam ainda em conta (ainda que indiretamente) o sistema das oportunidades objetivas que condena as mulheres às profissões que requerem uma disposição "feminina" (por exemplo as ocupações "sociais") ou que as predispõem a aceitar, senão a reivindicar inconscientemente, as funções ou os aspectos da função que evocam um aspecto "feminino" da profissão.

Nem sequer a exceção aparente deixa de se incluir na lógica do modelo. Ainda que os rapazes que não fizeram latim nem grego ou fizeram latim somente consigam melhor êxito que as moças de mesma formação, são as moças que obtêm os melhores resultados no grupo dos helenistas: 64% dentre elas contra 58,5% dos rapazes obtendo uma nota superior à nota média (Quadro 3). Essa inversão do sinal da diferença habitual entre os sexos se explica pelo fato de que, tendo as moças menos oportunidades do que os rapazes de receber essa formação, aquelas que a recebem são por isso mais rigorosamente selecionadas do que os rapazes de mesma formação. Do mesmo modo por que a significação de cada relação é função da estrutura na qual ela se insere, a formação mais clássica (latim e grego) não está automaticamente ligada a um melhor êxito: ainda que as moças que fizeram latim e grego tenham resultados superiores àquelas que fizeram apenas latim ou àquelas que tenham uma formação moderna, é o inverso o que se observa entre os rapazes. Tudo leva a pensar que se trata aí ainda de um efeito de seleção diferencial: se a admissão na faculdade de letras se impõe quase tão necessariamente aos rapazes quanto às moças quando eles estudaram latim e grego, os rapazes que receberam uma formação moderna e para quem os estudos de letras representam uma orientação contrária são mais selecionados do que os seus condiscípulos do mesmo sexo.

Se se define, aqui ainda, o que são em valor relativo o capital linguístico ligado a uma origem social dada e o grau de seleção que implica para os sujeitos de cada classe social e de cada sexo a admissão à universidade e, em segundo lugar, à faculdade de letras, vê-se que é suficiente compor esses valores para explicar a hierarquia dos resultados obtidos por cada subgrupo num exercício de definição (Quadro 4 e Quadro 5). Assim por exemplo deduz-se do modelo (representado pelo Quadro 4) que as estudantes das classes médias devem ter o mais baixo grau de competência linguística (– –), já que, como os rapazes das mesmas classes, elas são tão desfavorecidas sob o aspecto do capital linguístico quanto os estudantes e as estudantes das classes populares, porém menos rigorosamente selecionadas para a admissão no ensino superior, e que elas são além disso menos selecionadas do que os rapazes de sua classe nas fa-

Quadro 3

| | NEM GREGO NEM LATIM || LATIM || LATIM E GREGO || AMBAS ||
	Rapazes %	Moças %	Rapazes %	Moças %	Rapazes %	Moças %	Rapazes %	Moças %
Menos de 12	34	**60**	39	**58,5**	**41,5**	36	38	**54**
Mais de 12	**66**	40	**61**	41,5	58,5	**64**	**62**	46

Estando as percentagens calculadas por coluna, sublinhou-se (em negrito) a tendência mais forte por fileira no interior de cada uma das três formações.

Quadro 4
Esquema

	Capital linguístico	Grau de seleção		Competência linguística
		Entrada na universidade	Entrada na faculdade de letras	
Classes populares ...... Rapazes	–	+	+	→ +
Classes populares ...... Moças	–	++	– –	→ –
Classes médias ...... Rapazes	–	0	+	→ 0
Classes médias ...... Moças	–	0	–	→ – –
Classes superiores ...... Rapazes	++	– –	++	→ ++
Classes superiores ...... Moças	++	– –	–	→ –

Supõe-se numa classe social determinada uma distribuição igual do capital linguístico entre os dois sexos. A expressão dos graus relativos de seleção em termos de + e de - é a tradução aproximada das probabilidades de acesso à universidade e das probabilidades condicionais de acesso à faculdade de letras (supondo-se já adquirido o acesso ao ensino superior) que caracterizam os diferentes subgrupos.

115

culdades de letras; de fato, é exatamente a categoria que, com 39,5% somente de sujeitos situados acima da média da distribuição do total da população, tem os resultados mais fracos no exercício de definição. Do mesmo modo, os estudantes das classes superiores, que em nada se distinguem das moças da mesma origem social sob o aspecto do capital linguístico e do grau de seleção para admissão na universidade, e que são mais selecionados do que elas nas faculdades de letras pelo fato do baixo nível de seleção das moças nessas faculdades, devem atingir o mais alto grau de êxito (+ +): o que confirma o Quadro 5, 67% dos sujeitos tendo uma nota superior à média do conjunto. E verifica-se em todas as subcategorias a mesma coincidência entre a posição que lhe consigna o modelo teórico e a posição que lhe atribui a medida empírica.

O mesmo modelo teórico permite compreender que as relações ao mesmo tempo mais constantes e mais eficazes sejam, em nível de ensino superior, as que unem os graus de competência linguística às características do passado escolar: pelo fato de que é principalmente pela mediação das orientações iniciais (estabelecimento e seção a partir da sexta série) que a origem social predetermina o destino escolar, isto é, tanto o encadeamento das escolhas sucessivas de carreira quanto as oportunidades diferenciais de êxito ou de eliminação que disso decorrem, segue-se primeiramente que a estrutura da população dos sobreviventes se modifica continuamente em razão do critério que comanda a eliminação; isto tem por efeito enfraquecer pouco a pouco a relação direta entre a origem social e a competência linguística (ou qualquer outro índice de êxito escolar) e, em segundo lugar, que, em cada ponto da carreira, os indivíduos de uma mesma classe social que se mantêm no sistema apresentam tanto menos as características de carreira que causaram a eliminação dos outros indivíduos da categoria quanto mais pertencem a uma classe submeti-

Quadro 5

	CLASSES POPULARES		CLASSES MÉDIAS		CLASSES SUPERIORES		SIMULTANEAMENTE	
	Rapazes %	Moças %	Rapazes %	Moças %	Rapazes %	Moças %	Rapazes %	Moças %
Menos de 12	35,5	53,5	43	60,5	33	47	38	54
Mais de 12	64,5	46,5	57	39,5	67	53	62	46

da a uma eliminação mais severa e quando se efetua o corte sincrônico num nível mais avançado do curso[6]. Compreende-se que uma medida das competências linguísticas operada em nível de ensino superior numa população de estudantes não possa mais apreender a relação entre a origem social e o êxito escolar senão sob as espécies da relação entre o êxito e as características escolares que são apenas a *retradução* na lógica propriamente escolar das oportunidades inicialmente ligadas a uma situação social determinada: e, de fato, ainda que não se apreenda a relação significativa entre variáveis tais como a origem social ou o sexo e o êxito na prova de língua a não ser nos exercícios mais próximos das técnicas tradicionais do controle escolar, as características da carreira escolar (como a seção frequentada no secundário) ou os índices anteriores de êxito (como as menções obtidas nos exames) estão mais fortemente ligados do que todos os outros critérios ao grau de êxito na prova da língua, e isso qualquer que seja o tipo de exercício.

Para explicar a relação constatada entre a seção frequentada no secundário e a aptidão ao manejo da língua sem atribuir à aprendizagem das línguas antigas as virtudes miraculosas que lhe emprestam os defensores das "humanidades", é suficiente notar que essa relação dissimula todo o

---

6. As características associadas à eliminação ou à sobrevivência no sistema não se distribuem ao acaso entre os indivíduos de uma mesma classe, mas são elas mesmas suscetíveis de serem ligadas a critérios sociais ou culturais que diferenciam subgrupos no interior de uma classe: por exemplo, os estudantes filhos de operários diferem por um grande número de características secundárias (sociais, como o nível de instrução da mãe ou a profissão do avô, e escolares, como a seção de admissão no secundário) daquelas dos membros de sua classe de idade que pertencem à mesma classe social; mais precisamente, eles apresentam um número tanto maior dessas características compensadoras quanto são elevados a um estado mais avançado do curso, ou quanto num mesmo nível do curso eles estão situados mais alto na hierarquia das disciplinas ou dos estabelecimentos. Compreende-se na mesma lógica que, no nível igual de êxito, as moças apresentam sempre um número maior dessas características compensadoras que os moços da mesma classe social.

sistema das relações entre a seleção diferencial e os fatores sociais e escolares dessa seleção: com efeito, considerando-se os mecanismos que presidem atualmente o recrutamento das diferentes seções, a escolha do grego (quando se fez o latim na sexta série) é feita pelos alunos mais adaptados às exigências escolares, quer eles se recrutem entre alguns representantes das classes populares, já fortemente superselecionadas (enquanto estudantes do liceu e, em segundo grau, enquanto latinistas), quer entre os filhos de famílias abastadas que consolidam definitivamente sua vantagem investindo seu capital cultural nas seções mais aptas a lhes assegurar a rentabilidade escolar mais elevada e mais durável.

Há outras razões para pôr em dúvida os poderes que o conservadorismo pedagógico empresta à formação clássica. Como explicar, por exemplo, que só a formação clássica (latim e grego) esteja associada, qualquer que seja o exame, aos melhores resultados, enquanto o conhecimento do latim apenas não parece trazer aqui qualquer vantagem em relação à formação moderna? Os exames mais adequados para medir a aptidão à ginástica mental que a aprendizagem do latim pode desenvolver não revelam, com efeito, nenhuma desigualdade significativa entre os latinistas e os outros[7]. Se os estudantes que fizeram latim e grego se distinguem por seu desembaraço verbal, é porque eles se selecionaram (ou foram selecionados) por referência a uma imagem da hierarquia das seções do ensino secundário que coloca no mais alto os estudos clássicos, e porque tiveram de dar provas de um êxito particular nos primeiros anos da escolaridade

---

7. Outro indício de que o conhecimento do latim e do grego não traz vantagem escolar por si mesmo é o seguinte: os estudantes originários dos liceus que são, proporcionalmente, menos numerosos do que os estudantes originários dos estabelecimentos privados que fizeram grego e latim (25,8% contra 31,1%) obtêm entretanto melhores resultados. Melhor ainda, o grupo dos antigos estudantes de liceus que não fizeram latim nem grego obtêm resultados superiores aos dos estudantes que fizeram latim e grego, mas são originários de estabelecimentos privados.

secundária para poder pretender a admissão numa seção que o sistema reserva à sua elite e para a qual se lançam os professores mais aptos a fazer desses bons alunos os alunos melhores[8]. Considerando-se que os estudantes que fizeram latim e grego têm a melhor taxa de êxito em todos os exercícios do exame proposto, que essa taxa está ela mesma ligada a uma taxa elevada de êxito escolar anterior e que os estudantes que fizeram estudos clássicos obtiveram a melhor taxa de êxito nos exames anteriores, pode-se concluir que os antigos alunos das seções clássicas, selecionados pelo seu desembaraço retórico são os mesmos afastados do ideal do estudante conforme o que o docente supõe pelo nível de seu discurso, e que os exames exigem e fazem existir através dessa exigência mesma.

Se é verdade que a desvantagem ligada à origem social é principalmente substituída pelas orientações escolares – com os graus de seleção diferencial que elas implicam para as diferentes categorias de estudantes – compreende-se que os filhos de quadros superiores as adquirem no subgrupo dos estudantes que receberam uma formação moderna enquanto que os estudantes originários das classes populares as adquiram no subgrupo dos latinistas, porque eles devem sem dúvida ter feito o latim devido uma particularidade de seu meio familiar e porque procedentes de classes para quem essa orientação é mais improvável, eles devem ter manifestado qualidades particulares para receber essa orientação e nela perseverar[9] (Quadro 6). Resta uma última dificuldade, que o modelo permite ainda resolver: no subgrupo definido pela formação

---

8. A superioridade das seções clássicas era tal, não há muito tempo ainda, que mal se poderia falar de orientação, já que as escolhas sucessivas nas diferentes encruzilhadas da carreira eram determinadas de modo quase automático pelo grau de êxito medido segundo uma escala de valores única e indiscutida, e que a admissão na seção moderna era concebida por todos, inclusive os próprios interessados, como um desterro.

9. Qualquer que tenha sido sua formação secundária, os estudantes das classes médias obtêm regularmente os resultados mais fracos (mais da metade dos indivíduos situando-se em todos os casos abaixo da nota 12).

Quadro 6

			Menos de 12	Mais de 12 ......
AMBAS	Classes Superiores	%	42,5	**57,5**
	Classes Médias	%	**55**	45
	Classes Populares	%	46	54
LATIM E GREGO	Classes Superiores	%	26,5	73,5
	Classes Médias	%	**55**	45
	Classes Populares	%	38,5	61,5
LATIM	Classes Superiores	%	52	48
	Classes Médias	%	**58**	42
	Classes Populares	%	48	**52**
NEM GREGO NEM LATIM	Classes Superiores	%	39	**61**
	Classes Médias	%	**54**	46
	Classes Populares	%	52	48

mais clássica, os estudantes procedentes das classes populares obtêm resultados inferiores aos dos estudantes das classes superiores (61,5% contra 73,5%); de fato, nesses subgrupos, ainda que eles sejam aí superselecionados num grau ainda maior do que no subgrupo dos "latinistas" (diferença que se traduz ademais em seus resultados: 61,5% contra 52%), os estudantes procedentes das classes populares são confrontados com a fração dos estudantes abastados que tiraram o melhor proveito escolar de seu capital linguístico e cultural.

Do mesmo modo, a existência de fortes variações do grau de competência linguística em função da disciplina não implica em se atribuir uma eficácia intrínseca e irredutível a tal ou tal formação intelectual ou à população que dela se beneficia, a não ser que se ignore que o público de uma disciplina é o produto de uma série de seleções, cujo rigor varia em função das relações entre os fatores sociais que determinam as diferentes trajetórias escolares e o sistema dos diferentes tipos de estudos objetivamente possíveis num determinado sistema de ensino em um momento dado do tempo: para quem fosse tentado a imputar a superioridade dos alunos das classes preparatórias nas grandes escolas sobre os propedeutas, ou dos estudantes de filosofia sobre os estudantes de sociologia, em relação a alguma qualidade própria do ensino ou daqueles que o recebem, seria suficiente indicar que os filhos de quadros superiores levam clara vantagem sobre todos os outros no grupo dos estudantes de filosofia, disciplina altamente valorizada no sistema tradicional dos estudos literários, obtendo, ao contrário, resultados mais fracos no grupo dos estudantes de sociologia, disciplina destinada a representar o papel de refúgio prestigiado para os mais desprovidos escolarmente dos estudantes privilegiados, que ali se encontram por isso subselecionados em relação a seus condiscípulos originários de outros meios. E para explicar todas as relações entre a disciplina, a origem social e o êxito (Quadro 7), vê-se que é

Quadro 7

			Menos de 12	Mais de 12 ......
FILOSOFIA	Classes Populares	%	25,5	74,5
	Classes Médias	%	**34,5**	65,5
	Classes Superiores	%	20	**80**
SOCIOLOGIA	Classes Populares	%	33,5	**66,5**
	Classes Médias	%	46	54
	Classes Superiores	%	**53**	47
LICENCIATURA LIVRE	Classes Populares	%	60	40
	Classes Médias	%	**66**	34
	Classes Superiores	%	51	**49**
SIMULTANEA- MENTE	Classes Populares	%	46	54
	Classes Médias	%	**55**	45
	Classes Superiores	%	**42,5**	**57,5**

suficiente estabelecer que a subseleção relativa (em relação aqui à filosofia) característica de uma disciplina como a sociologia que, prometendo um grande prestígio intelectual ao menor custo escolar, ocupa por isso uma posição paradoxal no sistema das formações, é tanto mais forte quanto se refere a uma classe social mais favorecida[10].

Se todas as variações observadas deixam-se interpretar a partir de um princípio único que tem efeitos diferentes segundo a estrutura do sistema completo das relações nas quais e pelas quais ele se aplica, é que elas exprimem não uma soma de relações parciais, mas uma estrutura em que o sistema completo das relações comanda o sentido de cada uma delas. Assim, nesse caso ao menos, a análise multivariada conduziria ao risco da aporia ou da reificação de relações abstratas se a colocação estrutural não restituísse às classes lógicas que dividem os critérios a existência plena de grupos sociais definidos pelo conjunto das relações que os unificam e pela totalidade das relações que eles mantêm com seu passado e, por intermédio deste, com sua situação presente.

Não se pode escapar às explicações fictícias, que nada mais contêm do que as próprias relações que pretendem explicar (explicação pela distribuição desigual entre os sexos das aptidões naturais ou pelas qualidades intrínsecas de uma formação, o latim para uns, a sociologia para outros), a não ser se evitando de tratar como propriedades substanciais e

---

10. As "teorias" que os sociólogos invocam para explicar as variações da atitude política dos estudantes segundo a disciplina ignorariam sem dúvida com menos frequência o sistema de relações diacrônicas e sincrônicas que dissimula a dependência a uma disciplina se a ligação entre uma formação intelectual e a prática política não tendesse a aparecer imediatamente, sobretudo em intelectuais e professores que têm todo o interesse em crer e em fazer crer na onipotência das ideias, como a relação explicativa por excelência: houve poucos analistas dos movimentos estudantis – mas eles eram sociólogos e frequentemente professores de sociologia – que não tenham imputado às virtudes ou aos malefícios do ensino da sociologia as disposições "revolucionárias" dos estudantes dessa disciplina.

isoláveis as variações que devem ser compreendidas como elementos de uma *estrutura* e como momentos de um *processo*. Esse duplo enfoque impõe-se aqui, já que, por um lado, o processo escolar de eliminação diferencial segundo as classes sociais (que conduz, a cada momento, a uma distribuição determinada das competências nas diferentes categorias de sobreviventes) é o produto da ação contínua dos fatores que definem a posição das diferentes classes em relação ao sistema escolar, a saber, o *capital cultural* e o *ethos de classe* e, por outro lado, esses fatores se convertem e se acumulam, em cada uma das fases da carreira escolar, numa constelação particular de fatores de retransmissão que apresentam, para cada categoria considerada (classe social ou sexo), uma estrutura diferente (Gráfico 1). É o sistema dos fatores enquanto tal que exerce, sobre as condutas, as atitudes e, portanto, sobre o êxito e a eliminação, ação indivisível de uma *causalidade estrutural*, de sorte que seria absurdo imaginar isolar a influência de tal ou qual fator e, mais ainda, emprestar-lhe uma influência uniforme e unívoca nos diferentes momentos do processo ou nas diferentes estruturas de fatores. É preciso, pois, construir o modelo teórico das diferentes organizações possíveis de todos os fatores capazes de agir, mesmo pela sua ausência, nos diferentes momentos da carreira escolar dos originários das diferentes categorias para poder interrogar sistematicamente os efeitos pontualmente constatados ou medidos da ação sistemática de uma constelação singular de fatores. Por exemplo, para compreender a distribuição dos resultados obtidos para o bacharelato, numa seção dada e para uma matéria dada, através dos alunos de sexo e de meio diferentes ou, mais geralmente, para apreender, em um nível dado do curso, a forma específica e a eficácia de fatores tais como o capital linguístico ou o *ethos*, é preciso relacionar cada um desses elementos como sistema de que ele faz parte e que representa no momento considerado a retradução e a retransmissão

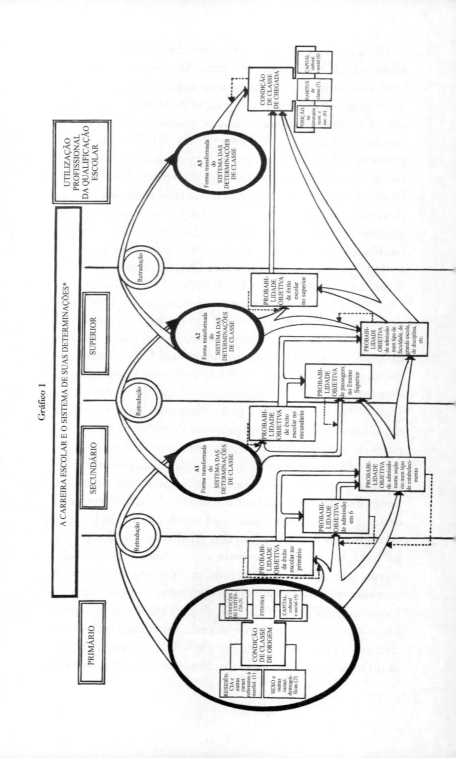

* Este esquema pretende sugerir a lógica pela qual o sistema das determinações ligadas à condição de classe (círculo A) opera ao longo da carreira escolar – reestruturando-se em função dos pesos diferentes de tal ou qual fator (por exemplo, o capital ou a renda) – na estrutura dos fatores que influenciam as diferentes fases dos cursos, aqui sumariamente divididos em primário, secundário (AL), superior e pós-universitário. Por outro lado, é preciso estar consciente de que, nesse sistema de fatores incessantemente reestruturado sob o próprio efeito da sua ação, as determinações relacionadas com a condição de classe de origem perdem progressivamente o seu peso, em proveito das determinações escolares que são a sua retradução. As linhas indicam as correlações entre variáveis, e as setas os processos genéticos. Sugeriu-se também, pelas setas pontilhadas, os determinismos que se efetuam através da interiorização das possibilidades objetivas em esperanças subjetivas. Dito de outra maneira, este esquema pretende representar certos mecanismos pelos quais a estrutura das relações de classe tende a se reproduzir, reproduzindo os *habitus* que a reproduzem.

(1) Distância em relação ao(s) foco(a) de valores culturais (local ou locais de concentração da *inteligentsia)* e em relação aos equipamentos culturais e escolares; estrutura das oportunidades escolares e culturais dos grupos (vizinhança, grupo de pares). (2) Outras características demográficas (papel na família, tamanho da família, etc.) especificadas pela condição de classe (seleção diferencial) e pela definição social. (3) Segurança do emprego, rendas e esperança de aumento de rendas; local e condições de trabalho; tempo livre, etc. (4) Disposições em relação à escola e à cultura (isto é, em relação à aprendizagem, à autoridade, aos valores escolares, etc.); esperança subjetiva (de acesso à escola, de êxito e ascensão pela escola); relações com a linguagem e a cultura (maneiras). (5) Capital linguístico; acervos; capital das relações sociais e de prestígio (recomendações); informações sobre o sistema escolar, etc. (6) Renda média; renda média de começo e fim de carreira; rapidez da carreira, posição nas estruturas econômicas e sociais, e, em particular, nos diferentes campos de legitimidade e nas relações de poder. (7) Relação com a classe de origem e a escola em função do passado escolar e da condição de classe atingida, etc. (8) Diploma; relações de escola.

dos determinismos primários que se ligam à origem social. É preciso, por conseguinte, abster-se de considerar a origem social, com a primeira educação e a primeira experiência que lhe são solidárias, como um fator capaz de determinar diretamente as práticas, as atitudes e as opiniões em todos os momentos de uma biografia, já que as coerções ligadas à origem de classe só se exercem através dos sistemas particulares de fatos em que se atualizam segundo uma estrutura cada vez diferente. Assim, quando se autonomiza um certo estado da estrutura (isto é, uma certa constelação de fatores que agem num certo momento sobre as práticas), dissociando-o do sistema completo de suas transformações (isto é, da forma construída da *gênese* das carreiras), isso impede que se descubra no princípio de todas essas retraduções e reestruturações as características que se prendem à origem e à dependência de classe.

Se é necessário prevenir-se expressamente contra tal dissociação, é porque as técnicas de que usa a sociologia para estabelecer e medir as relações encerram implicitamente uma filosofia simultaneamente analítica e instantaneísta: deixando-se de constatar que a análise multivariada se dá, através de um corte sincrônico, um sistema de relações definido por um equilíbrio exato ou que a análise fatorial elimina toda referência à gênese do conjunto das relações sincrônicas de que trata, corre-se o risco de esquecer que, à diferença das estruturas estritamente lógicas, aquelas que a sociologia conhece são o produto de transformações que, desenrolando-se no tempo, não poderiam ser consideradas como reversíveis senão através de uma abstração lógica, sociologicamente, absurda já que exprimem os estados sucessivos de um processo irreversível na ordem etiológica. É preciso levar em conta o conjunto das características sociais que definem a situação de distribuição dos originários das diferentes classes para compreender as probabilidades diferentes que têm para elas os diferentes destinos escolares e o que significa, para os indivíduos de uma categoria dada, o fato de encontrar-se numa situação mais ou menos provável para sua categoria (por exemplo, tratando-se de um filho de operário, o fato, altamente improvável, de empreender o estudo do latim ou o fato, altamente provável, de trabalhar para poder prosseguir nos estudos superiores); está por conseguinte excluído que se possa tomar como princípio último de explicação de todas as características qualquer das características que definem um indivíduo ou uma categoria num ponto qualquer de sua carreira: tratando-se de explicar, por exemplo, a relação que se estabelece, em nível do ensino superior, entre o êxito escolar e a prática de uma atividade remunerada, da qual se pode admitir que, desigualmente frequente nas diferentes classes sociais, tem um efeito igualmente desfavorável qualquer que seja a categoria social, não se teria o direito de concluir que nesse nível do curso a origem social cessou de exercer toda influência, pois não é sociologicamente indiferente tomar como ponto de partida da explicação seja a desigual probabilidade do trabalho extraescolar nas diferentes categorias de estudantes, seja a desigual probabilidade de encontrar estudantes dos diferentes meios entre os que são forçados a trabalhar. *A fortiori*, não se poderia recompor as diferentes experiências que correspondem às situações definidas pelo cruzamento de vários critérios (por exemplo, a do filho do camponês que entrou num pequeno seminário ao invés de entrar numa escola normal ou que se tornou professor de filosofia ao invés de especialista em geografia) tomando como ponto de partida da reconstrução a experiência da situação definida por não importar qual desses critérios: as experiências que a análise não pode distinguir e especificar a não ser pelo cruzamento de critérios logicamente permutáveis não se deixam integrar na unidade de uma biografia sistemática exceto se forem reconstruídas a partir da situação originária de classe, ponto de onde se desenvolve toda consideração possível e sobre a qual nenhuma consideração é possível.

Da lógica do sistema à lógica de suas transformações

Do mesmo modo que foi preciso ultrapassar a apreensão puramente sincrônica das relações que se estabelecem a um nível dado do curso entre as características sociais ou escolares dos diferentes grupos e seus graus de êxito para construir o modelo diacrônico das carreiras e biografias, é preciso também, para escapar à ilusão inerente a uma análise estritamente funcionalista do sistema de ensino, substituir o estado do sistema que a inquirição apreende na história de suas transformações. A análise da recepção diferencial da mensagem pedagógica apresentada aqui permite explicar os efeitos que exercem as transformações do público dos receptores sobre a comunicação pedagógica e de definir por extrapolação as características sociais dos públicos que correspondem aos dois estados-limite do sistema tradicional, o estado que se poderia chamar *orgânico*, em que o sistema lida com um público perfeitamente conforme as suas exigências implícitas, e o estado que se pode chamar *crítico*, em que, com a evolução da composição social do público escolar, o mal-entendido terminaria por tornar-se intolerável, a etapa observada correspondendo a uma fase intermediária.

Conhecendo de um lado as relações que unem as características sociais ou escolares das diferentes categorias de receptores aos diferentes graus da competência linguística e de outro lado a evolução do peso relativo das categorias caracterizadas por níveis de recepção diferentes, pode-se construir um modelo que permita explicar e, numa certa medida, prever as transformações da relação pedagógica. Vê-se imediatamente que as transformações do sistema das relações que unem o sistema escolar e a estrutura das relações de classe, transformações que se exprimem por exemplo na evolução da taxa de escolarização das diferentes classes sociais, levam a uma transformação (de acordo com os próprios princípios que a comandam) do sistema das relações entre os níveis de recepção e as categorias de receptores, isto é, do sistema de ensino considerado como sistema de comunicação: com efeito, a aptidão à recepção característica dos receptores de uma categoria dada é função simultaneamente do *capital linguístico* de que dispõe essa categoria (e que se pode supor constante para o período considerado) e do *grau de seleção* dos sobreviventes dessa categoria, enquanto é medido objetivamente pela taxa de eliminação escolar da categoria. A análise das variações no tempo do peso relativo das categorias dos receptores permite, pois, revelar e explicar sociologicamente uma tendência à baixa contínua da *moda* da distribuição das competências linguísticas dos receptores ao mesmo tempo que ao aumento da *dispersão* desta distribuição. Com efeito, em razão do aumento da taxa de escolarização de todas as classes sociais, o efeito corretor da superseleção exerce-se cada vez menos sobre o nível de recepção das categorias dotadas de mais fraca herança linguística (como já o vimos no caso dos estudantes procedentes das classes médias), enquanto que as categorias mais favorecidas sob a relação considerada atingem uma taxa de eliminação tão fraca quanto a moda dessas categorias tende a baixar continuamente ao mesmo tempo que cresce a dispersão dos níveis de recepção.

Concretamente, não se pode compreender o aspecto propriamente pedagógico da crise que conhece hoje em dia o sistema de ensino, isto é, as desordens e as discordâncias que o afetam enquanto sistema de comunicação, a não ser que se leve em conta de um lado o sistema das relações que une as competências ou as atitudes das diferentes categorias de estudantes com suas características sociais e escolares e, de outro lado, a evolução do sistema das relações entre a Escola e as classes sociais, tal como é objetivamente revelada pela estatística das probabilidades de acesso à universidade e das probabilidades condicionais de entrar nas diferentes faculdades: entre 1961-1962 e 1965-1966, período durante o qual o ensino superior conheceu um crescimento muito rápido, frequentemente imputado a uma democratização do recrutamento, a estrutura da distribuição das oportunidades escolares segundo as classes sociais foi efetivamente deslocada para o alto, mas praticamente sem se alterar (cf. Gráfico n. 2, na página seguinte e apêndice). Dito de outra maneira, o crescimento da taxa de escolarização da classe de idade compreendida entre 18 e 20 anos distribuiu-se entre as diferentes classes sociais em proporções sensivelmente iguais àquelas que definiam a distribuição antiga das oportunidades[11]. Para explicar e compreender as modificações da distribuição das competências e das atitudes que são correlativas de uma tal translação da estrutura, é suficiente observar, por exemplo, que os filhos de industriais que, em 1961-1962, tinham 52,8% de oportunidades para alcançar a faculdade passaram a ter 74% em 1965-1966, de sorte que, para essa categoria, proporcionalmente mais representada ainda nas classes preparatórias e nas grandes escolas do que nas faculdades, as oportunidades de fazer os estudos superiores situam-se nas proximidades de 80%[12]. Se se aplica a esse processo os princípios livres da análise das relações sincrônicas, vê-se que à medida que progride para a escolarização quase total essa categoria tende a adquirir todas as características e em particular as competências e as atitudes que estão ligadas à subseleção escolar de uma categoria.

De modo mais geral, o estabelecimento de uma relação, para uma categoria dada, entre o capital linguístico e

---

11. Este tipo de evolução das oportunidades escolares que conjuga o aumento das taxas de escolarização de todas as classes sociais e a estabilidade da estrutura das irregularidades entre as classes poder-se-ia observar na maioria dos países europeus (Dinamarca, Inglaterra, Países-Baixos, Suécia) e mesmo nos Estados Unidos (OCDE. *L'enseignement secondaire, evolution et tendances*. Paris, 1969, p. 86-87).

12. Encontrar-se-á mais abaixo (capítulo 3) uma descrição dos mecanismos de eliminação diferenciada que, apesar do crescimento das taxas de escolarização das classes populares no ensino secundário, tendem a perpetuar as disparidades entre as classes em nível de ensino superior.

Gráfico 2

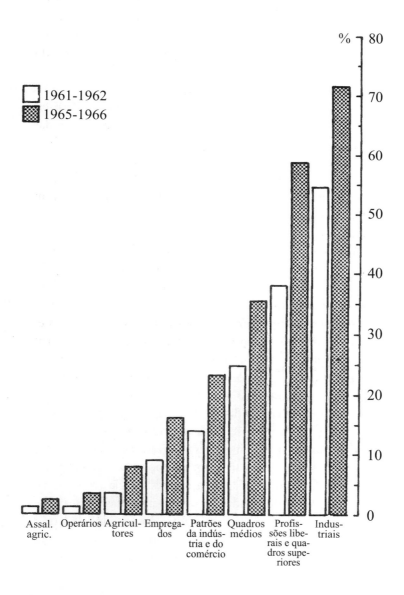

cultural (ou o capital escolar que é a forma transformada num momento dado do curso) e o grau de seleção relativa, que é por ela atribuído ao fato de ser representada numa proporção dada a um nível dado do curso e num tipo dado de estudos, permitiria explicar as diferenças que aparecem, a cada momento da história do sistema, de uma faculdade para outra e, no interior de uma mesma faculdade, de uma disciplina para outra, entre os graus e os tipos de mal-entendido linguístico ou cultural. É somente por referência ao sistema de relações circulares entre a representação dominante da hierarquia das disciplinas e as características sociais e escolares de seu público (elas mesmas definidas pela relação entre o valor de posição das diferentes disciplinas e a probabilidade das diferentes trajetórias para as diferentes categorias) que se pode dar o verdadeiro sentido sociológico a pouca valorização de disciplinas que, como a química ou as ciências naturais nas faculdades de ciências ou a geografia nas faculdades de letras, acolhem a mais forte proporção de estudantes procedentes das classes populares e a mais forte proporção de estudantes que fizeram seus estudos secundários nas seções modernas ou nos estabelecimentos de segunda ordem, alternativas que são em todo caso as mais prováveis para os estudantes procedentes das classes populares. Esse modelo permite ainda dar conta da situação, em aparência paradoxal, de uma disciplina que, como a sociologia, distingue-se pelas características sociais de seu público das disciplinas mais desvalorizadas das faculdades de letras, ainda que delas se aproxime por suas características escolares (Gráfico 3). Se, em Paris, a sociologia acolhe a mais forte proporção de estudantes procedentes das classes superiores (68% contra 55% para o total dos estudos de letras), embora disciplinas como as letras modernas ou a geografia, que lhe estão, entretanto, muito próximas sob o prisma das exigências escolares medidas pelo grau de êxito anterior, contenham as taxas mais elevadas de estudantes procedentes das classes populares ou médias (seja respectivamente 48% e

Gráfico 3
O sistema das disciplinas

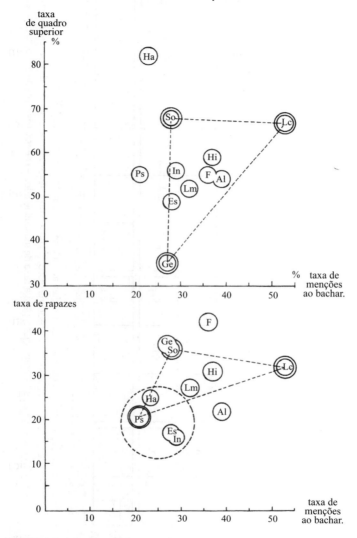

LEGENDA Lm, Letras modernas
Lc, Letras clássicas
Ps, Psicologia
Al, Alemão
In, Inglês
Hi, História

Ge. Geografia
F. Filosofia
So. Sociologia
Ha. História da arte
Es. Espanhol

Quadro 8

	Atlas		Médias			Baixas				Disciplinas não cristalizadas	
	História	Letras Clássicas	Filosofia	Alemão	Letras Modernas	Inglês	Psicologia	Espanhol	Geografia	Sociologia	História da Arte
Hierarquia escolar (taxa de menções)	0	+	0	0	0	–	–	–	–	–	–
Hierarquia social (taxa das classes superiores)	+	+	0	0	0	0	0	–	–	+	+
Taxa de rapazes	+	+	+	–	0	–	–	–	+	+	–

A fim de situar cada uma das disciplinas nas três hierarquias aqui fixadas, adotou-se as seguintes convenções: (1) para a taxa de menções ao bacharelato, (–) de 20% a 30%, (0) de 30% a 40%, (+) de 40% a 50% e acima disso; (2) para a taxa de estudantes oriundos das classes superiores, (–) de 35% a 50%, (0) de 50% a 60%, (+) de 60% a 70% e acima disso; para a taxa de masculinidade, (–) de 15% a 25%, (0) de 25% a 30%, (+) de 30% a 40% e acima disso.

Quadro 9
Valores estatísticos de referência (%)

Taxas de menções	53	37	36	39	32	29	21	28	27	28	23
Taxa de classes superiores	67	60	55	54	52	56	55	49	35	68	82
Taxa de rapazes	32	31	41	22	27	16	17	17	37	38	25

65% contra 45% para o total), é que os estudantes subselecionados das classes superiores podem encontrar um substituto para as suas ambições de classe numa disciplina que lhes oferece simultaneamente as facilidades de refúgio e o prestígio da moda e que, ao contrário das licenciaturas, não opõe ao projeto intelectual a imagem trivial de uma profissão[13].

Quaisquer que sejam os critérios sociais ou escolares que se considere, a sociologia ocupa sempre uma posição excêntrica. Toda disciplina e de maneira mais geral toda instituição de ensino que pode ser caracterizada por sua posição na hierarquia escolar (posição da qual a taxa de êxito escolar anterior ou a idade modal da população correspondente constituem um índice do mesmo modo que por exemplo o estatuto universitário dos docentes) e por suposição numa hierarquia social (posição da qual a dependência social ou a taxa de feminização do público correspondente constituem um índice, do mesmo modo que o valor social das carreiras), vê-se que as disciplinas dotadas de alto grau de *cristalização dos índices de posição* nas duas hierarquias deixam-se facilmente hierarquizar, desde as disciplinas mais consagradas, como as letras, que apresentam uma taxa elevada de estudantes originários das classes privilegiadas e dotadas de um forte êxito anterior, até às disciplinas como a geografia, das quais se compreende melhor a situação desvalorizada

---

13. Se a prova de língua (em que os "sociólogos" obtêm resultados sistematicamente inferiores aos dos "filósofos") não fosse suficiente para persuadir que a sociologia oferece o terreno preferido, ao menos em Paris, para a forma mais fácil de diletantismo dos estudantes procedentes das classes superiores, a leitura dos índices estatísticos convenceria da posição paradoxal dessa disciplina nas faculdades de letras: assim, quando sob a relação do capital escolar exigido, a sociologia se opõe à filosofia como as letras modernas às letras clássicas, ela tem um recrutamento social mais elevado do que o da filosofia (68% de estudantes procedentes das classes superiores contra 55%), enquanto que as letras clássicas têm um recrutamento social mais elevado do que as letras modernas, que constituem, com a geografia, as saídas mais prováveis para os estudantes das classes populares procedentes das seções modernas de ensino secundário (67% contra 52%).

quando se vê que acumulam índices fracos nas duas dimensões. O modelo proposto permite, pois, caracterizar todas as disciplinas consideradas, já que o critério escolar e o critério social são suficientes para distinguir disciplinas não cristalizadas e disciplinas cristalizadas, e ao mesmo tempo para estabelecer uma hierarquia no interior dessas últimas; é suficiente introduzir um último critério, a *sex-ratio*, para ver que as disciplinas que ocupam a mesma posição nas dimensões escolar e social, como a sociologia e a história da arte, a geografia e o espanhol, ou ainda a filosofia e o alemão, apresentam-se como configurações singulares, todas separadas por distinções sociologicamente pertinentes (à exceção do inglês e da psicologia). O princípio das oposições homólogas que se estabelecem entre essas disciplinas pode com efeito ser encontrado na divisão do trabalho entre os sexos que consagra as mulheres às tarefas de relações sociais (línguas vivas) ou mundanas (história da arte).

Para compreender o conjunto do fenômeno é preciso representar o sistema das disciplinas (e de maneira mais geral o sistema de ensino) como um campo no qual se exerce uma força centrífuga inversamente proporcional ao grau de êxito escolar e uma força centrípeta proporcional à inércia que um indivíduo (ou mais exatamente uma categoria de indivíduos) é capaz de opor ao revés e à eliminação em função de ambições socialmente definidas como adequadas a seu sexo e à sua classe, isto é, em função da modalidade própria a seu sexo de seu *ethos* de classe.

Mas não se poderia dar conta completamente das variações do grau do acordo linguístico entre emissores e receptores sem integrar, além disso, ao modelo das transformações da relação pedagógica, as variações do nível de emissão ligadas às características sociais e escolares dos emissores, isto é, simultaneamente os efeitos do crescimento rápido do corpo docente e as transformações que sofre a mensagem pedagógica quando, com o aparecimento de disciplinas como a psicologia ou a sociologia, revela-se o divórcio ou o casamento forçado entre as exigências do discurso científico e os cânones que regem a relação tradicional com a linguagem. A necessidade de recrutar precipitadamente, em classes de idade ao mesmo tempo menos numerosas e menos escolarizadas, os docentes indispensáveis para enquadrar, de qualquer maneira, um público cujo crescimento brutal resulta da conjunção, após 1965, do crescimento geral das taxas de escolarização e da elevação da taxa de fecundidade nos anos do pós-guerra, só poderia favorecer uma tendência sistemática para a ascensão de docentes formados para uma outra tarefa na fase anterior da história do sistema. Nessas condições, poder-se-ia acreditar, à primeira vista, que a baixa do nível de recepção encontrou um corretivo automático na baixa do nível de emissão, já que a probabilidade de atingir posições mais elevadas na hierarquia dos graus não cessou de crescer num grau igual de consagração universitária. Na verdade, enquanto tudo inclinava os docentes recrutados segundo as normas tradicionais a encontrar no duplo jogo com o mal-entendido linguístico o meio de eludir os problemas pedagógicos colocados pelas transformações quantitativa e qualitativa de seu público, os docentes recentemente recrutados, inquietos e ansiosos de se mostrarem dignos de uma "promoção acelerada", encontram-se mais inclinados, sem dúvida, a adotar os sinais exteriores da competência tradicional do que a despender o esforço necessário para regular seu ensino pelas competências reais de seu público. Numa instituição em que o grupo de referência permanece o dos docentes mais autorizados a falar "de cátedra" e em que a hierarquia hiperbolicamente refinada das qualificações, dos sinais sutis do estatuto e dos graus do poder é sempre evocada em mil ocasiões, os assistentes ou mestres-assistentes, que são entretanto os mais diretamente e os mais continuamente defrontados com as solicitações dos estudantes, têm que correr mais riscos para satisfazer tecnicamente a essas solicitações; com efeito, suas tentativas de abandonar a relação tradicional com linguagem estão particularmente expostas a parecer "primárias" porque toda a lógica do sistema tende a fazê-las parecer sinais de sua incapacidade de se conformar à definição legítima do papel.

Assim, a análise das transformações da relação pedagógica confirma que toda transformação do sistema escolar se opera segundo uma lógica na qual se exprime ainda a estrutura e a função próprias desse sistema. O aumento de volume desconcertante das condutas e dos propósitos que marca a fase aguda da crise da universidade não deve inclinar à ilusão do surgimento *ex nihilo* de atores e de atos criadores: nas tomadas de posição mais livres em aparência exprime-se ainda a eficácia estrutural do sistema dos fatores que especifica os determinismos de classe por uma categoria de agentes, estudantes ou professores, definida por sua posição no sistema de ensino. Invocar ao contrário a eficácia direta e mecânica de fatores imediatamente visíveis, como o crescimento brutal do número de estudantes, seria esquecer que os acontecimentos econômicos, demográficos ou políticos que colocam ao sistema escolar questões estranhas à sua lógica não podem afetá-lo senão de acordo com sua lógica[14]: ao mesmo tempo que ele se desestrutura ou se reestrutura sob a influência desses fatores, ele os faz sofrer uma conversão conferindo à sua eficácia uma forma e um peso específicos. A situação de crise nascente é a ocasião de discernir os pressupostos ocultos de um sistema tradicional e os mecanismos capazes de perpetuá-lo quando os preliminares de seu funcionamento não estão mais completamente preenchidos. É no momento em que começa a se romper o acordo perfeito entre o sistema escolar e seu público de eleição que se revela com efeito a "harmonia preestabelecida" que mantinha tão perfeitamente este sistema que excluía toda interroga-

---

14. A explicação da crise pelos efeitos mecânicos dos determinismos morfológicos não deve sem dúvida ser tão frequente quanto pelo fato de que ela reativa os esquemas metafóricos da sociologia espontânea, tal como aquele que consiste em pensar a relação entre uma instituição e seu público com relação entre um continente e um conteúdo, a "pressão da massa" fazendo "estalar as estruturas", muito especialmente quando elas estão "carcomidas".

ção sobre o seu fundamento. O mal-entendido que assedia a comunicação pedagógica só permanece tolerável na medida em que a Escola é capaz de eliminar os que não preenchem suas exigências implícitas e em que ela consegue obter dos outros a cumplicidade necessária para o seu funcionamento. Tratando-se de uma instituição que só pode preencher sua função própria de inculcação enquanto é mantido um mínimo de adequação entre a mensagem pedagógica e a aptidão dos receptores a decifrá-la, é preciso apreender em seus efeitos propriamente pedagógicos o crescimento do público e do tamanho da organização, para descobrir, na ocasião da crise nascida da ruptura desse equilíbrio, que os conteúdos transmitidos dos modos institucionalizados da transmissão foram objetivamente adaptados a um público definido, ao menos tanto por seu recrutamento social quanto por seu fraco volume: um sistema de ensino que se baseia sobre uma pedagogia de tipo tradicional não pode preencher sua função de inculcação exceto na medida em que se dirige a estudantes dotados do capital linguístico e cultural – e da aptidão a fazê-lo frutificar – que ele pressupõe e consagra sem jamais exigi-lo expressamente e sem transmiti-lo metodicamente. Segue-se que, para um tal sistema, o teste verdadeiro é menos o do número que o da qualidade social de seu público[15]. Na medida em que frustra as expectativas imprevistas e intempestivas das categorias de estudantes que não introduzem mais na instituição os meios de preencher as suas expectativas, o sistema escolar deixa claro que exigia tacitamente um público que pudesse satisfazer-se com a instituição porque satisfazia de imediato as suas exigências: talvez a Sorbonne

---

15. Se é preciso tratar o sistema de ensino como sistema de comunicação para discernir a lógica específica da relação pedagógica tradicional e, portanto, de seu desregramento, é preciso evitar que se atribua ao modelo construído ao preço da autonomização metodológica do funcionamento técnico do sistema de ensino o poder de explicar a totalidade dos aspectos sociais da crise do sistema e, em particular, tudo o que o afeta em sua função de reprodução da estrutura das relações entre as classes sociais.

jamais tenha sido tão completamente satisfatória quanto para aqueles que podiam dispensar seus serviços, como era o caso dos alunos da Escola Normal da *belle époque*, que obedeciam ainda a sua lei secreta (da Sorbonne) e se davam ao luxo elegante de lhe recusar sua aprovação. Endereçando-se a um público idealmente definido pela aptidão – que eles não lhe dão – para receber o que eles lhe dão, os docentes apenas exprimem inconscientemente a verdade objetiva de um sistema que, em sua idade de ouro, era talhado para receber um público sob medida e que, na fase de desequilíbrio nascente, fornece ainda aos professores os meios técnicos e ideológicos para dissimular a distância crescente entre seu público real e seu público putativo. Quando, pela elevação de seu discurso, eles supõem um público cujas aptidões à recepção se distribuiriam segundo uma curva em J, isto é, em que o maior número de sujeitos corresponderia às exigências máximas do emissor, os professores traem sua nostalgia do paraíso pedagógico do ensino tradicional em que eles poderiam se dispensar de toda consciência pedagógica[16].

Recusar-se a emprestar ao crescimento do público uma ação que se exerceria mecânica e diretamente, isto é, independentemente da estrutura do sistema escolar, não significa conceder a esse sistema o privilégio de uma autonomia abso-

---

16. Desde que se leve em conta as variações da estrutura da distribuição das competências, não se pode mais eludir o problema da otimização da relação pedagógica. Um público cujas competências se distribuem segundo uma curva em forma de sino invoca escolhas pedagógicas de tipo diferente na medida em que as transformações que o afetam no decorrer do tempo se exprimem numa deslocação da moda ou numa variação da dispersão: a baixa da moda só exige do emissor uma baixa de seu nível de emissão, seja por um aumento controlado da redundância seja por um esforço sistemático para exibir completamente na mensagem o código da mensagem pela definição ou pela exemplificação; ao contrário, um acréscimo da dispersão das competências tende, além de um certo limite, a colocar problemas que não podem ser resolvidos pela ação exclusiva sobre o nível de emissão, como testemunha a situação de certas disciplinas científicas em que a dispersão crescente dos níveis de recepção não pode ser disfarçada pelo acordo no mal-entendido tão facilmente quanto ocorre nas faculdades de letras.

luta que lhe permitisse defrontar-se apenas com os problemas gerados pela lógica de seu funcionamento e de suas transformações. Dito de outra maneira, em razão de seu poder de retradução (correlativo de sua autonomia relativa), o sistema escolar só pode sentir os efeitos das mudanças morfológicas e de todas as mudanças sociais que estão por trás destas sob a forma de dificuldades pedagógicas, mesmo que ele impeça aos agentes de colocar em termos propriamente pedagógicos os problemas pedagógicos que se colocam objetivamente para ele. É, com efeito, a análise sociológica quem constitui como problemas propriamente pedagógicos as dificuldades surgidas do crescimento do número ao tratar a relação pedagógica como uma relação de comunicação cuja forma e rendimento são função da adequação entre níveis de emissão e níveis de recepção socialmente condicionados. Assim, é pelo desvio entre as exigências implícitas do sistema de ensino e a realidade de seu público que se explicam tanto a função conservadora da pedagogia tradicional como não pedagogia quanto aos princípios de uma pedagogia explícita que pode ser objetivamente exigida pelo sistema sem, entretanto, se impor automaticamente na prática dos docentes porque ela exprime a contradição desse sistema e porque contradiz os seus princípios fundamentais[17].

---

17. Produto de uma análise do sistema escolar que se tornou possível pela evolução do próprio sistema, essa pedagogia que visa explicitamente assegurar o ajustamento máximo entre o nível de emissão e o nível de recepção (um e outro definidos tanto pela moda como pela dispersão) não deve nada, podemos constatá-lo, a uma adesão ética, a um ideal trans-histórico e transcultural da justiça escolar nem à crença numa ideia universal da racionalidade. Se a execução dos princípios dessa pedagogia não é evidente, é que tal suporia a institucionalização de um controle contínuo da recepção exercido tanto pelos docentes quanto pelos alunos; e é que, de modo mais geral, isso exigiria que se levasse em conta todas as características sociais da comunicação, e em particular dos pressupostos inconscientes que os docentes e os alunos devem a seu meio e a sua formação escolar. Nada seria mais falso por exemplo que conferir a tal ou qual técnica de transmissão ou de controle (ensino diretivo ou ensino não diretivo, dissertação ou questionário fechado) virtudes ou vícios intrínsecos, já que é somente no sistema completo das relações entre

Assim, a interpretação empirista das relações observadas que, sob a aparência de fidelidade ao real, permanecesse presa ao objeto aparente, isto é, uma população escolar definida independentemente de sua relação com a população eliminada, seria incapaz de explicar sistematicamente as variações empíricas. Para escapar à cilada que arma o sistema escolar ao revelar ao observador apenas uma população de sobreviventes, seria preciso separar desse objeto preconstruído o objeto verdadeiro da pesquisa, isto é, os princípios segundo os quais o sistema escolar seleciona uma população cujas propriedades pertinentes são tanto mais completamente o efeito de sua ação de formação, de orientação e de eliminação quanto mais se eleva no curso. A análise das características sociais e escolares do público dos receptores de uma mensagem pedagógica não tem, por conseguinte, sentido a não ser que conduza à condução do sistema das relações entre, de um lado, a Escola concebida como instituição de reprodução da cultura legítima, determinando entre outras coisas o modo legítimo de imposição e de inculcação da cultura escolar e, de outro lado, as classes sociais, caracterizadas, sob o aspecto da eficácia da comunicação pedagógica, pelas distâncias desiguais em relação à cultura escolar e pelas disposições diferentes para reconhecê-la e adquiri-la. Nunca se terminaria de enumerar os erros impecáveis e as omissões irrepreensíveis aos quais se condena a sociologia da educação quando estuda separadamente a população escolar e a organização da instituição ou seu sistema de valores como se se tratasse de realidades substanciais cujas características preexistiriam à relação entre as duas, condenando-se por essas autonomizações inconscientes a recorrer em últi-

---

o conteúdo da mensagem, seu momento no processo de aprendizagem, as funções da formação, as exigências externas que pesam sobre a comunicação (urgência ou vagar) e as características morfológicas, sociais e escolares do público ou do corpo docente, que se define a produtividade propriamente pedagógica de uma técnica.

ma instância à explicação pelas tendências simples como as "aspirações" culturais dos alunos, o "conservantismo" dos professores ou as "motivações" dos pais. Só a construção do sistema das relações entre o sistema de ensino e a estrutura das relações entre as classes sociais permite que se escape realmente a essas abstrações reificantes e se produza conceitos relacionais que, como os de oportunidade escolar, de disposição relativa à Escola, de distância à cultura escolar ou de grau de seleção, integram-se na unidade de uma teoria explicativa das propriedades ligadas à dependência de classe (como o *ethos* ou o capital cultural) e das propriedades pertinentes da organização escolar, tais como, por exemplo, a hierarquia dos valores que implica na hierarquia dos estabelecimentos, das seções, das disciplinas, dos graus ou das práticas. Sem dúvida essa colocação continua ainda parcial: na medida em que não retém senão os traços pertinentes da dependência de classe definida em suas relações sincrônicas e diacrônicas com o sistema escolar concebido *somente* como sistema de comunicação, essa construção teórica tende a tratar como simples relações de comunicação as relações entre o sistema de ensino e as classes sociais. Mas essa abstração metódica é também a condição da apreensão dos aspectos mais específicos e mais ocultos dessas relações: é pela maneira particular segundo a qual ele realiza sua função técnica de comunicação que um sistema escolar determinado realiza além disso sua função social de conservação e sua função ideológica de legitimação.

Capítulo 2

Tradição erudita e conservação social

Nossos magistrados conheceram bem esse ministério. Suas togas vermelhas, as peles de arminho em que se envolvem, os palácios onde julgam, todo esse aparato augusto era muito necessário; e se os médicos não tivessem sotainas e galochas e se os doutores não usassem barretes e roupas muito amplas jamais eles teriam iludido o mundo que não pode resistir a essa gala tão autêntica. Os militares são os únicos a não disfarçar sua condição, porque, com efeito, sua parte é mais essencial: eles se organizam pela força, os outros pelo fingimento.

Pascal. *Pensamentos.*

Passa-se o skeptron *ao orador antes que comece seu discurso e para lhe permitir falar com autoridade [...]. Ele qualifica o personagem que toma a palavra personagem sagrado, cuja missão é transmitir a mensagem de autoridade.*

E. Benveniste. *Vocabulário das instituições indo-europeias.*

Evidenciando-se a amplidão da perda de informação que se opera na comunicação entre os professores e os estudantes, a intenção de tratar a relação pedagógica como uma simples relação de comunicação para medir o rendimento informativo faz surgir uma contradição que força a interrogar a interrogação que a gerou[1]: O rendimento informativo da comunicação pedagógica poderia ser igualmente baixo se a relação pedagógica se reduzisse a uma pura relação de comunicação? Dito de outra maneira, quais são as condições particulares que fazem com que a relação de comunicação pedagógica possa se perpetuar enquanto tal, mesmo quando a informação transmitida tende a se anular? A contradição lógica que faz surgir a pesquisa convida a perguntar se a intenção mesma da pesquisa, a saber, submeter a comunicação pedagógica ao controle da medida, não é excluída por toda a lógica do sistema ao qual se aplica: ela convida, em outros termos, a interrogar sobre os meios institucionais e sobre as condições sociais que permitem a relação pedagógica de perpetuar-se, na inconsciência feliz dos que nela se encontram engajados, mesmo quando frustra tão completamente seu fim aparentemente mais específico, em suma, a determinar o que define sociologicamente uma relação de comunicação pedagógica, por oposição à relação de comunicação definida de modo formal.

---

1. A primeira parte deste capítulo retoma certas análises que foram publicadas alhures (BOURDIEU, P.; PASSERON, J.-C. & SAINT-MARTIN, M. *Rapport pedagogique et communication*. Paris: Mouton, 1965), mas que, por não se apoiarem sobre uma teoria explícita da autoridade pedagógica como condição social de possibilidade da relação de comunicação pedagógica, poderiam prestar-se a interpretações falaciosas: se se pretende acentuar aqui a recusa mais radical de uma explicação puramente psicossociológica da ação pedagógica e simultaneamente recusar a ingenuidade dos *veredictos* éticos sobre a boa ou má vontade dos agentes, é porque uma pesquisa da explicação que, mesmo por omissão, desse a entender que o princípio das práticas pode ser encontrado na ideologia dos agentes, obedeceria ainda à necessidade interna do sistema que produz, em e por seu funcionamento, representações que tendem a dissimular as condições sociais de possibilidade de seu funcionamento.

Autoridade pedagógica e autoridade da linguagem

O emprego seguro que os professores fazem do idioma universitário não é mais casual que a tolerância dos estudantes à obscuridade semântica. As condições que tornam o mal-entendido linguístico possível e tolerável estão inscritas na própria instituição: não só as palavras mal conhecidas ou desconhecidas aparecem sempre em configurações estereotipadas capazes de alcançar o sentimento do já entendido, como a linguagem do magistério possui a consciência completa da situação onde se realiza a relação de comunicação pedagógica com seu espaço social, seu ritual, seus ritmos temporais, em suma todo o sistema das coerções visíveis ou invisíveis que constituem a ação pedagógica como ação de imposição e de inculcação de uma cultura legítima[2]. Designando e consagrando todo agente encarregado da inculcação como digno de transmitir o que ele transmite, por conseguinte autorizado a impor a recepção e a controlar a inculcação através das sanções socialmente garantidas, a instituição confere ao discurso professoral uma *autoridade estatuária* que tende a excluir a questão do rendimento informativo da comunicação.

Reduzir a relação pedagógica a uma pura relação de comunicação seria impedir-se de perceber as características específicas que ela deve à autoridade da instituição pedagógica: só o fato de se transmitir uma mensagem numa relação de comunicação pedagógica implica e impõe uma definição social (tanto mais explícita e codificada quanto

---

2. A relação de interdependência sistemática que une as técnicas características de um modo de imposição dominante e que tende a eliminar seu caráter arbitrário aos olhos dos agentes não se manifesta jamais tão perfeitamente quanto nas situações de crise em que o conjunto dessas técnicas é, de um modo generalizado, posto em questão. Vê-se imediatamente a analogia entre a orientação das reformas que afetam a maioria das instituições escolares e o *aggiornamento* da Igreja (simplificação da liturgia, supressão das práticas ritualizadas, leitura dos textos face a face com o povo, uso da língua vulgar, e outras medidas destinadas a "facilitar uma participação mais ativa dos fiéis").

essa conexão é mais institucionalizada) do que merece ser transmitido, do código no qual a mensagem deve ser transmitida, dos que têm o direito de transmiti-la ou, melhor, de impor a recepção, dos que são dignos de recebê-la e, por isso, são constrangidos a recebê-la e, enfim, do modo de imposição e de inculcação da mensagem, que confere a legitimidade e, através disso, o sentido completo à informação transmitida. O professor encontra nas particularidades do espaço que lhe concede a instituição tradicional (o estrado, a cadeira e sua situação no lugar de convergência dos olhares) as condições materiais e simbólicas que lhe permitem manter os estudantes à distância e com respeito, e que o coagiram mesmo se ele se recusasse a aceitá-las. Soerguido e fechado no espaço que o consagra como orador, separado do auditório, tanto quanto a afluência o permite, por algumas fileiras desertas que marcam materialmente a distância que o profano guarda timidamente ante o *mana* do verbo e que são jamais ocupadas, em todo caso, exceto pelos zeladores mais adestrados, piedosos curas da palavra magisterial, o professor, distante e intangível, cercado de "afirma-se que" vagos e assustadores, está condenado ao monólogo teatral e à exibição de virtuoso por uma necessidade de posição bem mais coerciva do que a mais imperiosa regulamentação. A cátedra incorpora a entonação, a dicção, o modo de pronunciar um discurso e a ação oratória daquele que a ocupa; assim, vê-se o estudante que faz uma exposição *ex cathedra* herdar os hábitos oratórios do professor. Semelhante contexto governa tão rigorosamente o comportamento dos professores e dos estudantes que os esforços para instaurar o diálogo se tornam imediatamente fictícios ou derrisórios. O professor pode convocar a participação ou a objeção dos estudantes sem jamais correr o risco de que elas realmente se instaurem: as interrogações ao auditório são frequentemente apenas interrogações oratórias; destinadas antes de tudo a exprimir a parte que os fiéis tomam no ofício, as réplicas, frequentemente, não são mais do que responsórios[3].

Entre todas as técnicas de distanciamento de que a instituição dota os seus agentes, a linguagem do magistério é a mais eficaz e a mais sutil: por oposição às distâncias inscritas no espaço ou garantidas pelo regulamento, a distância que as palavras criam parece nada dever à instituição. O verbo magisterial, atributo estatutário que deve à instituição a maioria de seus efeitos, já que ele jamais seria dissociado da relação de autoridade escolar em que se manifesta, pode aparecer como qualidade própria da pessoa quando outra coisa não faz do que desviar em benefício do funcionário uma vantagem de função. O professor tradicional pôde abandonar o arminho e a toga, e ele pode mesmo gostar de descer de seu estrado a fim de se misturar à multidão, mas não pode abdicar de sua proteção última, o uso professoral de uma língua professoral. Se não há nada de que ele não possa falar, luta das classes ou incesto, é que sua situação, sua pessoa e sua personagem implicam na "neutralização" de seus propósitos; é que também a linguagem pode não ser mais, em última análise, um instrumento de comunicação, mas um instrumento de fascínio cuja função principal é atestar e impor a autoridade pedagógica da comunicação e do conteúdo comunicado.

Semelhante uso da linguagem supõe que seja desencorajada a avaliação do rendimento informativo da comunicação. E de fato tudo se passa como se exposições ou dissertações, os

---

3. Se o espaço universitário impõe tão fortemente sua lei às práticas, é que ele exprime simbolicamente a lei da instituição universitária. Assim a forma tradicional da relação pedagógica pode reaparecer em outros tipos de organização do espaço, porque a instituição suscita de qualquer maneira um espaço simbólico mais real; numa universidade mantida idêntica a si mesma sob todas as outras relações, a organização de um seminário em volta de uma mesa-redonda não impede que as expectativas e a atenção convirjam para aquele que guardou todos os sinais do estatuto professoral, a começar por um privilégio de palavra que implica o controle da palavra dos outros.

únicos instrumentos de comunicação reconhecidos que a instituição fornece aos estudantes e aos professores, tivessem por função latente impedir uma medida precisa da compreensão e desse modo de algaravia que disfarça o mal-entendido. Assim a aula *ex cathedra* e a dissertação constituem um par funcional, como o solo professoral e a proeza solitária no exame, ou o discurso de *omni re scibili* que confirma a autoridade e as generalidades verbosas da dissertação. Se a retórica dissertativa dá ao professor a impressão confusa de que a sua linguagem não foi muito mal compreendida, é que a dissertação autoriza um discurso e uma relação com o discurso adequados para interditar as escolhas decididas e incitar assim o professor a um julgamento tão prudente quanto seu objeto. Os professores não cansam jamais de repetir quanto eles lamentam observar a "massa" de provas "medíocres" que não dão margem a um julgamento nítido e que se tornam o objeto das mais laboriosas deliberações para que se extraia, ao final das contas e em desespero de causa, um *veredicto* de indulgência tingido de desprezo: "vamos dar-lhe a média" ou "vamos deixá-lo passar". Os relatórios de júris de agregação deploram incansavelmente como uma calamidade natural o efeito que o próprio princípio dos exames e os critérios tradicionais de correção produzem necessariamente: "Há poucas provas muito más; mas, ainda há menos boas; o resto, ou seja, 76%, está no pântano, entre 6 e 11"[4]. A linguagem desses relatórios é inesgotável para apontar, em termos desanimados, essa "mediocridade" congênita da "massa de candidatos", esse "bolo cinzento" de provas "mornas", "insípidas" ou "chatas" de onde "emergem felizmente" algumas provas "notáveis" ou "brilhantes" que "justificam a existência do concurso"[5]. A análise da retórica dissertativa permite

---

4. *Rapport d'agrégation masculine de grammaire*, 1957, p. 9.
5. E vê-se os professores constatarem com uma espécie de admiração que os candidatos vêm "muito naturalmente" se enfileirar segundo as categorias que são o produto das categorias da percepção professoral: abaixo de 5 sobre 20, o exercício é "nulo" e atrai geralmente o escárnio ou a indignação; de 6

apreender as formas anômicas de um discurso em eco que, procedendo por simplificação, descontextualização e reinterpretação, é determinado menos pela lógica do aprendizado cultural do que pela da aculturação tal como por exemplo os linguistas a apreendem na análise das línguas "crioulizadas". O discurso por alusão e elipse que caracteriza a dissertação modal supõe a cumplicidade em e pelo mal-entendido que define a relação pedagógica em sua forma tradicional: emitindo numa língua que é pouco ou nada compreendida, o professor não deveria, em boa lógica, compreender o que lhe retrucam os estudantes; entretanto, do mesmo modo que, como o observa Max Weber, a legitimidade estatutária do padre faz com que a responsabilidade do revés não recaia nem sobre o Deus nem sobre o padre, mas só sobre a conduta dos devotos, assim o professor que, sem confessá-lo e sem inferir todas as consequências, suspeita não ser perfeitamente compreendido pode, tanto quanto a sua autoridade estatutária não for contestada, considerar os estudantes como responsáveis quando não compreende suas palavras.

---

a 8, "medíocre" ou "consternador"; entre 9 e 11, ou, como se diz, "em torno da média", é o trejeito de descontentamento resignado que aprova tanto quanto reprova; de 12 a 15, prodigalizam as aprovações e, acima de 15, concede-se solenemente a palma de "brilhante". Através desse tipo de notação, o examinador exprime um julgamento simultaneamente sincrético e categórico, de sorte que, acreditando atribuir pontos, semipontos ou mesmo quartos de ponto, ele se contenta em definitivo em dividir a população em grandes massas, no interior das quais as hierarquias permanecem flutuantes. De acordo com o esquema eterno do elitismo, consagrado a se confirmar já que ele produz o que o confirma, só emergem do "conjunto do lote" "alguns indivíduos brilhantes", *rari nantes in gurgite vasto*, como poderiam dizer os relatórios de agregação: "A prova foi satisfatória na medida em que revelou talento ou ausência de talento" (*Agrégation féminine de lettres classiques*, 1959, p. 23). O ensino tradicional de letras não possui, ademais, o monopólio desse modo de pensar: "À parte alguns candidatos fora de série, dotados de uma personalidade surpreendente e às vezes brilhante, a prova deixa uma impressão de coisa cinzenta" (Reflexões dos júris sobre os trabalhos dos candidatos à ENA. *Epreuves et statistiques du concours de 1967*. Paris: Imprimerie Nationale, 1968, p. 9).

É toda a lógica de uma instituição escolar baseada sobre um trabalho pedagógico de tipo tradicional e que garante até o extremo "a infalibilidade" do "mestre", que se exprime na ideologia professoral da "nulidade" dos estudantes, essa mistura de exigência suprema e de indulgência desabusada que inclina o professor a supor todos os fracassos da comunicação, por inesperados que sejam, como constitutivos de uma relação que implica por essência a má recepção das melhores mensagens pelos piores receptores[6]. Se o estudante não consegue realizar um dever-ser que é apenas um "ser-para-o-professor", os malfeitos lhe cabem sempre na totalidade, seja por erro ou malignidade: "na boca dos candidatos", como dizem os relatórios de agregação, as mais brilhantes teorias se reduzem ao estado de monstruosidades lógicas, como se os estudantes, incapazes de compreender o que se lhes ensina, não tivessem outro papel do que ilustrar a inutilidade dos esforços que o docente prodigaliza e que continuará a prodigalizar apesar de tudo, por consciência profissional, com uma lucidez desabusada que duplica ainda seu mérito[7]. Como o mal nas teodiceias, a existência dos "maus estudantes", que é lembrada periodicamente, impede que todos se sintam no melhor dos mundos escolares

---

6. Antigos bons alunos que gostariam de só ter por alunos futuros professores, os docentes são predispostos por toda a sua formação e por toda a sua experiência escolar e entrar no jogo da instituição. Endereçando-se ao estudante tal como ele deveria ser, o professor desencoraja infalivelmente no estudante verdadeiro a tentação de reivindicar o direito de ser apenas o que ele é: não respeita ele, pelo crédito que lhe dá, o estudante fictício que alguns "alunos dotados", objetos de todos seus desvelos, autorizam-no a crer verdadeiro?

7. "A cada ano, a seu modo se reencontra, como uma caricatura inábil, a imagem deformada dos conselhos, ou dos ensinos dados por tal mestre" (*Agrégation masculine de lettres*, 1950, p. 10). "Ao acaso das provas, com resignação antes que com indignação, constata-se [...]" Para mostrar o tratamento destruidor que o estudante inflige a tudo o que toca, o discurso professoral oscila entre as metáforas da barbárie e as da calamidade natural: o estudante "devasta", "estraga", "tortura", "corrompe", "assola" a língua ou as ideias. "Quantas vezes se encontra odiosamente maltratado, violentado, esse texto delicado" (*Agrégation masculine de lettres modernes*, 1965, p. 22).

possíveis e ao mesmo tempo conduz a uma justificação de costumes pedagógicos que se desejam os melhores possíveis, pois essa justificação fornece a única desculpa irrecusável ao revés pedagógico, fazendo-o aparecer como inevitável.

Assim, a ilusão de ser compreendido e a ilusão de compreender podem se reforçar mutuamente, servindo-se reciprocamente de álibi, porque têm seu fundamento na instituição. Todos os condicionamentos da aprendizagem anterior e todas as condições sociais da relação de comunicação pedagógica fazem com que os estudantes sejam objetivamente destinados a entrar no jogo da comunicação fictícia, nem que para isso tenham que aderir à visão do mundo universitário que os lança na indignidade. Como no ciclo da Kula onde os braçais só circulam num sentido e as gargantilhas noutro, as boas palavras (ou as frases de espírito) vão sempre dos professores para os estudantes e a má linguagem (ou os gracejos de mau gosto) dos estudantes para os professores. Os estudantes são tanto menos levados a interromper o monólogo professoral quanto menos compreendam que a resignação estatutária à compreensão aproximativa é simultaneamente o produto e a condição de sua adaptação ao sistema escolar: já que se supõe que eles devem compreender, já que eles devem ter compreendido, não podem alcançar a ideia de que têm um direito de compreender, e devem por isso se contentar em rebaixar seu nível de exigências em matéria de compreensão. Como o padre que serve de fato a instituição quando, enquanto detentor do poder sobre os oráculos que lhe delega a instituição, consegue preservar a representação de sua infalibilidade fazendo recair sobre os fiéis o fracasso das práticas da salvação, assim o professor protege a instituição que o protege quando tende a se esquivar e a impedir a comprovação de um fracasso que, mais do que o seu, é o da instituição, e que ele não pode exorcizar, pela retórica estereotipada da censura coletiva, a não ser desenvolvendo a angústia da salvação.

Definitivamente, estudantes e professores não devem (respectiva e reciprocamente) superestimar a quantidade de informação que realmente circula na comunicação pedagógica, pelo fato de que eles o devem à instituição: reconhecendo-os como emissores ou destinatários legítimos da mensagem pedagógica, a Escola lhes impõe obrigações para com a instituição que são a contrapartida exata de sua dignidade de instituição comprovada pela presença na instituição[8]. E, escolhendo (sem que se trate, frequentemente, de um cálculo consciente) a conduta mais econômica ou mais rentável universitariamente (a mais "rendosa" como diz a gíria escolar), professores e estudantes não fazem senão obedecer às leis do universo escolar como sistema de sanções: além do fato de que não poderia adotar uma nova linguagem e uma nova relação com a linguagem sem operar uma dissociação dos conteúdos comunicados e da maneira de comunicá-los, que ele não pode conceber porque estavam indissociavelmente ligados na maneira como ele próprio os recebeu e assimilou, o professor não saberia medir exatamente a compreensão que os estudantes têm de sua linguagem sem o desmoronamento da ficção que lhe permite ensinar ao menor custo, isto é, como lhe ensinaram; e, mesmo que quisesse tirar todas as consequências pedagógicas de sua condição de ensinamento, ele se exporia a aparecer aos próprios olhos de seus estudantes como um

---

8. Se as relações entre os emissores e os receptores só exprimem, em última análise, a estrutura das relações objetivas que definem a situação pedagógica, conclui-se que elas podem acrescentar sua força própria a essas relações como se vê nos estados críticos do sistema, em que eles contribuem, dentro de certos limites, para perpetuar ficticiamente as aparências de uma comunicação cujas condições estruturais não mais existem: assim, a adesão dos mestres e dos estudantes à mesma visão psicológica, e portanto da relação pedagógica e, mais precisamente, a cumplicidade no mal-entendido, provam que as representações que os agentes se fazem de suas relações objetivas, vividas como relações interpessoais, possuem uma autonomia relativa em relação a essas relações objetivas, já que conseguem dissimular, até certo ponto, as transformações da estrutura das relações objetivas que as tornavam possíveis.

mestre-escola extraviado no ensino superior[9]. Quanto ao estudante, é preciso e é suficiente que ele se deixe levar pelo uso da linguagem à qual toda sua formação o predispôs, por exemplo na redação de uma dissertação para se beneficiar de todas as proteções e de todas as seguranças que visam o distanciamento do professor pelo recurso às falsas generalidades e às aproximações prudentes do "não-chega-a-estar-errado" que lhe valerão, como se diz, "uma nota entre 9 e 11", em suma, para evitar que se revele, segundo um código tão claro quanto possível, o nível exato de sua compreensão e de seus conhecimentos, o que o levaria imediatamente a pagar o preço da clareza[10]. Os estudantes podem sempre reescrever, pelo menos para o uso do professor, uma simulação de discurso seguido em que não se manifesta jamais qualquer contrassenso caracterizado, já que o gênero dissertativo que o sistema põe à sua disposição permite o exercício de uma *ars combinatoria* de segunda ordem e de segunda mão que, exercendo-se sobre um grupo limitado

---

9. A menos que essa tentativa insólita e incongruente lhe traga o prestígio tão falacioso do não conformismo, pelo que a instituição teria ainda razão contra ele.

10. Acontece, por exemplo nas classes preparatórias às grandes escolas, que as regras que definem a relação tradicional com a linguagem se explicitam nas máximas da prudência escolar, as quais provam que a "retórica superior" e a "retórica do desespero" supõem definitivamente a mesma relação com a linguagem. Sabe-se, por exemplo, que a ingenuidade das ingenuidades consistiria em "não se escrever nada sob pretexto de que não se sabe nada" e que "não há necessidade de saber grande coisa para 'tirar a média' em história", com a condição de saber se servir da cronologia sem manifestar as maiores lacunas. Evidentemente, essa prudência astuciosa comporta também seus riscos, como testemunha a aventura desse sujeito nascido em Kahl (Baviera) que, tendo lido na cronologia "Krach boursier à Vienne"*, dissertou sobre o *boursier* Krach. Quando os professores se divertem a propósito dessas pérolas, eles esquecem que essas falhas do sistema encerram a verdade. Se se imagina que a "elite universitária" foi formada nessa escola e se se vê todas as implicações éticas desses exercícios, compreende-se todo um lado do *homo academicus* e de suas produções intelectuais.

* "Colapso (*Krach*) na bolsa em Viena". O equívoco do candidato é ter entendido o termo *Krach* (em inglês, *crash*) como nome próprio [N.R.].

de átomos semânticos, só pode produzir cadeias de palavras mecanicamente ligadas. Intimado a defender-se com palavras num combate em que todas as palavras não são permitidas, eles frequentemente não têm outro recurso a não ser a retórica do desespero, regressão para a magia profilática ou propiciatória de uma linguagem em que as enfáticas palavras do discurso magisterial não são mais do que fórmulas ou palavras sacramentais de um ronronar ritual; o relativismo indigente, as exemplificações imaginárias e as noções indecisas, a meio caminho do abstrato e do concreto, do verificável e do inverificável, figuram entre as condutas evasivas que permitem minimizar os riscos, anulando a possibilidade de verdade ou de erro por meio da imprecisão. A imitação desesperada de desembaraço magisterial conduz, quando cessam de ser dadas as condições sociais de sua aquisição, a essas caricaturas de maestria em que, como nos *nativistic movements*, as variações reguladas cederam lugar às alterações mecânicas ou anárquicas.

Linguagem e relação com a linguagem

Mas compreender-se-ia que um tal sistema de ensino pudesse subsistir se ele não servisse ainda, pela forma tradicional de comunicação que instaura, as classes ou os grupos dos quais tira a sua autoridade, mesmo quando parece falhar tão completamente quanto às exigências inerentes à realização de sua função própria de inculcação? A liberdade que o sistema deixa aos agentes encarregados da inculcação seria tão grande se ela não tivesse por contrapartida as funções de classe que a Escola não cessa de cumprir mesmo quando seu rendimento pedagógico tende a se anular? Observou-se frequentemente, de Renan a Durkheim, o que um ensino tão ligado à transmissão de um estilo, isto é, um tipo de relação com a língua e com a cultura, deve à tradição humanista herdada dos colégios jesuítas, essa reinterpretação escolar e cristã das exigências mundanas de uma aristocracia que leva a fazer do desinteresse elegante em relação à tarefa profissional a forma acabada da realização de toda profissão elegante: mas não se compreenderia o valor eminente que o sistema francês outorga à aptidão literária e, mais precisamente, à aptidão de transformar em discurso literário toda experiência, a começar pela experiência literária, em suma o que define a maneira francesa de viver a vida literária – e às vezes mesmo científica – como uma vida parisiense, se não víssemos que essa tradição intelectual preenche ainda hoje em dia uma função social no funcionamento do sistema de ensino e no equilíbrio de suas relações com a esfera intelectual e com as diferentes classes sociais.

Sem jamais ser para ninguém, mesmo para os oriundos das classes privilegiadas, uma língua materna, a língua universitária, amálgama acrônico de estados anteriores da história da língua, está muito desigualmente afastada das línguas efetivamente faladas pelas diferentes classes sociais. Sem dúvida haveria algum arbitrário como já se observou, a "distinguir um número determinado de línguas faladas francesas, visto que os diversos estágios da sociedade interferem. Não obstante, existe nas duas extremidades da escala dois modos de falar bem definidos: o modo de falar burguês e o modo de falar vulgar"[11]. Comportando uma parte importante de empréstimos lexicológicos e mesmo sintáticos do latim que, importados, utilizados e impostos só pelos grupos letrados, escaparam por isso às reestruturações e às reinterpretações assimiladoras, constantemente controlada e travada em sua evolução pela intervenção normalizadora e estabilizadora de instâncias de legitimidade eruditas ou mundanas, a língua burguesa não pode ser adequadamente manejada exceto pelos que, graças à Esco-

---

11. DANURETTE, J. & PICHON, E. *Des mots à la pensée* – Essai de grammaire de la langue français. Tomo I. Paris: Linguísticos contemporâneos, 1931, p. 50.

la, puderam converter o domínio prático, adquirido por familiarização no grupo familiar, numa aptidão de segundo grau para o manejo quase erudito da língua. Considerando-se que o rendimento informativo da comunicação pedagógica é sempre função da competência linguística dos receptores (definida como domínio mais ou menos completo e mais ou menos erudito do código da língua universitária), a desigual distribuição entre as diferentes classes sociais do capital linguístico escolarmente rentável constitui uma das mediações mais bem-dissimuladas pelas quais se instaura a relação (que a pesquisa apreende entre a origem social e o êxito escolar, mesmo se esse fator não possui o mesmo peso, de acordo com a constelação dos fatores na qual se insere e, consequentemente, segundo os diferentes tipos de ensino e as diferentes etapas do curso. O valor social dos diferentes códigos linguísticos disponíveis numa sociedade dada e num momento dado (isto é, sua rentabilidade econômica e simbólica) depende sempre da distância que os separa da norma linguística que a Escola consegue impor na definição dos critérios socialmente reconhecidos de "correção" linguística. Mais precisamente, o valor no mercado escolar do capital linguístico de que dispõe cada indivíduo é função da distância entre o tipo de dominação simbólica exigido pela Escola e o domínio prático da linguagem que ele deve à sua primeira educação de classe[12].

Mas não poderíamos adquirir uma linguagem sem adquirir ao mesmo tempo uma *relação com a linguagem*: em matéria de cultura, a maneira de adquirir se perpetua no

---

12. Vê-se por exemplo que a complexidade da língua não é levada em conta somente na avaliação explícita das qualidades de forma que os exercícios de linguagem, redação ou dissertação hipoteticamente medem, mas também em toda avaliação de operações intelectuais (demonstração matemática tanto quanto decifração de uma obra de arte) que supõem o manejo de esquemas complexos para o qual estão desigualmente dispostos indivíduos dotados de um domínio prático da língua que predispõe desigualmente ao domínio simbólico em sua forma mais realizada.

que é adquirido sob a forma de uma certa maneira de usar essa aquisição, o modo de aquisição exprimindo mesmo as relações objetivas entre as características sociais daquele que adquiriu e a qualidade social do que é adquirido. Também é na relação com a linguagem que se encontra o princípio das diferenças mais visíveis entre a língua burguesa e a língua popular: no que frequentemente se descreveu como a tendência da língua burguesa à abstração e ao formalismo, ao intelectualismo e à moderação eufemística, é preciso ver antes de tudo a expressão de uma disposição socialmente constituída relativamente à língua, isto é, relativamente aos interlocutores e ao próprio objeto da conversação; a distância elegante, o desembaraço contido e o natural afetado que estão no princípio de todo código das maneiras mundanas se opõem à expressividade ou ao expressionismo da língua popular que se manifesta na tendência de ir diretamente do caso particular ao caso particular, da ilustração à parábola, ou de fugir da ênfase dos grandes discursos ou da afetação dos grandes sentimentos, pela zombaria, pelo atrevimento e pela impudicícia, maneiras de ser e de dizer características de classes às quais não são jamais completamente dadas às condições sociais da dissociação entre denotação objetiva e conotação subjetiva, entre as coisas vistas e tudo o que elas devem ao ponto de vista pelo qual são vistas[13].

---

13. Poder-se-ia, a fim de precisar a descrição da oposição entre a língua burguesa e a língua popular, apelar para as análises notáveis que Basil Bernstein e sua escola consagraram às diferenças entre a *formal language*, das "middle classes", e a *public language* da classe operária. Todavia, deixando de emitir os pressupostos implícitos da tradição teórica na qual se inscrevem suas análises (quer se tratasse da tradição antropológica de Sapir e Whorf, quer da tradição filosófica que vai de Kant a Cassirer, passando por Humboldt), Bernstein tende a reduzir as características intrínsecas da língua, tais como grau de complexidade sintática, diferenças cujo princípio unificador e gerador reside em tipos diferentes de relação com a linguagem, eles mesmos inseridos em sistemas diferentes de atitudes relativas ao mundo e aos outros. Se o *modus operandi* jamais se deixa compreender objetivamente a não ser no *opus operatum*, é preciso resguardar-se de reduzir o *habitus* produtor (isto é, nesse

É, por conseguinte, ao mesmo tempo na distância do domínio prático da linguagem transmitida pela primeira educação para o domínio simbólico exigido pela Escola e nas condições sociais da aquisição mais ou menos completa desse domínio verbal que reside o princípio das variações da relação com a linguagem escolar, relação reverencial ou liberta, tensa ou descontraída, afetada ou familiar, enfática ou natural, ostentativa ou comedida, que é um dos sinais distintivos mais seguros da posição social do locutor. A disposição para exprimir verbalmente os sentimentos e os julgamentos, que é maior quanto mais se eleva na hierarquia social, é apenas uma dimensão da disposição, cada vez mais exigida à medida que se se eleva na hierarquia escolar e na hierarquia das profissões, para manifestar, na própria prática, a aptidão para tomar suas distâncias relativamente à sua prática própria e à regra que rege essa prática: a despeito das aparências, nada se opõe mais à elipse ou à metáfora literária que é quase sempre suposta pelo contexto de uma tradição

---

caso, a relação com a linguagem) a seu produto (aqui uma certa estrutura da linguagem) sob pena de condenar-se a encontrar na língua o princípio determinante das atitudes, em suma, de considerar o produto linguístico como produtor das atitudes que o produzem. O realismo da estrutura que é inerente a uma tal sociologia da linguagem tende a excluir do campo da pesquisa a questão das condições sociais de produção do sistema das atitudes que comanda, entre outras coisas, a estruturação da língua. Para não se tomar senão um exemplo, os traços distintivos da língua das classes médias, tais como a hipercorreção falível e a proliferação dos sinais do controle gramatical, são índices entre outros de uma relação com a língua caracterizada pela referência ansiosa à norma legítima da correção acadêmica: a inquietude das boas maneiras, maneiras de mesa ou maneiras de língua, que trai a linguagem dos pequeno-burgueses, exprime-se ainda mais claramente na pesquisa ávida dos meios de adquirir as técnicas da sociabilidade da classe a que se aspira, manuais de civilidade ou guias de bons costumes. Vê-se que essa relação com a linguagem é parte integrante de um sistema de atitudes relativas à cultura que repousa sobre a pura vontade de respeitar uma regra cultural mais reconhecida do que conhecida e sobre o rigorismo da atenção à regra, essa boa vontade cultural que exprime em última análise as características objetivas da condição e da posição das camadas médias na estrutura das relações de classe.

letrada que as metáforas práticas e as "elipses por *deixis*", para falar como Bally, que permitem ao falar popular substituir toda ou parte da informação verbal pela referência implícita (ou gestual) à situação e às "circunstâncias" (no sentido de Prieto). Uma vez que os processos retóricos, os efeitos expressivos, as nuanças da pronúncia, a melodia da entonação, os registros do léxico ou as formas da fraseologia exprimem somente – como se sugere uma interpretação sumária da oposição entre a língua e a fala enquanto execução – as escolhas conscientes de um locutor preocupado com a originalidade de sua expressão, todos esses traços estilísticos traem sempre, na própria linguagem, uma relação com a linguagem que é comum a toda uma categoria de locutores porque é o produto das condições sociais de aquisição e de utilização da linguagem. Assim o esquivar-se da expressão usual e a pesquisa do torneio da frase rara, característicos da relação com a linguagem que os profissionais da escrita e da diferença pela escrita mantêm com a linguagem, não são mais do que a forma-limite da disposição literária relativamente à linguagem que é própria às classes privilegiadas, levadas a fazer da linguagem utilizada e da maneira de utilizá-la o instrumento de uma exclusão do vulgar em que se afirma sua distinção.

Ainda que, como tudo o que ressalta da modalidade do comportamento, a relação com a linguagem tenda a escapar à medida experimental tal como a pratica uma pesquisa empírica frequentemente tão rotineira na produção de seus questionários quanto na interpretação de seus resultados, não é impossível encontrar índices da modalidade do comportamento linguístico nas características objetivas da competência linguística medida por um teste de vocabulário[14]: assim, por exemplo, pode-se ler um índice de relações

---

14. Ignorar a distinção entre o comportamento e a modalidade do comportamento é condenar-se a identificar pura e simplesmente práticas ou opiniões que só estão separadas por sua modalidade; por exemplo, em matéria de política, há diferentes maneiras, ligadas à origem social, de ser e de se dizer

diferentes com a linguagem no fato de que os estudantes da Sorbonne – ou os estudantes oriundos das classes privilegiadas e *a fortiori* os estudantes da Sorbonne oriundos das classes privilegiadas – fossem proporcionalmente os mais numerosos entre os que arriscaram a definição de uma palavra inexistente, introduzida propositalmente num teste de vocabulário (*gerofagia*). Se se acrescenta que os estudantes que têm o passado escolar mais "brilhante" (estudos clássicos, menções no bacharelato etc.) hesitam menos frequentemente que os outros para definir o termo-armadilha, e que é a categoria privilegiada sob cada um dos aspectos procedentemente considerados quem produz mais definições imperturbavelmente prolixas desse termo com ressonâncias etnológicas, pode-se concluir que o desembaraço no manejo da linguagem pode levar até a leviandade quando está associado à confiança em que resulta da dependência a uma categoria privilegiada[15].

"da esquerda" que fazem toda a diferença entre os esquerdistas e os "direitistas contrariados", ou ainda, em matéria de arte, as diferentes maneiras de gostar ou de admirar uma mesma obra que se revelaria na constelação das obras conjuntamente admiradas ou por procedimento do discurso pelo qual se declara a admiração: tudo o que se põe sob o nome de cultura está em jogo nos "nadas" que separam a alusão cultivada do comentário escolar ou, mais sutilmente, as diferentes significações da aquiescência pela interjeição e pela mímica. Para os que só queiram ver nisso um *distinguo* sem consequência é preciso recordar que a modalidade de um "engajamento" revela, mais seguramente que o conteúdo manifesto das opiniões, as probabilidades de passagem ao ato porque exprime diretamente o hábito como princípio gerador das condutas e fornece por isso um fundamento mais seguro à previsão, sobretudo a longo prazo.

15. É fácil distinguir entre os discursos sobre o termo *gerofagia* duas fraseologias reveladoras das duas relações com a linguagem: "Ignoro a definição" (R p Pop) – "Não me evoca nada" (M p Med). "Gero (talvez velho?); fagia: ato de comer; por conseguinte quem come os velhos? (sob reserva)" (R p Med). "A etimologia indicaria talvez o fato de comer os velhos" (M p Med). A essas declarações em que se exprime seja lucidez seja a prudência escolar seja, mais precisamente, o cuidado de "dar o máximo" para tirar todo o partido de seus conhecimentos nos limites da prudência escolar, opõe-se uma fraseologia peremptória, arrogante, leviana ou rebuscada: "A etimologia é esta [...] Por

Do mesmo modo, a observação metódica do comportamento linguístico e gestual dos candidatos a um exame oral permite esclarecer alguns dos sinais sociais pelos quais se guia inconscientemente o julgamento professoral e entre os quais é preciso contar os índices da modalidade do manejo da língua (correção, acento, tom, pronúncia etc.), ela mesma ligada à modalidade da relação com o professor e com a situação do exame que se exprime na postura, nos gestos, na roupa, nos cosméticos e na mímica[16]. A análise imposta pelas necessidades da experimentação revela que não há nada, e sobretudo a apreciação dos conhecimentos e da competência, mesmo os mais técnicos, que não seja como que

---

conseguinte a gerofagia é o costume de comer os velhos entre certas tribos não prometeicas" (M P Sup). – "Se gero vem de geras, o ancião, gerofagia designa uma forma de antropofagia orientada por predileção para os elementos mais velhos de uma população X" (M P Sup). "Construído com o aoristo de –, alimentar-se: o fato de comer velhos, costume que se encontra em certas tribos primitivas" (M P Med) – "Comer gero como se come o antropo" (R P Sup). (R = rapaz, M = moça, P = Paris, p = província, Pop = classes populares, Med = classes médias, Sup = classes superiores).

16. Uma primeira observação metódica faz cf., por exemplo, que os sinais positivos ou negativos do desembaraço verbal ou postural (ação oratória, manifestações corporais da dificuldade ou da angústia tais como o tremer das mãos ou o enrubescer do rosto, maneira de falar, improvisando ou lendo as notas, maneiras que caracterizam a relação com o examinador, tal como o pedido de aprovação ou o distanciamento bem-educado etc.) parecem fortemente ligados entre si ao mesmo tempo que à origem social. Quaisquer que sejam os seus limites, essa experiência tem por efeito ao menos, porque supõe a postura inabitual da observação analítica, esclarecer certos fatores sociais da notação (conjunto dos sinais externos) ao mesmo tempo que os desvios de que se servem para agir apesar da censura que impede que sejam considerados expressamente: assim o embaraço ou a inaptidão dos estudantes das classes populares ou a boa vontade insistente dos estudantes das classes médias não podem intervir nas deliberações explícitas dos examinadores a não ser sob o disfarce de qualidades "psicológicas" tais como a "timidez" ou o "nervosismo". Só uma mensuração experimental desses índices pelos quais se regra inconscientemente a apreciação do valor dos candidatos permitiria revelar as implicações sociais das categorias da percepção universitária que se exprimem na terminologia da jurisprudência professoral, relatórios de júris de concursos ou anotações colocadas às margens das provas e nos boletins escolares.

contaminado pelo sistema das impressões convergentes ou, mais exatamente, redundantes que se assentam sobre uma mesma disposição global, isto é, sobre o sistema de *maneiras* características de uma posição social[17]. Assim, por oposição ao desembaraço que é dito "forçado", particularmente frequente entre os alunos das classes médias e populares que se esforçam, pela volubilidade da fala e não sem várias discordâncias de tom, para conformar-se às normas da verbalização universitária, o desembaraço que é dito "natural" afirma o domínio bem-dominado da linguagem na desenvoltura da fala, na igualdade do tom e na litotes estilística que são testemunhos da arte de dissimular a arte, maneira suprema de sugerir, pelos temperamentos levados à tentação de falar bem, a excelência potencial de sua declamação. Se a relação laboriosa com a linguagem em que se manifesta a angústia de impor e de se impor está inconscientemente catalogada como desembaraço do pobre ou, o que vem dar no mesmo, ostentação de novo rico, é que ela deixa muito claramente transparecer sua função de fazer prevalecer para não ser suspeita de vulgaridade interessada aos olhos de docentes ligados à ficção prestigiosa de um intercâmbio que, mesmo no exame, permaneceria sendo um fim em si mesmo.

A oposição entre esses tipos de relação com a linguagem reenvia à oposição entre dois modos de aquisição do domínio verbal o modo de aquisição exclusivamente escolar que condena a uma relação "escolar" com a língua escolar e o modo de aquisição através da familiarização insensível, o único capaz de produzir completamente o domínio prático da

---

17. É sobre este sistema de maneiras como soma de índices infinitesimais de "qualidades" indissociavelmente intelectuais e morais que se guia a percepção social do "espírito" próprio a tal ou qual formação: "No seminário, dizia Stendhal, é o modo de comer um ovo quente o que anuncia os progressos feitos na vida devota". Não é outra coisa o que a literatura edificante das associações dos "antigos alunos" se esforça por evocar, encantadoramente, às vezes desesperadamente: "O espírito H.E.C. é uma maneira de pensar, é uma feição do espírito [...], um modo de se comportar na existência". E seria interminável citar as dissertações pomposas ou as conversas sentenciosas sobre as maneiras do normalista ou as virtudes do politécnico.

língua e da cultura que permite as alusões e as cumplicidades cultivadas[18]. Tudo opõe a experiência do universo escolar a que se destina uma infância passada no universo familiar em que as palavras definem a realidade das coisas à experiência de irrealidade proporcionada aos oriundos das classes populares pela aquisição escolar de uma linguagem própria para desrealizar tudo que fala porque ela produz toda a sua realidade: a linguagem "maltratada" e "correta", isto é, "corrigida", da sala de aula se opõe à linguagem que as anotações à margem designam como "familiar" ou "vulgar" e, mais ainda, à antilinguagem do internato onde as crianças originárias das regiões rurais, ao defrontarem-se com a experiência simultânea forçada e da contra-aculturação subterrânea só têm escolha entre ficarem divididas e se resignarem à exclusão.

Não há sem dúvida melhor índice das funções objetivas do sistema de ensino francês que a preponderância quase absoluta que ele outorga à transmissão oral e à manipulação das palavras em detrimento de outras técnicas de inculcação ou de assimilação. A desproporção às salas de trabalhos práticos e de leitura ou ainda a dificuldade extrema do acesso aos instrumentos da aprendizagem, livros ou aparelhagens, trai a desproporção entre o aprendizado por ouvir dizer e o aprendizado por partes através da discussão regrada, do exercício, da experimentação, da leitura ou da produção de trabalhos[19]. Mais precisamente, esse primado da transmissão

---

18. É significativo que para distinguir o bilinguismo autêntico do bilinguismo erudito, isto é, escolar, certos linguistas possam recorrer ao critério do desembaraço, "the native-like control of two languages", como diz Bloomfield (BLOOMFIELD, L. *Language*. Nova York, 1933, p. 56).

19. Pode-se ver um índice da influência da transmissão oral sobre a aprendizagem escolar no fato de que a aula tende, de uma maneira desigual segundo as categorias de estudantes (de acordo com a lei geral das variações de atitudes segundo o sexo, a residência e a origem social), a se sobrepor a qualquer outro meio de aquisição, a começar pela leitura, como dá provas o valor que se dá às notas de aula, objeto de leituras e de releituras, de permutas e de empréstimos.

oral não esconde que a comunicação se realiza através de uma fala dominada pela língua escrita como se prova pelo valor eminente conferido às regras da expressão escrita e da estilística letrada que tendem a se impor a todo discurso regrado e sancionado pela instituição universitária, quer se trate das aulas ou das produções orais dos candidatos: num universo escolar em que o ideal é "falar como um livro", o único discurso plenamente legítimo é aquele que supõe, em cada um de seus momentos, todo o contexto de cultura legítima e somente isso[20].

A hierarquia das tarefas pedagógicas tal como ela se manifesta objetivamente na organização da instituição e na ideologia dos agentes não é menos reveladora. De todas as obrigações professorais, a transmissão pela fala letrada é a única que se ressente como imperativo incondicional; ela também conduz às tarefas de controle do trabalho dos estudantes, como a correção das provas, que é comumente tida como o lado obscuro do ato de ensinar, relegada aos assistentes, salvo que se dá a ocasião de exercer o poder soberano de um jurado de grande concurso. As denominações dos diferentes graus universitários são a prova de que está cada vez mais legitimado a falar a língua legítima da instituição à medida que se eleva na hierarquia: o assistente fará sempre "trabalhos práticos" mesmo quando não se faz senão falar; o supervisor de ensino dá instruções de ensino e o mestre de conferências, que não faz outra coisa que o precedente, faz,

---

20. Seria fácil mostrar que a língua universitária francesa obedece, mais completamente do que a língua erudita associada a outras tradições de ensino, às regras implícitas do escrito: sem falar da inibição dos produtos da educação francesa ante a utilização das línguas estrangeiras que eles preferem não falar se não podem falá-las como se deveria escrevê-las, a dissertação em três pontos, a organização de cada parte do discurso (e em particular da aula de catedrático, com frequência diretamente confiada à publicação) segundo um plano que supõe a cada instante a referência ao conjunto, tem por modelo e frequentemente por condição prévia o discurso escrito com as emendas e as corrigendas (rascunhos) que ele permite.

entretanto, conferências, enquanto só o professor dá lições presumidamente magisteriais[21]. Esse sistema estratificado de "termos de referência" dissimula, sob as aparências de uma divisão técnica das tarefas, uma hierarquia dos graus de excelência na realização de uma só e mesma função que permanece idealmente tida por indivisível, mesmo se a duração dos tempos e das necessidades do serviço obrigam os detentores exclusivos do titulariado a distribuí-la entre o grupo cada vez mais numeroso dos coadjutores[22].

A relação com a linguagem e com o conhecimento que está implicado no primado outorgado à palavra e à manipulação erudita das palavras constitui, para o corpo professoral, o meio mais econômico, porque o mais conforme à sua formação passada, de adaptar-se às condições institucionais

---

21. Quanto ao professor não universitário, ele "dá", prosaicamente, "a aula", isto é, faz seu trabalho. Nada de espantoso se os estudantes cuja origem social predispõe à desenvoltura elegante traem em suas condutas o desprezo aristocrático pelo trabalho subalterno (reflexo) da oposição universitária entre o ato intelectual perfeitamente realizado e as diligências laboriosas do trabalho pedagógico), já que a instituição escolar relega objetivamente à última fila de sua hierarquia e a inculcação metódica das técnicas materiais e intelectuais do trabalho intelectual e da relação técnica com essas técnicas.

22. A política de recrutamento que conduziu a multiplicar, desde 1960 aproximadamente, os docentes subalternos e suplentes nas faculdades, enquanto que as regras que definem o acesso ao grau de professor titular continuavam inalteradas, não seria imposta com tal facilidade se a instituição tradicional não produzisse as condições dessa política e os agentes mais dispostos a nela se reconhecerem: os detentores do poder universitário tiravam vantagem de uma expansão de segunda qualidade que estendia o alcance de sua autoridade sem colocá-la em perigo; os que arcavam com a economia assim realizada encontravam o modelo tradicional da promoção por antiguidade as razões para se identificar por antecipação, a título de eventuais sucessores, com o mestre inacessível (como prova sua submissão resignada e às vezes militante à automortificação da tese interminável); e mais profundamente, uns e outros encontrariam numa organização universitária que, à maneira da corporação medieval, não conhece outro princípio de divisão do trabalho a não ser a distinção hierárquica entre os graus de um *gradus*, um estímulo para julgar como natural ou para ter por inevitável o prolongamento indefinido de uma carreira em etapas indefinidamente multiplicadas.

do exercício da profissão e, em particular, à morfologia do espaço pedagógico e à estrutura social do público: "Duas vezes por semana, durante uma hora, o professor deve comparecer diante de um auditório formado ao acaso, composto frequentemente de duas aulas sucessivas, de pessoas completamente diferentes. Ele deve falar, sem preocupar-se com as necessidades específicas dos alunos, sem estar informado do que eles sabem, do que eles não sabem [...]. As longas deduções científicas que exigem que se tenha seguido toda uma série de raciocínios devem ser afastadas [...]. Abertos a todos, transformados no teatro de uma espécie de concorrência cujo fito é atrair e reter o público, o que são os cursos superiores assim entendidos? Brilhantes exposições, "recitações" à maneira dos declamadores da decadência romana [...]. Essa porta que bate, que durante toda a aula não cessa de abrir-se e de fechar-se, esse vaivém perpétuo, esse ar desocupado dos ouvintes, o tom do professor quase nunca didático, às vezes declamatório, essa habilidade de buscar os lugares-comuns sonoros que não trazem nada de novo, mas que fazem infalivelmente luzir os sinais do assentimento, tudo isso parece estranho e singular"[23]. Mais

---

23. RENAN, E. *Questions contemporaines*. Paris: Calmann-Lévy, 1868, p. 90-91. Não só se observa de modo muito geral que, à medida que se eleva na hierarquia das profissões, a definição socialmente aprovada do exercício realizado da profissão implica na distância indiferente em relação à tarefa, isto é, em relação à definição básica (e subalterna) da tarefa, como também que os professores devem contar, particularmente no ensino superior, com uma imagem de realização realizada de sua profissão que tem a objetividade de uma instituição, a única que poderia explicar completamente uma história social da posição da fração intelectual no interior das classes dominantes e da posição dos universitários no interior dessa fração (isto é, na esfera intelectual). Mas acima de tudo, uma análise completa das funções dessas práticas e dessas ideologias deveria levar em conta os serviços muito palpáveis que elas prestam a tal ou qual categoria de docentes num estado dado do sistema de ensino. Assim condutas que, como a recusa declarada de controlar a assiduidade dos estudantes ou de exigir a entrega pontual dos deveres, oferecem um meio de realizar a baixo custo a imagem do docente de qualidade para discípulos de qualidade, permitem também a docentes

geralmente, não se poderia compreender o estilo próprio da vida universitária e intelectual na França ignorando-se que um modo de inculcação que tende a reduzir a ação pedagógica a um encantamento verbal ou a uma exibição típica está particularmente conforme aos interesses de um corpo de professores diretamente submissos, sobretudo hoje em dia, aos modelos do campo intelectual e fortemente intimados a se afirmar como intelectuais em sua própria prática pedagógica. Nada exclui sem dúvida que o curso superior possa preencher funções diferentes ou mesmo opostas àquelas que lhe são impostas por uma pedagogia tradicional, por exemplo quando, numa fase de iniciação, ele permite transmitir de maneira econômica as preliminares da comunicação e do trabalho pedagógicos, ou, num ensino de pesquisa, uma síntese teórica ou uma problemática, ou ainda quando, registrado, ele se torna o simples suporte técnico de exercícios repetidos; todavia em razão do peso que ele detém no sistema dos meios de inculcação e em razão da relação com a linguagem e com o conhecimento que ele determina, o curso magistral *à francesa*, equilíbrio bem temperado entre a compilação leve e a criação sem exagero, permite e produz, até em suas imitações mais desesperadas, um duplo jogo com as normas às quais ele simula submeter-se, as exigências da clareza escolar dispensando a minúcia das referências eruditas, as aparências dispensando a pesquisa original e a aparência da improvisação criadora podendo em qualquer caso dispensar tanto a clareza como a erudição. Vê-se que as condições institucionais da comunicação pedagógica autorizam e favorecem um carisma professoral (se se permite essa combinação de palavras) capaz de impor essas súmulas escolares que, durante o período de um reinado ou de uma

---

condenados, sobretudo nas posições subalternas, ao duplo jogo permanente entre as atividades de ensino e as atividades de pesquisa, diminuir sua carga de trabalho e encontrar assim uma solução prática para a situação que lhe é criada nas faculdades e nas disciplinas mais pletóricas.

dinastia universitária, se superpõem a todas as obras que elas pretendem conservar e ultrapassar[24].

Compreende-se também que tantos intelectuais dependentes ou aspirantes manifestam até em seus comportamentos menos marcados, aparentemente pela Escola, sua submissão ao modelo dominante da relação com a linguagem e com a cultura. É apenas um paradoxo aparente que a cultura dita livre encerre a verdade da cultura escolar ou, mais precisamente, que é nos discursos menos escolares dos intelectuais mais libertos das sujeições de escola onde melhor se exprime a relação complacente com a cultura que encoraja e reconhece uma Escola destinada por delegação a reclamar para si a depreciação de tudo o que cheira a escola, a começar pela relação escolar com a cultura: se a cultura parisiense da moda desaparece desde que se queira submetê-la a uma prova de conhecimento, é porque ela deve sua estrutura inconsistente às condições de sua aquisição, quer se trate dos breves encontros com os homens, as obras e aqueles que falam de uns e de outros, quer da frequência hebdomadária das gazetas semimundanas; é também, e sobretudo, porque a relação com a cultura que se adquire em tais condições é adequada para se realizar nos domínios

---

24. Kant, cuja posição histórica o predispôs a perceber os primeiros sinais de revolta romântica contra o racionalismo iluminista e em particular contra sua confiança nos poderes da educação, descreve bem os efeitos de *carisma de instituição* que autoriza a ideologia da inspiração e do gênio criador: "Mas sob a insígnia do gênio se impôs uma espécie de homens chamados *geniais* (que são antes imitadores do gênio); essa espécie fala a linguagem dos espíritos que a natureza favoreceu de modo especial; ela considera uma embrulhada as fadigas do aprendizado e da pesquisa, alegando ter adquirido num abrir e fechar de olhos o espírito das ciências e só oferecê-lo concentrado em pequenas doses energéticas. Essa raça, como a dos charlatães e dos saltimbancos, acarreta um grave prejuízo ao progresso da cultura científica e moral, quando, do alto das cadeiras da sabedoria, passa por cima da religião, da política e da moral, pretendendo assim dissimular a miséria de seu espírito. Que fazer senão rir deles e seguir pacientemente o seu caminho, na aplicação, na ordem e na clareza, sem olhar para esses cabotinos?" (KANT, E. *Anthropologie*. Paris: Vrin, 1964, p. 89-90 – Trad. M. Foucault).

abandonados à conversação elegante ou à discussão boêmia e destinados aos trejeitos classificatórios da conversa de salão ou às taxinomias planetárias que confundem num relance a direita e a esquerda em arte ou em filosofia com a direita e a esquerda em política. Mas seria ingênuo crer que a função de distinção social da relação cultivada com a cultura esteja exclusivamente e para sempre ligada à "cultura geral" em sua forma "humanista": os prestígios da econometria, da informática, da pesquisa operacional ou do último dos estruturalismos podem, tão facilmente quanto o conhecimento dos clássicos ou das línguas antigas numa outra época, servir de atavio mundano ou de instrumento de êxito social: que se reflita nos tecnocratas que espalham de colóquio em colóquio conhecimentos adquiridos nos colóquios, nos ensaístas que tiram de uma leitura diagonal das páginas mais gerais das obras menos especializadas dos especialistas a matéria de discursos gerais sobre os limites inerentes à especialização dos especialistas, ou nos dândis do cientificismo, mestres na arte da alusão "chique" que é suficiente hoje em dia para situar qualquer um nos postos avançados das ciências de vanguarda, purificadas só por isso do pecado plebeu do positivismo.

Conversação e conservação

Porém explicar só pelos interesses do corpo professoral ou, mais ingenuamente ainda, pela procura do prestígio ou de satisfações de amor-próprio, práticas ou ideologias cuja possibilidade e probabilidade estão objetivamente inscritas na estrutura da relação de comunicação pedagógica e nas condições sociais e institucionais de seu exercício, seria esquecer que um sistema de ensino deve, para preencher sua função social de legitimação da cultura dominante, obter o reconhecimento da legitimidade de sua ação, ao menos sob a forma do reconhecimento da autoridade dos mestres encarregados de inculcar essa cultura. Se a referência ao caso-limite de um sistema de ensino que não teria outra função técnica a não ser sua função social de legitimação da cultura e da relação com a cultura das classes dominantes permite o esclarecimento de certas tendências do sistema francês, é que esse sistema só pode comunicar concedendo um tal lugar ao verbo porque tende sempre a conferir o primado da função social da cultura (científica ainda que literária) sobre a função técnica da competência. Se o discurso magisterial não devesse mais ser escutado – ou mesmo entendido – senão pela autoridade da instituição, imporia ao menos a autoridade da instituição, que o torna possível, e a legitimidade de seus destinatários de fato. "O que permanece quando tudo se esqueceu" é uma relação com a cultura definida pelo direito de esquecer que implica o fato de ter conhecido, ou melhor, de ser socialmente reconhecido como tendo aprendido: que resta, com efeito, da longa frequência dos textos antigos ou do comércio prolongado com os autores clássicos senão o direito de compreender sem ruborizar as páginas rosas do dicionário e, num grau mais alto da consagração escolar, o desembaraço e a familiaridade característicos dessas "relações de pai célebre com os filhos ou sobrinhos" que Giraudoux empresta complacentemente aos normalistas, esses "familiares das grandes morais, das grandes estéticas, dos grandes autores"?

Concedendo ao docente o direito e o poder de desviar em proveito de sua pessoa a autoridade da instituição, o sistema escolar assegura-se o mais seguro meio de obter do funcionário que ele coloque todos os seus recursos e todo o seu zelo pessoal a serviço da instituição e, por isso, da função social da instituição. Que ele o queira ou não, que ele o saiba ou não, o professor deve se definir em relação à definição social de uma prática que, em sua forma tradicional, não pode prosseguir sem alguma ação dramática: ainda que ela suponha para se realizar a autoridade pedagógica, a ação pedagógica deve, por um círculo aparente, obter o reconhecimento de sua autoridade em e pela realização do trabalho de inculcação. Forçado a ilustrar a qualidade de sua função e da cultura que ele comunica pela qualidade de sua maneira pessoal de comunicá-la, o professor deve ser dotado pela instituição dos atributos simbólicos da autoridade ligada a seu cargo (a começar pela "farda do discurso" que é para o professor o que o avental ou o jaleco branco é para o cozinheiro, para o cabeleireiro, para o garçom do café ou para o enfermeiro), para poder se dar à elegância de renunciar ostensivamente às proteções mais visíveis da instituição acentuando os aspectos da tarefa que, como os gestos do cirurgião, do solista ou do acrobata, são os mais indicados a manifestar simbolicamente a qualidade única do executante e da execução: as façanhas mais tipicamente carismáticas, como a acrobacia verbal, a alusão hermética, as referências desconcertantes ou a obscuridade peremptória assim como as receitas técnicas que lhes servem de suporte ou de substituto, como a dissimulação das fontes, a introdução de gracejos preparados ou o evitar das expressões comprometedoras, devem sua eficácia simbólica à situação de autoridade que lhe confere instituição. E se a instituição tolera e encoraja tão fortemente o jogo com os auxiliares ou mesmo com os regulamentos institucionais, é porque a ação pedagógica deve sempre transmitir, além de um conteúdo, a afirmação do valor desse conteúdo e que porque não há melhor meio para consegui-lo que o de desviar em favor da coisa comunicada o prestígio que a maneira insubstituível de comunicá-la proporciona ao autor intercambiável da comunicação.

Mas, definitivamente, autorizar os jogos com a regra institucional que, à maneira das liberdades com o programa implicitamente inscritas no programa, contribuem mais do que uma imposição sem nuança nem distância da regra para impor o reconhecimento inconsciente da regra, é inculcar, através de uma relação com o docente, uma relação com a instituição escolar e, através dessa, uma relação com a linguagem e com a cultura que não é outra senão a das classes dominantes. Assim, a astúcia da razão universitária pela qual a instituição induz o docente a servir à instituição dispondo-o a se servir da instituição serve definitivamente a uma função de conservação social que a razão universitária não conhece e que em todo caso não pode reconhecer: se a liberdade que o sistema de ensino deixa ao docente é o melhor modo de obter dele que ele sirva ao sistema, a liberdade que é deixada ao sistema de ensino é a melhor maneira de obter dele que ele sirva à perpetuação das relações estabelecidas entre as classes, porque a possibilidade desse desvio dos fins está inscrita na própria lógica de um sistema que preenche mais perfeitamente a sua função social quando parece perseguir exclusivamente seus próprios fins.

Para estabelecer de outro modo que a relação com a linguagem e com a cultura, essa soma infinita de diferenças infinitesimais nas maneiras de fazer ou de dizer que parece a expressão mais perfeita da autonomia do sistema escolar e da tradição erudita, resume sob uma certa relação o conjunto das relações que unem esse sistema à estrutura das relações entre as classes, é suficiente imaginar todas as preliminares objetivamente pressupostas pela instauração de uma outra relação com a linguagem no conjunto das práticas escolares[25]. Assim, não se pode imaginar um professor que mantivesse com seu discurso, com o discurso de seus alunos e com

---

25. Essa variação imaginária supõe que, noutro contexto histórico, a cultura poderia ser dissociada da relação com a cultura, isto é, do modo de aquisição por familiarização que a ideologia burguesa coloca como constitutivo da *natureza da cultura*, recusando reconhecer como cultivada toda relação com a cultura, exceto a "natural". Longe de justificar a tentação populista de canonizar pura e simplesmente a cultura popular pelo reconhecimento escolar, a comprovação da harmonia preestabelecida entre a relação com a cultura reconhecida pela Escola e a relação com a cultura de que as classes dominantes possuem o monopólio obriga, quando se tira todas as consequências, a reformular completamente a questão das relações entre a cultura erudita e a cultura das classes dominantes já que a Escola consagra a cultura dominante tanto pela relação com a cultura que ela supõe e consagra quanto pelo conteúdo da cultura que transmite.

a relação de seus alunos com o seu próprio discurso uma relação perfeitamente despojada de todas as complacências e livre de todas as cumplicidades tradicionais sem lhe reconhecer ao mesmo tempo a aptidão para subordinar toda sua prática pedagógica aos imperativos de uma pedagogia perfeitamente explícita, capaz de executar efetivamente os princípios logicamente implicados na afirmação da autonomia do modo propriamente escolar de aquisição. Com efeito, um ensino que fosse expressamente orientado para reduzir ao mínimo o mal-entendido sobre o código através de uma explicitação contínua e metódica opõe-se frontalmente aos ensinos que se podem dispensar de ensinar expressamente o código emissor porque se dirigem, através de uma espécie de subentendido fundamental, a um público preparado por uma familiaridade insensível para compreender os subentendidos. Um trabalho pedagógico expressamente orientado pela pesquisa metódica de sua maior produtividade tenderia pois a reduzir conscientemente a distância entre o nível de emissão e o nível de recepção, seja se elevando o nível de recepção ao comunicar ao mesmo tempo a mensagem e o código de sua decifração numa expressão (verbal, gráfica ou gestual) cujo código já é dominado pelo receptor, seja se reduzindo provisoriamente o nível de emissão de acordo com um programa de progressão controlada em que cada mensagem tenha por função preparar a recepção da mensagem do nível de emissão superior, conseguindo assim produzir uma elevação contínua do nível de recepção, ao dar aos receptores os meios de adquirir, pela repetição da emissão e pelo exercício, a posse completa do código[26].

---

26. Uma ação orientada para a pesquisa expressa de uma elevação do nível de recepção se distingue do rebaixamento puro e simples do nível de emissão que, salvo exceção, caracteriza a vulgarização e, mais ainda, as concessões demagógicas de um ensino (ou de toda outra forma de difusão cultural) que pretende fazer a economia do trabalho pedagógico regulando de uma vez por todas o nível de emissão por um estado dado do nível de recepção. Se se admite com efeito que um sistema de ensino deve sempre contar com uma

A maximização da produtividade do trabalho pedagógico suporia afinal de contas não somente o reconhecimento da distância entre as competências linguísticas do emissor e do receptor, mas ainda o conhecimento das condições sociais de produção e de reprodução dessa distância, isto é, o conhecimento tanto dos modos de aquisição das diferentes linguagens de classe quanto dos mecanismos escolares de consagração e portanto de perpetuação das diferenças linguísticas entre as classes. Vê-se imediatamente que, salvo atribuí-la aos acasos ou aos milagres das conversões individuais, não se pode esperar uma tal prática senão de professores objetivamente forçados a satisfazer a uma exigência própria e exclusivamente pedagógica; dito de outra maneira, seria preciso criar-se uma ação pedagógica orientada para a inculcação de uma outra relação com a linguagem e com a cultura, isto é, subordinada aos interesses objetivos de um público diferente e dos docentes recrutados e formados para satisfazer às exigências de postos profissionais tecnicamente – e não apenas hierarquicamente – diferenciados, e por conseguinte próprios para cercearem o jogo dos álibis circulares que permite a indiferenciação tradicional das tarefas de ensino,

---

definição social da competência tecnicamente exigível, isto é, assegurar de qualquer maneira a inculcação de um mínimo compreensível de informação e de formação, vê-se que é impossível reduzir indefinidamente a quantidade de informação emitida a fim de minimizar o desperdício, como o faz certo ensino não diretivo que pode se orgulhar de uma taxa elevada de assimilação, mas ao preço de uma redução considerável da quantidade de informação assimilada. Um trabalho pedagógico é, pois, tanto mais produtivo, ao mesmo tempo absoluta e relativamente, quanto satisfaz mais completamente duas exigências contraditórias das quais nenhuma pode ser completamente sacrificada: em primeiro lugar, maximizar a quantidade absoluta de informação emitida, o que pode conduzir a minimizar a redundância e a buscar a concisão e a densidade (não confundir com a elipse por omissão e subentendido do ensino tradicional); em segundo lugar, minimizar o desperdício, o que pode exigir, entre outras técnicas, o aumento da redundância como repetição consciente e calculada (não confundir com a redundância tradicional como variação musical sobre alguns temas).

de pesquisa e mesmo de gestão[27]. Em suma, só um sistema escolar que servisse um outro sistema de funções externas e, correlativamente, um outro estado da relação de força entre as classes, poderia tornar possível uma tal ação pedagógica.

Se o sistema de ensino francês perpetua e consagra um privilégio cultural fundado sobre o monopólio das condições de aquisição da relação com a cultura que as classes privilegiadas tendem a reconhecer e a impor como legítima, na medida em que elas possuem o seu monopólio, é que a relação com a cultura que ele reconhece não está completamente dominada a não ser quando a cultura que ele inculca foi adquirida por familiarização; é também que o modo de inculcação que ele instaura permanece, a despeito de sua especificidade relativa, em continuidade com o modo de inculcação da cultura legítima cujas condições sociais só são

---

27. Sem chegar a determinar uma reestruturação tão radical, as transformações da tecnologia pedagógica (meios audiovisuais, ensino programado etc.) tendem a desencadear no sistema de ensino um conjunto sistemático de transformações. Sem dúvida é preciso evitar de conferir às mudanças da base tecnológica da comunicação pedagógica a função de uma instância automaticamente determinante, o que significaria ignorar a dependência dos meios técnicos em relação ao sistema das funções técnicas e sociais do sistema de ensino (a televisão em circuito fechado podendo não ter outro efeito que o de acentuar até ao absurdo as características tradicionais da aula expositiva); todavia, na medida em que afeta a relação pedagógica no que ela tem de mais específico, a saber, os instrumentos da comunicação, a transformação da tecnologia da ação pedagógica tem oportunidade de afetar a definição social da relação pedagógica e, em particular, do peso relativo entre a emissão e o trabalho de assimilação, já que, com a possibilidade de registrar antecipadamente uma mensagem que poderá ser indefinidamente reemitida, o ensino encontra-se liberado das sujeições de tempo e de lugar e tende a se centrar não mais sobre os emissores, mas sobre os receptores que dele dispõem segundo o seu tempo livre e sua vontade. Assim, o efeito próprio das gravações é o de determinar um reforço do controle sobre a emissão e uma transformação do sistema das exigências recíprocas, os estudantes tendendo, por exemplo, a declarar "inúteis" os efeitos mais caros do professor tradicional, como os gracejos ou as anedotas, enquanto os professores são constrangidos a uma autocensura reforçada pelo desaparecimento das proteções que lhes davam a fugacidade irreversível das palavras.

dadas às famílias que têm como cultura a cultura das classes dominantes. Vê-se em primeiro lugar que, sem dar explicitamente o que exige, ele exige uniformemente de todos aqueles que acolhe que tenham o que ele não dá, isto é, a relação com a linguagem e com a cultura que produz um modo de inculcação particular e somente esse. Vê-se em segundo lugar que, perpetuando um modo de inculcação tão diferente quanto possível do modo familiar, ele dá uma formação e uma informação que só podem ser recebidas por aqueles que têm a formação que ele não dá. Assim, a dependência do sistema tradicional relativa às classes dominantes se manifesta diretamente no primado que ele determina a relação com a cultura sobre a cultura e, entre os tipos possíveis de relação com a cultura, o primado daquele que ele não pode jamais produzir completamente: é a verdade última de sua dependência relativa às relações de classes que o sistema de ensino revela quando desvaloriza as maneiras muito escolares dos que lhe devem suas maneiras, desaprovando, portanto, a sua maneira de produzir maneiras e reconhecendo ao mesmo tempo a sua impotência para afirmar a autonomia de um modo propriamente escolar de produção.

Do mesmo modo que a conduta econômica de tipo tradicional se define como uma prática objetivamente econômica que não pode jamais se afirmar como tal e que não pode em consequência se colocar explicitamente a questão de sua adequação perfeita e seus fins objetivos, também o trabalho pedagógico de tipo tradicional pode se definir como uma *pedagogia em si*, isto é, como uma prática pedagógica que ignora ou exclui o cálculo racional dos meios mais adequados para preencher as funções que ela afirma objetivamente por sua própria existência. A depreciação escolar da maneira escolar da qual a tradição universitária francesa nos dá um bom exemplo e que se reencontraria tanto no debate instituído pelas escolas gregas sobre a possibilidade de ensinar a excelência quanto no culto confucionista do amadorismo é tão universalmente difundida porque manifesta a contradição inerente a instituições escolares que não podem renegar sua função pedagógica sem se negar como escolas nem reconhecê-la completamente sem se negar como escolas tradicionais: "o antiacademismo acadêmico" das épocas Ming e Ch'ing mantêm com as convenções formais as receitas, as restrições e as prescrições que definem na tradição da pintura erudita a mesma relação que a exaltação professoral da inspiração criadora mantém com a didática rotineira dos professores de letras, piedosos curas do gênio tão afastados de fazer o que pregam quanto de pregar o que fazem[28]. Mas a contradição aparente entre a realidade das tradições eruditas ou escolas tradicionais e a ideologia da inspiração, que talvez nunca se afirme com tanta insistência quanto nos sistemas escolares mais rotineiros, não esconde que o culto escolar da relação não escolar com a cultura, por escolar que esta seja, está predisposto a assumir uma função conservadora, já que, até em suas omissões, a ação escolar de tipo tradicional serve automaticamente os interesses pedagógicos das classes que necessitam da Escola para legitimar escolarmente o monopólio de uma relação com a cultura que elas não lhe devem jamais completamente.

Fazendo ver as relações que unem, nas situações históricas mais diferentes, a cultura das classes dominantes e a pedagogia tradicional ou, mais precisamente, as relações de afinidade estrutural e funcional que ligam o sistema de valores de toda classe privilegiada (levada à estilização de uma cultura reduzida a um código de maneiras) e os sistemas escolares tradicionais destinados à reprodução da maneira legítima de usar a cultura legítima, a comparação histórica permite compreender os aspectos do sistema francês em que

---

28. LEVENSON, J.R. *Modern China and ist confucian past*. Nova York: Anchor Books, 1964, passim, e em particular p. 31. Cf. tb. BALAZS, E. Les aspects significatifs de la societé chinoise. *Asiatische Studien*, VI, 1952, p. 79-87.

se exprime essa combinação recorrente de relações. Para explicar a forma específica de que se revestiu essa combinação na tradição escolar e intelectual da França seria preciso sem dúvida alguma remontar até a ação da Companhia de Jesus que, em seu empreendimento de secularização da moral cristã, conseguiu converter a teologia da graça numa ideologia mundana da boa vontade[*]. Contudo a persistência dessa forma histórica só pode ter um valor explicativo com a condição de ser por sua vez explicada pela persistência de suas funções: a continuidade dos hábitos pedagógicos assegurada pela continuidade da história do sistema escolar tornou-se possível pela continuidade dos serviços prestados por uma Escola, que, apesar das mudanças da estrutura social, sempre ocupou posições homólogas no sistema das relações que a uniam às classes dominantes[29]. Assim, a constelação das atitudes que se encontrou codificada na ética do "gentil-homem" do século XVII – e que não está tão afastada daquela do "cavalheiro letrado" da tradição confuciana – deve à permanência de sua função através da história o fato de ser tão facilmente perpetuada, ao custo de

---

[*] No original, um jogo de expressões: "monnayer la théologie de la grâce en une idéologie mondaine de la bonne grâce" [N.R.].

29. Não se pode jamais dissociar completamente o modo de inculcação e o modo de imposição característicos de um sistema de ensino determinado das características específicas que a cultura a qual é destinado a reproduzir deve às suas funções sociais num tipo determinado de estrutura das relações de classe. Assim, como observa Calverton, enquanto na França foi uma grande burguesia que permaneceu parcialmente fiel ao ideal cultural da aristocracia que deu sua forma própria à cultura dominante, e às instituições destinadas a reproduzi-la, nos Estados Unidos, foi a pequena burguesia que, desde a origem, marcou as tradições culturais e escolares (CALVERTON, V.F. *The liberation of America literature*. Nova York: Charles Scribner'Sons, 1932, p. XV). Do mesmo modo, é numa comparação sistemática das posições relativas ocupadas, em diferentes épocas, pela burguesia e pela aristocracia na França e na Alemanha que se encontraria sem dúvida o princípio das diferenças que separam os sistemas de ensino de um e de outro país, em particular no que concerne à relação que eles mantêm com a representação dominante do homem cultivado.

algumas reinterpretações, apesar da mudança do conteúdo dos programas escolares e da mudança das classes colocadas na posição de classes dominantes: que se pense por exemplo no primado da "aparência" ou, para tornar a dar seu aspecto e seu nome muito ilustre, das "boas maneiras"; na valorização do natural e da leveza concebidos como a antítese do pedantismo, da afetação e do esforço; no culto do "Dom" e na desvalorização do aprendizado, reformulação moderna da ideologia do "nascimento" e do desprezo pelo estudo; no desdém da especialização, do ofício ou das técnicas como transposição burguesa do desprezo pelo comércio; na prevalência conferida à arte de agradar, isto é, à arte de adaptar-se à diversidade das conversações e dos encontros de sociedade; na atenção dispensada aos imponderáveis e à nuança em que se perpetua a tradição mundana do "refinamento" e que se exprime na subordinação da cultura científica à cultura literária e dessa à cultura artística, ainda mais adequada para autorizar os desdobramentos indefinidos dos jogos da distinção; em suma, em todos os modos declarados ou tácitos de reduzir a cultura à relação com a cultura, isto é, de opor, à vulgaridade do que se pode adquirir ou se conquistar, uma maneira de possuir um conhecimento cujo preço se baseia exclusivamente no fato de que só há uma única maneira de adquiri-lo.

Capítulo 3

Eliminação e seleção

O exame não é outra coisa senão o batismo burocrático do conhecimento, o reconhecimento oficial da transubstanciação do conhecimento profano em conhecimento sagrado.
　　　　　　　K. Marx. *Kritik des Gegelschen Staatsrechts.*

Para explicar o peso que o sistema de ensino concede na França ao exame é preciso, numa primeira etapa, romper com as explicações da sociologia espontânea que atribui os traços mais salientes do sistema ao legado inexplicado de uma tradição nacional ou à ação inexplicável do conservadorismo congenital dos universitários. Mas isso ainda é pouco quando, ao recorrer-se ao método comparativo e à história, adquire-se uma clara noção das características e das funções internas do exame num sistema de ensino particular; é somente com a condição de apartar-se, numa segunda ruptura, da ilusão da neutralidade e independência do sistema escolar em relação à estrutura das relações de classe que se pode chegar a interrogar a interrogação sobre o exame para descobrir o que o exame oculta e o que a interrogação sobre o exame contribui ainda para ocultar ao desviar-se da interrogação sobre a eliminação sem exame.

O exame na estrutura e na história do sistema de ensino

É demasiado evidente que o exame domina, ao menos hoje em dia e na França, a vida universitária, isto é, não apenas as representações e as práticas dos agentes, mas também a organização e o funcionamento da instituição. Descreveu-se bastante a angústia ante os *veredictos* totais, brutais e parcialmente imprevisíveis das provas tradicionais, ou a disritmia inerente a um sistema de organização do trabalho escolar que, em suas formas mais econômicas, tende a desconhecer outra instigação que não seja a iminência de um prazo absoluto. De fato, o exame não é somente a expressão mais legível dos valores e das escolhas implícitas do sistema de ensino: na medida em que ele impõe como digna da sanção universitária uma definição social do conhecimento e da maneira de manifestá-lo, oferece um de seus instrumentos mais eficazes ao empreendimento de inculturação da cultura dominante e do valor dessa cultura. Tanto quanto, ou mais ainda do que pela coerção dos programas, a aquisição da cultura legítima e da relação legítima com a cultura é regulada pelo direito consuetudinário que se constitui na jurisprudência dos exames e que deve o essencial de suas características à situação na qual ele se formula[1].

Assim, por exemplo, a dissertação *à francesa* define e divulga regras de escrita e de composição cujo alcance se estende aos domínios mais diversos, pois se poderia encontrar a marca desses procedimentos de fabricação escolar em produtos tão diferentes como um relatório administrativo, uma tese de doutorado ou um ensaio literário. Para compreender completamente as características desse modo de comunicação escrita, que supõe o examinador como único leitor, seria suficiente compará-lo com a *disputatio*, debate entre pares, levada em presença dos mestres e de todo um público, através do qual a Universidade Medieval inculcava um método de pensamento capaz de aplicar-se a toda forma de produção intelectual e mesmo artística; ou com o *pa-ku-wen*, "dissertação a oito pernas", que constituía a prova principal dos concursos da época Ming e do início da época Ch'ing e que foi a escola do refinamento formal tanto para o poeta como para o pintor erudito; ou ainda, com o *essay* das universidades inglesas cujas regras não estão tão afastadas das do gênero literário de mesmo nome e onde o assunto deve ser abordado com ligeireza e humor, à diferença da dissertação *à francesa* que deve abrir-se através de uma introdução que expõe a problemática "com brio e brilhantismo", porém num estilo isento de toda familiaridade

---

1. Também os relatórios dos júris dos concursos de agregação ou de grandes escolas constituem documentos exemplares para quem deseje apreender os critérios pelos quais o corpo professoral forma e seleciona os que ele estima dignos de perpetuá-lo; esses sermões para grande seminário assemelham-se aos considerandos dos *veredictos* que traem, em sua obscura clareza, os valores que orientam as escolhas dos júris e pelos quais deve se regrar o aprendizado dos candidatos.

e de notações pessoais. Ver-se-ia que os diferentes tipos de provas escolares, que são sempre ao mesmo tempo modelos regrados e institucionalizados de comunicação, fornecem o protótipo da mensagem pedagógica e, mais geralmente, de toda a mensagem de uma certa ambição intelectual (conferência, enunciado, discurso político ou conferência de imprensa)[2]. Assim, os esquemas de expressão e de pensamento que se atribui com excessiva presteza ao "caráter nacional" ou a "escolas de pensamento" poderiam ser atribuídos definitivamente aos modelos que organizam uma aprendizagem orientada para um tipo particular de prova escolar[3]: por exemplo, as formas de espírito que se associa às grandes escolas francesas podem ser relacionadas com a forma dos concursos de admissão e, mais precisamente, com os modelos de composição, de estilo e mesmo de articulação, de pronúncia ou de dicção que definem, em cada caso, a forma realizada de apresentação ou de elocução. De modo mais geral, é evidente que um procedimento de seleção tal como o concurso reforça, como o mostrava Renan, o privilégio que toda a tradição da Universidade francesa outorga

---

2. Poder-se-ia revelar os efeitos da programação escolar nos domínios mais inesperados: quando o Instituto Francês de Opinião Pública (Ifop) pede aos franceses para se pronunciarem sobre a questão de se saber se "os progressos da ciência moderna no domínio da energia atômica trarão à humanidade mais benefícios do que malefícios ou o contrário", a sondagem de opinião é outra coisa além de uma espécie de exame nacional que reencontra uma questão mil vezes colocada sob mil formas que mal se diferenciam aos candidatos do diploma simples, do bacharelato ou do exame geral, a do valor moral do progresso científico? E as escolhas propostas na evasiva das respostas (mais bem do que mal; mais mal do que bem; tanto benefício quanto malefício) não evocam a dialética barata das dissertações em três pontos que coroam um enunciado de teses laboriosamente desenvolvidas em negro; depois em branco, e numa proposta de síntese negra-branca?

3. Encontrar-se-á uma análise mais profunda da *função de integração intelectual e lógica* que preenche todo sistema de ensino inculcando nele formas comuns de expressão que são ao mesmo tempo os princípios comuns de organização do pensamento, em BOURDIEU, P. Système d'enseignement et système de pensée. *Revue Internationale des Sciences*, 19 (3), 1967.

às qualidades de forma: "É bastante lamentável que o concurso seja o único caminho para se chegar ao professorado dos colégios e que a habilidade prática, juntamente com os conhecimentos suficientes, não possa favorecer essa admissão. Os homens mais experientes na educação, os que se valem para exercer sua difícil função, não de faculdades brilhantes, mas de um espírito sólido marcado por um pouco de lentidão e de timidez, serão sempre colocados, nas provas públicas, depois dos jovens que sabem divertir seu auditório e seus juízes, e que, dotados de uma palavra fácil para livrar-se das situações embaraçosas, não possuem nem bastante paciência nem bastante firmeza para ensinar bem"[4]. Se é verdadeiro em todo caso que o exame exprime, inculca, sanciona e consagra os valores solidários com uma certa organização do sistema escolar, com uma certa estrutura do campo intelectual e, através dessas mediações, com a cultura dominante, compreende-se que questões tão insignificantes à primeira vista quanto o número de aulas do bacharelato, o alcance dos programas ou dos processos de correção de provas possam suscitar polêmicas apaixonadas, sem falar da resistência indignada que encontra toda avaliação crítica de instituições cristalizadas em valores como o concurso de agregação, a dissertação, o ensino do latim ou as grandes escolas.

Quando se trata de descrever os efeitos mais marcados da preponderância do exame nas práticas intelectuais e na organização da instituição, o sistema francês propõe os exemplos mais acabados e, como caso extremo, coloca com uma ênfase particular a questão dos fatores (internos e externos) que podem explicar as variações históricas ou nacionais do peso funcional do exame no sistema de ensino. Por consequência, não há outro recurso senão o método comparativo quando se pretende separar o que se refere às

---

[4]. RENAN, E. "L'instruction publique en France jugée par les Allemands". *Questions contemporaines*. Op. cit., p. 266.

exigências externas e o que se refere à maneira de correspondê-las ou o que, no caso de um sistema determinado, refere-se às tendências genéricas que todo sistema de ensino deve à sua função própria de inculcação, às tradições singulares de uma história e às funções sociais, jamais completamente redutíveis à função técnica de comunicação e de produção das qualificações.

Se for verdadeiro, como observava Durkheim, que o surgimento do exame, ignorado da Antiguidade que só conhecia escolas e ensinantes independentes ou mesmo concorrentes, supõe a existência de uma instituição universitária, isto é, de um corpo organizado de docentes profissionais que provê ele mesmo a sua própria perpetuação[5]; se é verdadeiro, igualmente, segundo a análise de Max Weber, que um sistema de exames hierarquizados que consagra uma qualificação específica e que dá acesso a carreiras especializadas só apareceu, na Europa moderna, em ligação com o desenvolvimento da exigência das organizações burocráticas que pretendem fazer com que indivíduos hierarquizados e intercambiáveis correspondam à hierarquia dos postos oferecidos[6]; se é verdadeiro, enfim, que um sistema de exames que assegura a todos a igualdade formal diante de provas idênticas (das quais o concurso nacional representa a forma pura) e que garante aos indivíduos dotados de títulos idênticos a igualdade de oportunidades de acesso à profissão satisfaz o ideal pequeno-burguês de equidade formal, então parece bem fundamentado perceber apenas como uma manifestação particular de uma tendência geral das sociedades modernas a multiplicação dos exames, a extensão de sua importância social e o acréscimo de seu peso funcional do seio do sistema de ensino. Mas essa análise só explica aspectos mais gerais da história escolar (explicando, por exemplo,

---

5. DURKHEIM, E. *L'evolution pédagogique en France* – I: Des origines à la renaissance. Paris: Alcan, 1938, p. 161
6. WEBER, M. *Wirtschaft und Gesellschaft* [Nova edição Köln/Berlim: Kiepenheuer und Witsch, 1956, II, p. 735ss.].

que a ascensão social independente do nível de instrução tende a diminuir à medida que a sociedade se industrializa e se burocratiza)[7] e deixa de registrar o que o funcionamento e a função dos exames devem, em sua forma específica, à lógica própria do sistema de ensino: em razão da inércia particular que a caracteriza, sobretudo quando está investida da função tradicional de conservar e de transmitir uma cultura herdada do passado e dispõe de meios específicos de autoperpetuação, a Escola está em condições de impor às exigências externas uma *retradução* sistemática porque conforme aos princípios que a definem enquanto sistema. É aí que o pré-requisito enunciado por Durkheim adquire todo seu sentido: Weber que, em sua sociologia religiosa, abria espaço às tendências próprias do corpo sacerdotal, deixou de considerar (sem dúvida porque interrogava o sistema de

---

7. Nos Estados Unidos, por exemplo, a estatística comprova o aumento contínuo da proporção dos membros das categorias dirigentes saídos das universidades, e das melhores universidades, tendência que não cessou de se acentuar há vários anos: W.L. Warner e J.C. Abegglen mostraram que 57% dos dirigentes da indústria eram diplomados de *Colleges* em 1952, contra 37% em 1928 (WARNER, W.L. & ABEGGLEN, J.C. *Big business leaders in América*. Nova York: Harper and Brothers, p. 62-67). Na França, uma pesquisa focalizando uma amostra significativa de personalidades que tinham atingido a notoriedade nas atividades mais diversas mostrou que 85% dentre elas tinham realizado estudos superiores, 10% das outras tendo terminado seus estudos secundários (GI- RARD, A. *La réussite sociale en France*: ses caractéristiques, ses lois, ses effets. Paris: Institut National d'Études Démographiques/Presses Universitaires de France, 1961, p. 233-259). Uma pesquisa recente sobre os dirigentes das grandes organizações industriais estabeleceu que 89% dos P.D.G. franceses passaram pelo ensino superior, contra 85% para os belgas, 78% para os alemães e os italianos, 55% para os holandeses e 40% para os ingleses ("Portrait-robot du PDG europeu". L'expansion, nov./1969, p. 133-143). Seria preciso pesquisar se, na maioria das carreiras francesas e em particular nas carreiras administrativas, o acréscimo e a codificação das vantagens ligadas aos títulos e aos diplomas não conduziram a uma diminuição da promoção interna, isto é, uma rarefação dos quadros superiores "formados pela prática"; a oposição entre a "pequena porta" e a "grande porta", que é mais ou menos a máscara, numa organização administrativa, da oposição entre a pequena-burguesia e a burguesia, poderia encontrar-se reforçada.

ensino de um ponto de vista exterior, isto é, do ponto de vista das exigências de uma organização burocrática) o que um sistema de ensino deve às características trans-históricas e históricas de um corpo de profissionais do ensino. Tudo conduz, com efeito, a supor que o peso da tradição pesa com uma ênfase particular numa instituição que, devido à forma particular de sua autonomia relativa, é mais diretamente tributária, como observava Durkheim, de seu próprio passado.

Para se convencer de que o sistema francês que, entre todos os sistemas de ensino europeus, confere ao exame o peso maior, se define menos do que parece em relação às exigências técnicas da economia, é suficiente observar que se poderia reencontrar num sistema que, como o da China Clássica, visava antes de tudo formar os funcionários de uma burocracia prebendária, a maioria dos traços do sistema de seleção francês[8]. Se a tradição confuciana conseguia impor tão completamente seu ideal erudito, é que jamais qualquer sistema escolar se identificou com sua função de seleção tão totalmente quanto o sistema mandarinal que dispensava mais cuidados à organização e à codificação dos concursos do que ao estabelecimento de escolas e à formação de mestres; talvez porque também a hierarquia dos êxitos escolares jamais determinou tão rigorosamente as outras hierarquias sociais quanto numa sociedade onde o funcionário "ficava durante

---

[8]. É o ideal tradicional do "letrado" que a educação confuciana tende a impor, ainda que, como o observa Weber, "possa nos parecer estranho que uma cultura de "Salão" (*Salon* – *Bildung*) tão refinada, repousando sobre o conhecimento dos clássicos da literatura, tenha conseguido dar acesso a postos de administradores responsáveis de grandes províncias. Pois, de fato, não se governava com a poesia, mesmo na China [...]. Jogos de palavras, eufemismos, alusões e referências clássicas e um espírito de refinamento puramente literário representavam o ideal da conversação das pessoas distintas, conversação em que toda alusão às realidades políticas era banida. O funcionário chinês dava provas de sua qualidade estatutária, isto é, de seu carisma, pela correção canônica de seu estilo literário: assim, concedia-se a maior importância às qualidades de expressão, até nas notas administrativas" (WEBER, M. *Gesammelte Aufsätze zur Religionssoziologie, I*. Tübingen: J.C.B. Mohr, 1922, p. 420-421.

toda a sua vida sob o controle da Escola"[9]: aos três graus principais do *curriculum* (em que, como o observa Weber, os tradutores franceses viram imediatamente o equivalente do bacharelato, da licença e do doutorado), "juntava-se um número considerável de exames intermediários, repetitivos ou preliminares [...]. Só o primeiro grau comportava dez tipos de exames. A um estranho do qual se ignorasse a posição perguntava-se primeiramente por quantos exames ele tinha passado. Assim, apesar da importância do culto dos ascendentes, o número dos ascendentes não determinava a posição social. Inteiramente ao contrário, era a posição ocupada na hierarquia burocrática que conferia o direito de ter um templo de ascendentes em lugar de uma simples placa como os iletrados: o número de ascendentes que era autorizado a invocar dependia da posição do funcionário. A própria posição ocupada por um deus epônimo no panteão dependia da posição do mandarim responsável da cidade"[10]. Assim, sistemas tão diferentes quanto os da França moderna e da China Clássica devem suas orientações comuns ao fato de que estão de acordo em fazer de uma exigência de *seleção social* (que se trate da exigência de uma burocracia tradicional num caso quer de uma economia capitalista no outro) a ocasião de exprimir completamente a tendência propriamente professoral para maximizar o valor social das qualidades humanas e das qualificações profissionais que eles produzem, controlam e consagram[11].

---

9. Ibid., p. 417.
10. Ibid., p. 404-405.
11. Porque o Estado lhe proporcionava os meios de fazer prevalecer abertamente suas hierarquias específicas, o sistema mandarinal constitui um caso à parte: a Escola manifesta aqui, num direito codificado e numa ideologia proclamada, uma tendência à autonomização dos valores escolares que só se exprime em outros lugares num direito consuetudinário e através de reinterpretações e de racionalizações múltiplas. Até mesmo a função de legitimação escolar dos privilégios hereditários de cultura não se revestiu nesse caso de uma forma jurídica: esse sistema que pretendia fazer com que o direito às funções dependesse apenas do mérito pessoal, comprovado pelo exame, reservava explicitamente aos filhos dos funcionários de alta posição um direito privilegiado de candidatura.

Mas para explicar completamente que o sistema francês tenha, se se pode dizer, tirado partido, melhor do que qualquer outro, das oportunidades que lhe proporcionava a exigência de seleção social e técnica característica das sociedades modernas para ir até o fim de sua lógica própria, é preciso ainda levar em conta o passado singular da instituição escolar cuja autonomia relativa se exprime objetivamente na aptidão para retraduzir e reinterpretar, em cada momento da história, as exigências externas em função de normas herdadas de uma história relativamente autônoma. Se, à diferença do sistema mandarinal, o sistema francês não tem condições para impor o reconhecimento da hierarquia dos valores escolares como princípio oficial de toda hierarquia social e verbal e de toda hierarquia dos valores, ele consegue fazer concorrência aos outros princípios de hierarquização, e isso tanto mais quanto sua ação de inculcação do valor das hierarquias escolares se exerça sobre categorias socialmente dispostas a reconhecer a autoridade pedagógica da instituição. Ainda que a adesão que os indivíduos concedem às hierarquias escolares e ao culto escolar da hierarquia não esteja jamais desligada da posição que a Escola lhe outorga em suas hierarquias, ela depende, sobretudo, de um lado do sistema de valores que eles devem à sua classe social de origem (o valor reconhecido à Escola nesse sistema estando ele mesmo em função do grau em que os interesses dessa classe são ligados à Escola) e, por outro lado, do grau em que seu valor mercantil e sua posição social dependem da garantia escolar. Compreende-se que o sistema escolar só consiga impor perfeitamente o reconhecimento de seu valor e do valor de suas classificações no caso em que sua ação se exerce sobre classes sociais ou frações de classe que não podem lhe opor nenhum princípio concorrente de hierarquização: eis aí um dos mecanismos que permitem à instituição escolar atrair para a carreira de ensino os estudantes procedentes das classes médias ou da fração intelectual da grande burguesia, desviando-os de aspirar a elevar-se noutras hierarquias, por exemplo a do dinheiro ou do poder, e, ao mesmo tempo, de tirar de seus títulos escolares o proveito econômico e social que deles obtêm os estudantes originários da grande burguesia dos negócios ou do poder, que estão em melhor posição de relativizar os julgamentos escolares[12]. Assim, o protesto contra a condição material e social imposta aos docentes ou da denúncia amarga e complacente dos comprometimentos e das corrupções dos políticos e dos negocistas corruptos exprime sem dúvida, sob a forma da indignação moral, a revolta dos quadros subalternos ou dos meios de ensino contra uma sociedade incapaz de honrar completamente suas dívidas para com a Escola, isto é, para com os que devem tudo à Escola, inclusive a convicção de que a Escola deveria ser o princípio de toda hierarquia econômica e social. Nos quadros superiores da universidade, a utopia jacobina de uma ordem social em que cada um seria retribuído segundo seu mérito, isto é, segundo sua posição na Escola, coabita sempre com a pretensão aristocrática de não reconhecer outros valores senão aqueles que a instituição é a

---

12. É dentro dessa lógica que seria preciso ler as estatísticas de admissão em escolas como a Escola Normal Superior ou a Escola Nacional de Administração segundo a categoria social de origem e os sucessos escolares anteriores dos candidatos. Da pesquisa, atualmente em análise, sobre os alunos da totalidade das grandes escolas francesas, salienta-se, entre outras coisas, que se a Escola Normal Superior e a Escola Nacional de Administração têm uma e outra, e quase no mesmo grau, um recrutamento muito menos democrático do que o das faculdades, já que não se encontra aí respectivamente senão 5,8% e 2,9% de estudantes procedentes das classes populares (contra, por exemplo, 22,7% para a Faculdade de Letras e 17,1% para a Faculdade de Direito), a categoria, grandemente majoritária, dos estudantes procedentes das classes favorecidas (66,8% para a ENS e 72,8% para a ENA) revela diferenças características a uma análise mais fina: os filhos de professores representam 18,4% dos alunos para a ENS, contra 9% para a ENA; os filhos de altos funcionários representam 10,9% dos alunos da ENA contra 4,5% dos alunos da ENS. Por outro lado, o passado escolar dos alunos das duas escolas testemunha que a universidade consegue tanto melhor orientar os alunos para os estudos em que ela se reconhece mais completamente (por exemplo a ENS) quanto seu êxito anterior (medido pelo número de menções obtidas no bacharelato) foi mais claro.

única a reconhecer plenamente e com a ambição pedagógica de submeter ao magistério moral da universidade, forma substitutiva do governo dos intelectuais, todos os atos da vida civil e política[13].

Vê-se como o sistema francês pôde encontrar na demanda externa de "produtos" em série garantidos e intercambiáveis a ocasião de perpetuar, fazendo-a cumprir uma outra função social por referência aos interesses e aos ideais de outras classes sociais, a tradição da competição pela competição, herdada dos colégios jesuítas do século XVIII, que faziam da emulação o instrumento privilegiado de um ensino destinado à juventude aristocrática[14]. A universidade francesa tende sempre a ultrapassar a função técnica do concurso por estabelecer gravemente, no interior da quota de requerente que é preciso eleger, hierarquias baseadas no imponderável de detalhes derrisórios e entretanto decisivos: que se pense no peso que o mundo universitário atribui em suas avaliações, frequentemente carregadas de consequências profissionais, à colocação obtida em concursos de admissão realizados no fim da adolescência, na qualidade de "cacique" ou "oficial superior", isto é, ao lugar alcançado numa hierarquia, ela mesma situada numa hierarquia das hierarquias, a das grandes escolas e dos grandes concursos. Max Weber observava que a definição dos postos burocráticos da administração imperial não permitia que se pudesse compreender, abstraindo-se o fato da tradição confuciana do cavalheiro letrado, como os concursos mandarinais tenham conseguido abrir tal lugar à poesia; do mesmo modo, para compreender como

---

13. Ainda que sugira apenas algumas das relações que unem as características da prática e da ideologia dos docentes à sua origem, à sua condição de classe e à sua posição na instituição escolar e no campo intelectual, essa análise como a que se encontrará mais abaixo (capítulo 4) deveria ser suficiente para prevenir contra a tentação de considerar como análises de essência as descrições anteriores da prática profissional dos professores franceses (capítulo 2).
14. DURKHEIM, V.E. Op. cit., II, p. 69-117. SNYDERS, G. *La pédagogie en France aux XVII et XVIII siècles*. Paris: PUF, 1965.

uma simples exigência de seleção profissional, imposta pela necessidade de escolher os mais aptos a ocupar um número limitado de postos especializados, pôde servir de pretexto à religião tipicamente francesa da classificação, é preciso situar a cultura escolar no universo social em que ela foi formada, isto é, nesse microcosmo protegido e fechado em si mesmo onde, através de uma organização metódica e envolvente da competição e através da instauração de hierarquias escolares tão presentes no jogo como no trabalho, os jesuítas cultivavam um *homo hierarchicus*, transpondo para a ordem do sucesso mundano, da façanha literária e da gloríola escolar o culto aristocrático da "glória".

A explicação contudo pela sobrevivência não explica nada se não se explica por que a sobrevivência sobrevive estabelecendo as funções que ela preenche no funcionamento atual do sistema de ensino e mostrando as condições históricas que autorizam ou que favorecem a manifestação das tendências genéricas que o sistema deve à sua função própria: quando se trata de explicar a aptidão toda particular do sistema francês para decretar hierarquias e impô-las, além mesmo das esperas de atividade propriamente escolares e às vezes contra as exigências mais patentes às quais se supõe que deva corresponder, não se pode deixar de observar que ele confere ainda hoje, em sua pedagogia e em seus exames, uma função primordial à autoperpetuação e à autoproteção do corpo docente que também se manifestava, de modo mais declarado, nos exames da universidade medieval, todos definidos por referência à admissão no corpo ou no curso que dá acesso ao mesmo, bacharelato (forma inferior do *inceptio*), *licencia docendi* e *maitrise*, marcada pelo *inceptio*, cerimônia que introduz o candidato na corporação na qualidade de mestre[15]. É suficiente observar que a maioria dos

---

15. A resistência diante de qualquer tentativa para dissociar o título que sanciona o final de um ciclo de estudos do direito de admissão ao ciclo superior procede, como se vê na quarela do bacharelato, de uma representação do

sistemas universitários romperam mais completamente com a tradição medieval do que o sistema francês ou outros sistemas como o da Áustria, da Espanha ou da Itália, que conheceram como ela a influência pedagógica do século XVIII: dotado pelos jesuítas de meios particularmente eficazes para impor o culto escolar da hierarquia e inculcar uma cultura autárquica e separada da vida, o sistema de ensino francês pôde realizar sua tendência genérica à autonomização até subordinar todo seu funcionamento às exigências da autoperpetuação[16]. E essa tendência à autonomização encontrou

> *curriculum* concebido como trajetória unilinear que, em sua forma realizada, se completaria na agregação; a recusa indignada de conceder "títulos com abatimento" que se inclina, desde há pouco tempo, a imitar a linguagem tecnocrática da adaptação da universidade aos mercados, pode aliar-se sem esforço à ideologia tradicionalista que pretende estender a todo certificado de aptidão os critérios da garantia propriamente universitária, para salvaguardar os meios de criar e de controlar as condições da "raridade" universitária. A superioridade da via real é tão forte que todas as carreiras universitárias e várias carreiras que não a seguem até o fim só podem, segundo essa lógica, se definir em termos de privação: um tal sistema está por conseguinte particularmente apto a produzir "fracassados", condenados pela universidade que os condenou a manter uma relação ambivalente com ela.
>
> 16. É sem dúvida, com o ensino dos jesuítas, que se estabelece a maioria das diferenças sistemáticas entre o "temperamento" intelectual dos países católicos que foram marcados por sua influência e os dos países protestantes. Como observou E. Renan, "a Universidade de França imitou muito os jesuítas, suas arengas insípidas e seus versos latinos; ela lembra muito os retóricos da decadência. O mal francês, que reside na necessidade de discursar, na tendência a tudo degenerar em declamação, é mantido por uma parte da universidade que se obstina em menosprezar o fundo dos conhecimentos e a valorizar somente o estilo e o talento" (RENAN, E. Op. cit., p. 79). Os que ligam diretamente as características dominantes da produção intelectual de uma nação aos valores da religião dominante, por exemplo, o interesse pelas ciências experimentais ou a erudição filosófica à religião protestantes ou o gosto pelas belas-letras à religião católica, deixam de analisar o efeito propriamente pedagógico da retradução operada por um tipo determinado de organização escolar. Quando Renan vê no "ensino pseudo-humanista" dos jesuítas e no "espírito literário" que encoraja um dos traços fundamentais do modo de pensamento e de expressão dos intelectuais franceses, ele esclarece as consequências que desencadeou na vida intelectual da França a incisão operada pela revogação do edito de Nantes que rompeu o movimento cien-

as condições sociais de sua plena realização na medida em que ela foi de encontro aos interesses da pequena burguesia e das frações intelectuais da burguesia que encontravam na ideologia jacobina da igualdade formal das oportunidades o reforço de sua impaciência exacerbada para com todas as espécies de "favoritismo" ou de "nepotismo", e na medida também em que se apoiou sobre a estrutura centralizada da burocracia estatal que, convocando a proliferação dos exames e concursos nacionais, submetidos a correção exterior e anônima, oferecia à instituição escolar a melhor oportunidade de impor o reconhecimento do monopólio da produção e da imposição de uma hierarquia unitária ou, pelo menos, de hierarquias reduzíveis ao mesmo princípio[17].

---

tífico começado na primeira metade do século XVII e "matou os estudos de crítica histórica": "Sendo o espírito o único a ser encorajado, disso resultou numa certa frivolidade. A Holanda e a Alemanha, em parte graças a nossos exilados, adquiriram quase que o monopólio dos estudos eruditos. Ficou decidido desde então que a França seria antes de tudo uma nação de pessoas de espírito, uma nação que escreve bem, que conversa maravilhosamente, mas que é inferior pelo conhecimento das coisas e se expõe a todas as tolices só evitáveis com a extensão da instrução e a maturidade do juízo (RENAN, E. Op. cit., p. 79).

17. No domínio do ensino também, a ação centralizadora da Revolução e do Império prolonga e remata uma tendência que já era estimulada sob a Monarquia: além do Concurso geral que, criado desde o século XVIII, leva à escala nacional a competição que se desenrolava em cada colégio de jesuítas e consagra seu ideal humanista das belas-letras, a agregação, restabelecida pelo decreto de 1808, tinha sido criada desde 1766, numa forma e com uma significação muito próxima daquelas que possui hoje em dia. Se tais fatos e, na maioria das vezes, tudo o que diz respeito à própria história do sistema de ensino são quase sempre ignorados, é porque eles desmentiram a representação comum que, reduzindo a centralização universitária a um aspecto da centralização burocrática, pretende que o sistema francês deva suas características mais significativas à centralização napoleônica: esquecendo tudo o que o sistema de ensino deve à sua função própria de inculcação, desconhecer-se-iam os fundamentos e as funções propriamente pedagógicas da estandardização da mensagem e dos instrumentos de sua transmissão (homogeneização pedagógica que pode ser revelada mesmo nos sistemas mais descentralizados administrativamente como o sistema inglês, por exemplo); mais sutilmente, deixar-se-ia de perceber a função e o efeito propriamente

No sistema francês, o concurso é a forma acabada do exame (que a prática universitária tende sempre a tratar com um concurso) e o concurso de recrutamento dos professores do secundário, a agregação constitui, com esses concursos de recrutamento antecipado que são o concurso geral e o concurso de admissão à Escola Normal Superior, a tríade arquetípica em que a universidade se reconhece inteiramente e da qual todos os concursos e todos os exames são apenas emanações mais ou menos longínquas ou cópias mais ou menos deformadas[18]. A pretensão do corpo universitário de impor o reconhecimento universal do valor dos títulos universitários e, em particular, a supremacia absoluta desse título supremo que é a agregação se revela perfeitamente na ação dos grupos de pressão, dos quais a Sociedade dos Agregados é apenas a expressão menos clandestina, que conseguiram assegurar a esse título, estritamente escolar, um reconhecimento de fato não equiparado à sua definição de direito. A rentabilidade profissional dos títulos do agregado e de antigo aluno da Escola Normal Superior se afirma em todos os casos, muito numerosos, em que eles são obtidos por critérios oficiais de cooptação: entre os titulares de cadeiras ou mestres de conferências das faculdades de letras cerca de 15% (sem falar dos assistentes e mestres-assistentes, ou seja, 48% do corpo docente) não

---

pedagógicos da distância sabiamente cultivada em relação à burocracia universitária que são parte integrante de toda prática pedagógica e muito particularmente da pedagogia tradicional à francesa: assim, por exemplo, as liberdades apregoadas e factícias com os programas oficiais ou as desaprovações ostensivas da administração e de suas disciplinas e mais geralmente todos os procedimentos que consistem em tirar efeitos carismáticos do menosprezo das normas administrativas só são autorizados e favorecidos pela instituição porque contribuem para a afirmação e imposição da autoridade pedagógica necessária à realização da inculcação e ao mesmo tempo permitem aos docentes ilustrar ao menor custo a relação cultivada com a cultura.

18. Lembro-me de ter dito ao futuro general de Charry entregando-lhe um dever: "Eis uma prova digna da agregação" (BLANCHARD, R. *Je découvre l'uni-versité*. Paris: Fayard, 1963, p. 135).

detêm o doutorado, grau teoricamente exigido, ainda que sejam todos agregados, e 23% dentre eles formados pela Escola Normal Superior. Se o *homo academicus* por excelência é o normalista-agregado-doutor, isto é, o professor da Sorbonne atual ou potencial, é que ele acumula todos os títulos que definem a raridade que a universidade produz, promove e protege. Não é também por acaso que exatamente por ocasião da agregação que, como que levada por sua tendência a reinterpretar a exigência exterior, a instituição universitária pode chegar até mesmo a negar o próprio conteúdo dessa exigência: não é raro que, para se prevenir contra a ameaça eterna da "baixa de nível", o júri de agregação oponha o imperativo da "qualidade" à necessidade, sentida como ingerência profana, de preencher todos os postos oferecidos e instaura de certo modo, pela comparação com os anos precedentes, um concurso dos concursos capaz de revelar o padrão ou, melhor, a essência do agregado – correndo o risco de se recusar os meios, reivindicados noutras circunstâncias, de perpetuar a universidade real em nome das exigências da autoperpetuação da universidade ideal[19].

---

19. O cuidado de manter e de manifestar a autonomia absoluta das hierarquias escolares exprime-se através de mil índices, quer se trate da tendência a outorgar um valor absoluto às notas distribuídas (com o uso, levado até o absurdo, dos decimais) quer da tendência constante para comparar as notas, as médias, as melhores provas e as piores, de um ano para o outro. Veja-se, por exemplo, essa afirmação que se segue, no *Rapport de l'agrégation de grammaire féminine* de 1959 (p. 3), a um quadro do número dos postos oferecidos, dos admissíveis e dos admitidos de 1955 a 1959 (onde se vê que o número dos admitidos é quase sempre inferior à metade do número dos postos oferecidos em concurso) e das médias, calculadas pela segunda decimal, da primeira admissível e da última admissível da primeira agregada: "Não diríamos que as provas desse concurso deixam uma impressão exaltante [...]. O concurso de 1959 não deixou de nos oferecer textos saborosos pelo conhecimento ou pela cultura; as próprias cifras indicam, entretanto, uma queda que não deixa de sensibilizar [...]. As médias da segunda admissível e da última admitida não atingiam, desde 1955, um ponto tão baixo [...]. Imposta pelo infortúnio da época atual, a extensão das listas (dos admitidos) só nos pareceu legítima em face da crise de recrutamento que não afeta

Para compreender completamente a significação funcional da agregação seria preciso recolocar essa instituição no sistema das transformações que sofreram os exames ou, mais exatamente, o sistema que eles constituem: se é verdade que, num sistema escolar dominado pela função de autoperpetuação, o grau por excelência corresponde ao exame que dá acesso, na qualidade de mestre, à ordem de ensino mais representativa da profissão, isto é, o ensino secundário, segue-se que, em cada conjuntura histórica, é ao exame que ocupa a posição mais apta a simbolizar essa função que cabe, nos fatos como na ideologia, o valor posicional de exame por excelência; ou seja, sucessivamente na história da universidade, o doutorado, a licença e enfim a agregação que, apesar da superioridade aparente do doutorado, deve às suas relações com o ensino secundário e a seu caráter de concurso de recrutamento não só sua carga ideológica, mas também seu peso na organização das carreiras e, de modo mais geral, no funcionamento da universidade[20]. Tudo se passa como se o sistema escolar tivesse utilizado as possibilidades novas que lhe oferece cada novo estado do sistema dos exames, nascido da duplicação de um exame existente, para nele exprimir a mesma significação objetiva.

Julgar o estado atual da universidade como resultado contingente de uma sucessão de acontecimentos disparatados e descontínuos em que só a ilusão retrospectiva poderia perceber o efeito de uma harmonia preestabelecida entre o

---

apenas a França metropolitana [...]. É de temer-se que em seu jogo cruel a lei de oferta e procura conduza a uma certa degradação do nível, suscetível de alterar o próprio espírito mesmo do segundo grau". Seria fácil multiplicar as citações de textos análogos a esse, em que cada palavra está carregada de toda a ideologia universitária.

20. Durkheim chamava já a atenção sobre "essa singularidade de nosso país": tanto pelas formas de organização que impunha como pelo espírito que difundia, o ensino secundário desde a origem "mais ou menos absorveu em si os outros graus do ensino e ocupou quase todo o lugar" (DURKHEIM, É. *L'évolution pédagogique en France*, I. Op. cit., p. 23-24, 137ss.).

sistema e o legado da história, seria ignorar o que implica a autonomia relativa do sistema de ensino: a evolução da Escola depende não somente da força das coerções externas, mas também da coerência de suas estruturas, isto é, tanto da força de resistência que ela pode opor ao acontecimento quanto de seu poder de selecionar e reinterpretar os acasos e as influências de acordo com uma lógica cujos princípios gerais são dados desde o momento em que a função de inculcação de uma cultura herdada do passado é assumida por uma instituição especializada que tem a seu serviço um corpo de especialistas. Assim, a história de um sistema relativamente autônomo se apresenta como a história das sistematizações a que o sistema submete as coerções e as inovações ocasionais de acordo com as normas que o definem enquanto sistema[21].

Exame e eliminação sem exame

Seria necessário reconhecer no sistema de ensino a autonomia que ele reivindica e consegue manter face às exigências externas, a fim de compreender as características de funcionamento que ele retém de sua função própria; todavia, a levar-se ao pé da letra suas declarações de independência, resultaria expor-se a não perceber as funções externas e em particular as funções sociais que preenchem sempre por acréscimo a seleção e a hierarquização escolares, mesmo quando elas parecem obedecer exclusivamente à lógica, e mesmo à patologia próprias do sistema de ensino. Assim, por exemplo, o culto da hierarquia, puramente escolar na aparência, contribui sempre para a defesa e legitimação das hierarquias sociais na medida em que as hierarquias escolares, quer se trate da hierarquia dos graus e dos títulos ou

---

21. Essa análise do sistema francês não pretende outra coisa senão esclarecer uma estrutura particular dos fatores internos e externos que permite explicar, no caso particular, os pesos e as modalidades do exame. Seria preciso estudar como, em outras histórias nacionais do sistema universitário, configurações diferentes de fatores definem tendências ou equilíbrios diferentes.

da hierarquia dos estabelecimentos e das disciplinas, devem sempre alguma coisa às hierarquias sociais que elas tendem a reproduzir (no duplo sentido do termo). É preciso, pois, se perguntar se a liberdade que é deixada ao sistema de ensino de fazer com que prevaleçam suas próprias exigências e suas próprias hierarquias, em detrimento por exemplo das exigências mais patentes do sistema econômico, não será contrapartida dos serviços ocultos que ele presta a certas classes dissimulando a seleção social sob as aparências da seleção técnica e legitimando a reprodução das hierarquias sociais pela transmutação das hierarquias sociais em hierarquias escolares.

De fato, para supor que as funções do exame não se reduzem aos serviços que ele presta à instituição e, menos ainda, às gratificações que ele ocasiona ao corpo universitário, é suficiente observar que a maioria daqueles que, em diferentes fases do curso escolar, são excluídos dos estudos se eliminam antes mesmo de serem examinados e que a proporção daqueles cuja eliminação é mascarada pela seleção abertamente operada difere segundo as classes sociais. As desigualdades entre as classes são incomparavelmente mais fortes, em todos os países, quando as medimos pelas *probabilidades de passagem* (calculadas a partir da proporção dos alunos que, em cada classe social, ascendem a um nível dado de ensino, com êxito anterior equivalente) do que quando as medimos pelas *probabilidades de êxito*[22]. Assim, com êxito igual, os alunos originários das classes populares têm mais

---

22. Ainda que a taxa de êxito escolar e a taxa de admissão na sexta série dependam estreitamente da classe social, a desigualdade global das taxas de admissão na sexta série prende-se mais à desigualdade de admissão na sexta série com êxito igual do que à desigualdade de êxito escolar (CLERC, P. "Nouvelles données sur l'orientation scolaire au moment de l'entrée en sixième" (II). *Population*, out.-dez./1964, p. 871). Do mesmo modo, as estatísticas da passagem de um ciclo para um outro segundo a origem social e o êxito escolar mostram que, tanto para os Estados Unidos como para a Inglaterra, a eliminação não é, no sentido estrito, um ato da própria Escola (HAVIGHURST, R.J. & NEUGARTEN, B.L. *Society and education*. Boston: Allyn and Bacon, 1962, p. 230-235).

oportunidades de "eliminar-se" do ensino secundário renunciando a entrar nele do que de eliminar-se uma vez que tenham entrado e, *a fortiori*, do que de serem eliminados pela sanção expressa de um revés no exame[23]. Além disso, os que não se eliminam no momento da passagem de um ciclo a um outro têm mais oportunidades de entrar nas escolas (estabelecimentos ou seções) às quais estão ligadas as oportunidades mais fracas de ascender ao nível superior do curso, de sorte que quando o exame parece eliminá-los ele não faz na maior parte dos casos senão ratificar essa outra espécie de autoeliminação antecipada que constitui a relegação a um filão escolar de segunda ordem como eliminação adiada.

A oposição entre os "acolhidos" e os "adiados" constitui o princípio de uma ilusão de perspectiva sobre o sistema de ensino como instância de seleção: baseada numa experiência de candidato efetivo ou potencial, direto ou mediato, presente ou passado, essa oposição entre os dois subconjuntos divididos pela seleção do exame no interior do conjunto dos candidatos oculta a relação entre esse conjunto e seu complemento (isto é, o conjunto dos não candidatos), excluindo, portanto, toda interrogação sobre os critérios ocultos da escolha daqueles entre os quais o exame opera ostensivamente sua seleção. Um grande número de pesquisas sobre o sistema de ensino concebido como instância de seleção contínua (*drop out*) não faz senão retomar por sua conta essa posição da sociologia espontânea quando tomam por objeto a relação entre os que entram num ciclo e os que saem com sucesso, deixando de examinar a relação entre

---

23. RUITER, V.R. *The past and future inflow of student into the upper levels of education in the Netherlands*. OECD, DAS/EIP/63. • FLOUD, J. "Rôle de la classe social dans l'accomplissement des études". In: HALSEY, A.H. (org.). *Aptitude intellectuelle et* éducation. Paris: OCDE, 1961. • HUSEN, T. "La structure de l'enseignement et le développement des aptitudes". In: HALSEY, A.H. (org.). Op. cit., p. 132 – quadro apresentando a porcentagem de alunos não candidatos ao ensino secundário, segundo a origem social e o êxito anterior na Suécia.

os que saem de um ciclo e os que entram no seguinte: para apreender essa última relação é suficiente adotar em relação ao conjunto do processo de seleção o ponto de vista que, se o sistema não lhes impusesse o seu, seria o das classes sociais condenadas à autoeliminação, imediata ou diferida. O que faz a dificuldade dessa inversão da problemática é que ela requer outra coisa além de uma simples conversão lógica: se a questão da taxa de revés nos exames ocupa o primeiro plano da cena (pense-se na repercussão de uma modificação da taxa dos admitidos ao bacharelato), é que aqueles que têm os meios de colocá-la pertencem às classes sociais para quem o risco de eliminação só pode vir do exame. Há com efeito várias maneiras de não se perceber a significação sociológica da mortalidade escolar diferencial das diferentes classes sociais: as pesquisas de inspiração tecnocrática, que não se interessam pelo problema a não ser na medida em que o abandono antes do prazo de uma parte dos alunos admitidos num ciclo tenha um gasto econômico manifesto, reduzindo-o imediatamente ao falso problema da exploração das "reservas de inteligência em abandono"; pode-se mesmo perceber a relação numérica entre os que saem de algum dos ciclos e os que entram no ciclo seguinte e notar o peso e o alcance da autoeliminação das classes desfavorecidas sem ir além da explicação negativa pela "falta de motivação". Por não se analisar o que a desistência resignada dos membros das classes populares diante da Escola deve ao funcionamento e às funções do sistema de ensino como instância de seleção, de eliminação e de dissimulação da eliminação sob a seleção, fica-se inclinado a ver na estatística das oportunidades escolares que torna evidente a representação desigual das diferentes classes sociais nos diferentes graus e nos diferentes tipos de ensino apenas a manifestação de uma relação isolada entre a *performance* escolar, considerada em seu valor facial, e a série de vantagens ou desvantagens que se prendem à origem social. Em suma, por não se adotar como princípio de explicação o sistema das relações entre a estrutura das relações de classe e o sistema de ensino, fica-se condenado às opções ideológicas subentendidas pelas escolhas científicas mais neutras na aparência: é assim que alguns podem reduzir as desigualdades escolares a desigualdades sociais definidas, abstraindo-se a forma específica de que elas se revestem na lógica do sistema de ensino enquanto que outros tendem a tratar a Escola como um império dentro dum império seja que, como os docimólogos, reduzam o problema da igualdade ante o exame ao da normalização da distribuição das notas ou da equalização de sua variança, seja que, como certos psicólogos sociais, identifiquem a "democratização" do ensino com a "democratização" da relação pedagógica, seja enfim que como tantos críticos prematuros reduzam a função conservadora da universidade ao conservadorismo dos universitários.

Quando se trata de explicar que a fração da população escolar que se elimina antes de entrar no ciclo secundário ou durante esse ciclo não se distribui ao acaso entre as diferentes classes sociais, fica-se condenado a uma explicação através de características que permanecem individuais, mesmo quando imputadas igualmente a todos os indivíduos de uma categoria, na medida em que não se adverte que tais características só se manifestam na classe social *enquanto tal* na e através de sua relação com o sistema de ensino. Mesmo quando não aparece como imposto pela força da "vocação" ou pela comprovação da inaptidão, todo ato de escolha singular pelo qual um indivíduo se exclui do acesso a um ciclo de ensino ou se resigna a um tipo desvalorizado de estudos subentende o conjunto das relações objetivas (que preexistiam a essa escolha e que sobreviverão a ela) entre sua classe social e o sistema de ensino, pois um futuro escolar só é mais ou menos provável para um indivíduo determinado na medida em que constitui o futuro objetivo e coletivo de sua classe ou de sua categoria. Eis por que a estrutura das oportunidades objetivas da ascensão social em função da classe de origem e, mais precisamente, a estrutura das oportunidades de ascensão pela Escola, condiciona as disposições relativamente à Escola e à ascensão pela Escola, disposições que contribuem por sua vez de uma maneira determinante para definir as oportunidades de ter acesso à Escola, de aderir às suas normas e de nela ter êxito, e por conseguinte as oportunidades de ascensão social[24]. Assim, a probabilidade objetiva de ter acesso a tal ou qual ordem de ensino que está ligada a uma classe constitui mais do que uma expressão da desigual representação das diferentes classes na ordem de ensino considerada simples artifício matemático que permitiria apenas avaliar de maneira mais precisa ou mais expressiva a ordem de grandeza das desigualdades; é uma construção teórica que fornece um dos princípios mais poderosos da explicação dessas desigualdades: a esperança subjetiva que conduz um indivíduo a se excluir depende diretamente das condições determinadas pelas oportunidades objetivas de êxito próprias à sua categoria, de modo que ela se inclui entre os mecanismos que contribuem para a realização das probabilidades objetivas[25]. O conceito de

---

24. Na linguagem empregada aqui, a esperança subjetiva e a probabilidade objetiva se distinguem como o ponto de vista do agente e o ponto de vista da ciência que constrói as regularidades objetivas através de uma observação cautelosa. Recorrendo a essa distinção sociológica (que não tem nada em comum com as que estabelecem certas estatísticas entre probabilidades *a posteriori* e probabilidades *a priori*), deseja-se indicar aqui que as regularidades objetivas interiorizam-se sob forma de esperanças subjetivas e que essas exprimem-se em condutas objetivas que contribuem para a realização das probabilidades objetivas. Em consequência, segundo se adote o ponto de vista da explicação das práticas a partir das estruturas ou o da previsão da reprodução das estruturas a partir das práticas, é-se levado a privilegiar nessa dialética a primeira relação ou a segunda.

25. Para uma análise da lógica do processo de interiorização ao termo do qual as oportunidades objetivamente inscritas nas condições de existência são transmutadas em esperanças ou em desesperanças subjetivas e, de modo mais geral, dos mecanismos evocados acima, cf. BOURDIEU, P. "L'École conservatrice, les inégalités devant l'école e devant la culture". *Revue Française de Sociologie*, 7, 1966, p. 333.

esperança subjetiva, concebido como o produto da interiorização das condições objetivas que se operam segundo um processo comandado por todo o sistema das relações objetivas nas quais ela se efetua, tem como função teórica designar a interseção de diferentes sistemas de relações, as que unem o sistema de ensino à estrutura das relações de classe e as que, ao mesmo tempo, se estabelecem entre o sistema dessas relações objetivas e os sistemas das disposições (*ethos*) que caracteriza cada agente social (indivíduo ou grupo), na medida em que este se refere sempre, mesmo sem saber, quando ele se determina, ao sistema das relações objetivas que o determina. A explicação pela relação entre a esperança subjetiva e a probabilidade objetiva, isto é, pelo sistema das relações entre dois sistemas de relações, pode esclarecer a partir do mesmo princípio, tanto a mortalidade escolar das classes populares ou a sobrevivência de uma fração dessas classes, com a modalidade particular da atitude dos sobreviventes em relação ao sistema, quanto a variação das atitudes dos alunos das diferentes classes sociais relativamente ao trabalho ou ao êxito, segundo o grau de probabilidade e de improbabilidade de sua perpetuação num determinado ciclo de estudos. Do mesmo modo, se a taxa de escolarização das classes populares varia segundo as regiões, como a taxa de escolarização das outras classes, e se a residência urbana, com a heterogeneidade social dos grupos de interconhecimento que acompanha, está associada e uma taxa de escolarização mais elevada das classes populares, é que a esperança subjetiva dessas classes não é jamais independente da probabilidade objetiva característica do grupo de interconhecimento (incluindo-se os grupos de referência ou de aspiração que ele encerra), o que contribui para aumentar as oportunidades escolares dessas classes, na medida em que pelo menos o desvio entre as probabilidades objetivas ligadas ao grupo de referência ou de aspiração e as probabilidades objetivas de classe não se afirme de tal modo que possa desencorajar toda identificação ou mesmo reforçar a resignação à exclusão ("Isso não é para nós")[26].

Assim, para explicar completamente o processo de seleção que se opera seja dentro do sistema de ensino seja com referência a esse sistema, é preciso levar em conta, além das decisões expressas pelo tribunal escolar, as condenações por privação ou com prorrogação que se infligem as classes populares eliminando-se de começo ou condenando-se a uma eliminação final quando se engajam nas trilhas ligadas às chances mais fracas de escapar ao *veredicto* negativo do exame. Por um paradoxo aparente, os estudos superiores de ciências, em que, à primeira vista, o sucesso parece depender menos diretamente da posse de um capital herdado e que constituem a conclusão obrigatória das seções que acolhem, na admissão ao secundário, a parte mais importante dos oriundos das classes populares, não revelam um recrutamento sensivelmente mais democrático que os outros tipos de estudos[27]. De fato, não só a relação com a língua e com a cultura é continuamente levada em conta durante o ensino secundário e mesmo (num menor grau sem dúvida e, em todo caso, menos abertamente) no ensino superior, e não só o domínio lógico e simbólico das operações abstratas e, mais precisamente, o domínio das leis de transformação das estruturas complexas são função do tipo de domínio prático da língua e do tipo de língua adquirida no meio familiar, como a organização e o funcionamento do sistema escolar retraduzem continuamente e segundo códigos múltiplos as

---

26. Para se convencer de que esse esquema de aparência abstrata encobre as experiências mais concretas, poder-se-á ler em *Elmstown's Youth* uma biografia escolar em que se verá como a dependência a um grupo pode, numa certa medida pelo menos, alterar a estimativa das oportunidades ligadas à condição de classe (HOLLINGSHEAD, A.E. *Elmstown's youth*. Nova York: John Wiley and Sons, 1949, p. 169-171).

27. SAINT-MARTIN, V.M. "Les facteurs de l'émination et la sélection différentielles dans les études de sciences". *Revue Française de Sociologie*, IX, número especial, 1968, vol. II, p. 167-184.

desigualdades de nível social em desigualdades de nível escolar: considerando-se que em todas as etapas do curso o sistema escolar estabelece entre as disciplinas ou as matérias uma hierarquia de fato que vai, por exemplo, nas faculdades de ciências, das matemáticas puras às ciências naturais (ou nas faculdades de letras, de letras e da filosofia à geografia), isto é, das atividades intelectuais concebidas como mais abstratas até as mais concretas; considerando-se que essa hierarquia se retraduz, no nível da organização escolar, na hierarquia dos estabelecimentos de ensino secundário (do liceu ao CET passando pelo CEG e pelo CES) e das seções (do clássico ao técnico); considerando-se que essa hierarquia dos estabelecimentos e das seções está estreitamente ligada, pela mediação da correspondência entre a hierarquia dos graus e a hierarquia dos estabelecimentos, com a hierarquia das origens sociais dos docentes; considerando-se, assim, que as diferentes trilhas e os diferentes estabelecimentos atraem muito desigualmente os alunos das diferentes classes sociais em função de seu êxito escolar anterior e das definições sociais, diferenciadas segundo as classes, tipos de estudos de estabelecimentos, compreende-se que os diferentes tipos de *curriculum* asseguram oportunidades muito desiguais de se atingir o êxito no ensino superior. Segue-se que os alunos das classes populares pagam sua admissão no ensino secundário pela sua relegação a instituições e carreiras escolares que, como se fossem armadilhas, os atraem pela falsa aparência de uma homogeneidade de fachada para encerrá-los num destino escolar mutilado[28].

---

28. Na França, em 1961-1962, a parte dos filhos e operários era de 20,3% na classe da sexta série dos liceus (denominação que abrange estabelecimentos de níveis ainda muito diferentes) e de 38,5% nos CEG, enquanto a parte dos originários dos quadros superiores e de membros das profissões liberais (fortemente representados por outro lado nos estabelecimentos privados) era de 14,9% nos liceus e somente de 2,1% nos CEG (*Informations statistiques*. Paris: Ministério da Educação Nacional, jan./1964). Por outro lado, a eliminação durante os estudos tanto no liceu como no CEG acentua a sub-repre-

Assim, mecanismo de eliminação adiada, a composição das oportunidades escolares de classe e das oportunidades de sucesso ulterior ligadas às diferentes seções e aos diferentes estabelecimentos transmuda uma desigualdade social numa desigualdade propriamente escolar, isto é, numa desigualdade de "nível" ou de êxito que oculta e consagra escolarmente uma desigualdade das oportunidades de acesso aos graus mais elevados do ensino[29].

À objeção segundo a qual a democratização do recrutamento do ensino secundário tende a reduzir em parte a autoeliminação, já que a probabilidade de acesso ao ensino secundário tem se elevado sensivelmente nos últimos anos entre as classes populares, pode-se opor a estatística do acesso ao ensino superior em função do estabelecimento ou da seção de origem que põe em evidência uma oposição social e escolar entre as seções nobres dos estabelecimentos nobres e o ensino secundário de segunda ordem, perpetuando sob uma forma mais dissimulada a cisão antiga entre o liceu e o ensino primário superior[30]. Melhor, reduzindo a parte da

---

sentação das classes populares; além disso, a diferença de nível entre os dois tipos de estabelecimento é tal que, para aqueles que escolhessem continuar seus estudos além do diploma, o acesso e a adaptação a uma classe dos liceus, instituição diferente em seu corpo docente, seu espírito e seu recrutamento social, são simultaneamente aleatórias e difíceis.

29. Pode-se aprender a influência própria da esperança subjetiva unida à probabilidade objetiva de êxito que está ligada a uma seção ou a um tipo de estabelecimento no efeito "desmoralizante" que produz a admissão numa seção ou num tipo de estabelecimento desvalorizado: observou-se que em nível igual de êxito nos exames os alunos que têm acesso ao liceu ganham pontos qualquer que seja sua origem social, enquanto que aqueles que entram numa escola moderna veem seus resultados enfraquecidos (Great Britain Commitee on Higher Education, Higher Education Report of the Commitee Appointed by the Prime Minister under the Chairmanship of Lord Robbins, 1961-1963. Londres: HMSO, 1963).

30. Tem-se descrito frequentemente como o sistema escolar americano consegue, graças à diversificação das instituições de ensino superior, "eliminar suavemente" (*cooling out function*) aqueles que, não satisfazendo as normas da "verdadeira escolaridade", são impelidos sem estardalhaço para as "vias

autoeliminação ao fim dos estudos primários em proveito da eliminação prorrogada ou da eliminação só pelo exame, o sistema de ensino não faz mais do que preencher melhor sua função conservadora, se é verdadeiro que, para dela desempenhar-se, ele deve mascarar oportunidades de acesso em oportunidades de êxito: os que invocam "o interesse da sociedade" para deplorar o desperdício econômico que representa o "resíduo escolar" deixam contraditoriamente de levar em conta aquilo de que esse desperdício é o preço, a saber, o proveito que a ordem social encontra em dissimular, prorrogando-a no tempo, a eliminação das classes populares.

Compreende-se que para desempenhar-se completamente dessa função de conservação social o sistema escolar deva apresentar a "hora da verdade" do exame como sua verdade: a eliminação submissa apenas às normas da equidade escolar, portanto formalmente irrepreensível, que o exame opera e assume, dissimula a realização da função do sistema escolar, obnubilando pela oposição entre os aceitos e os recusados a relação entre os candidatos e todos os que o sistema excluiu *de facto* do número dos candidatos, e dissimulando assim os laços entre o sistema escolar e a estrutura das relações de classe. À maneira da sociologia espontânea, que compreende o sistema como ele pede para ser compreendido, várias análises eruditas, que se deixam impor as mesmas autonomizações e retomam por sua conta

---

de resguardo" que a instituição e seus agentes conseguem apresentar como conduzindo a carreiras equivalentes (*alternative achievements*) (CLARK, B.R. "The cooling out function in higher education". In: HALSEY, A.H.; FLOUD, J. & ANDERSON, C.A. (orgs.). *Education and society*. Nova York: Free Press, 1961). Do mesmo modo, apesar da fachada de homogeneidade institucional de sua organização (paralelismo dos liceus, das faculdades e das universidades regionais, ou equivalência jurídica dos bacharelatos passados em seções diferentes), a Universidade francesa tende cada vez mais a usar hierarquias implícitas e ajustadas, que todo o sistema de ensino subentende para se obter a "demissão progressiva" dos estudantes que ela relega às fileiras dos "encalhados".

a própria lógica do exame, só consideram aqueles que estão no sistema num momento determinado, excluindo aqueles que foram excluídos. Ora, a relação que cada um dos que permanecem no sistema mantém, ao menos objetivamente, com o conjunto de sua classe social de origem domina e informa a relação que ele mantém com o sistema: suas condutas, suas aptidões e suas disposições relativamente à Escola levam a marca de todo seu passado escolar porque devem suas características ao grau de probabilidade ou de improbabilidade que ele teve de se encontrar ainda dentro do sistema, nessa fase e nessa trilha do ensino.

Assim, um uso mecânico da análise multivariada poderia conduzir a negar-se a influência da origem social sobre o êxito escolar, pelo menos no nível do ensino superior, sob pretexto por exemplo de que a relação primária entre a origem social e o êxito desaparece quando se considera separadamente cada uma das duas categorias de estudantes definidos por uma formação clássica ou uma formação moderna[31]. Isso seria ignorar a lógica específica segundo a qual as vantagens e as desvantagens sociais se retraduzem progressivamente, ao curso das seleções sucessivas, em vantagens ou em desvantagens escolares e, mais concretamente, seria negligenciar as características propriamente escolares, como o estabelecimento, a seção a partir da sexta série etc., que substituem a influência da origem social: seria suficiente comparar a taxa de êxito no exame de estudantes que reúnem as características mais improváveis para sua classe de origem, por exemplo a taxa de êxito de estudantes filhos de operários, procedentes de um grande liceu parisiense, que teriam feito latim e grego e que teriam tido o melhor êxito possível anterior (contanto que a categoria assim definida não seja uma classe nula) às taxas de êxito de estudantes dotados das mesmas características escolares, mas que pertencem a uma classe social em que essas características são mais prováveis

---

31. Sobre a *multivariate fallacy*, v. supra, capítulo 1.

(estudantes procedentes da burguesia parisiense por exemplo), para observar o desaparecimento ou mesmo a inversão da relação que se estabeleceu na maioria dos casos entre a posição na hierarquia social e o sucesso escolar[32]. A constatação permanece, entretanto, desprovida de significação e mesmo geradora de absurdos na medida em que não se recoloca a relação constatada no sistema completo das relações e de suas transformações durante as sucessivas seleções ao termo das quais se constituiu essa espécie de *composição de improbabilidades* que confere, a um grupo caracterizado por superseleções sucessivas, seu êxito de exceção. A análise, mesmo multivariada, das relações observadas num determinado momento entre as características de categoria de uma população escolar que é o produto de uma série de seleções baseadas nessas mesmas características ou que, se assim se prefere, é o produto de uma série de triagens indiretas sob o prisma das variáveis consideradas (ou seja, antes de tudo, as de origem social, de sexo ou de residência geográfica) só apreenderia relações falaciosas se não se tivesse o cuida-

---

32. O exame das características sociais e escolares dos laureados do concurso geral fornece uma ilustração exemplar dessas análises. Essa população distingue-se por um conjunto sistemático de vantagens sociais da população das classes terminais no interior da qual ela se destaca por uma seleção de dois graus, a que operam os estabelecimentos de ensino secundário ao designarem seus melhores alunos para o concurso e a que opera o júri entre os candidatos: mais jovens, procedentes com mais frequência de liceus da região parisiense, mais frequentemente inscritos num liceu desde o sexto ano, os laureados pertencem a meios mais favorecidos tanto sob a relação do *status* social como do capital cultural. Mais precisamente, os laureados de uma categoria dada (classe social ou categoria estatística como o sexo ou a classe de idade) apresentam tanto menos as características demográficas, sociais e escolares da população dessa categoria tomada em seu conjunto (e, inversamente, apresentam tanto mais características *raras* para essa categoria) quanto esta possui menos oportunidades de ser representada e isso quanto mais tenham sido nomeados numa matéria situada a um nível mais elevado na hierarquia das disciplinas – isto é, por exemplo, em francês antes do que em geografia (cf., para uma análise mais aprofundada, BOURDIEU, P. & SAINT-MARTIN, M. "L'excellence scolaire et les valeurs du système d'enseignement français". *Annales*, 1, jan.-fev./1970).

do de reconstituir, além das desigualdades de seleção capazes de esconder as desigualdades ante a seleção, as disposições diferenciais que determinam seleções diferenciais entre os indivíduos selecionados. Com efeito, fechando-se na sincronia, fica-se condenado a tratar como um conjunto de probabilidades absolutas, que seriam redefinidas *ex nihilo* a cada momento do curso, uma série transitiva de probabilidades condicionais ao longo da qual está especificada e limitada progressivamente a probabilidade inicial cujo melhor indicador seria, no estado atual, a probabilidade de ter acesso ao ensino secundário em tal ou qual seção, segundo a classe social de origem. Ao mesmo tempo, fica-se impossibilitado de explicar completamente as disposições características das diferentes categorias de estudantes: "atitudes" tais como o diletantismo, a segurança e o desembaraço dessacralizantes dos estudantes originários da burguesia ou a animosidade obstinada e o realismo escolar dos estudantes procedentes das classes populares, só podem ser compreendidos em função da probabilidade ou da improbabilidade de ocupar a posição que define a estrutura objetiva da experiência subjetiva do "miraculado" ou do "herdeiro". Em suma, o que se deixa apreender é, em cada ponto da curva, a inclinação da curva, isto é, toda a curva[33]. Se é verdade que a relação que um indivíduo mantém com a Escola e com a cultura que ela transmite é mais ou menos "desembaraçada", "brilhante", "natural", "laboriosa", "tensa" ou "dramática", segundo a probabilidade de sua sobrevivência no sistema, e se se sabe, por outro lado, que em

---

33. É preciso evidentemente evitar de atribuir aos indivíduos uma lucidez absoluta sobre a verdade de sua experiência: suas práticas podem ser ajustadas à sua posição no sistema sem se regularem diretamente por outra coisa a não ser a reinterpretação, proposta pelo sistema, das condições objetivas de sua presença no sistema; assim, ainda que as atitudes escolares do "miraculado" apareçam como objetivamente (mas indiretamente) reguladas por suas oportunidades objetivas de classe, suas representações conscientes e seus discursos podem ter por princípio diretor a imagem encantada do milagre contínuo, merecido pelo esforço da vontade.

seus *veredictos* o sistema de ensino e a "sociedade" levam em conta a relação com a cultura tanto quanto a cultura, vê-se tudo que se deixa de compreender quando não se recorre ao princípio da produção das diferenças escolares e sociais mais duráveis, isto é, o *habitus* – esse princípio gerador e unificador das condutas e das opiniões que é também o seu princípio explicativo, já que tende a reproduzir em cada momento de uma biografia escolar ou intelectual o sistema das condições objetivas de que ele é o produto.

Assim, uma análise das funções do exame que pretende romper com a sociologia espontânea, isto é, com as imagens de aparência enganadora que o sistema de ensino tende a propor de seu funcionamento e de suas funções, leva a substituir o exame puramente docimológico do exame, que serve ainda às funções ocultas do exame, por um estudo sistemático dos mecanismos de eliminação, como ponto privilegiado da apreensão das relações entre o funcionamento do sistema de ensino e a perpetuação da estrutura das relações de classe. Nada é mais adequado do que o exame para inspirar a todos o reconhecimento da legitimidade dos *veredictos* escolares e das hierarquias sociais que eles legitimam, já que ele conduz aquele que é eliminado a se identificar com aqueles que malogram, permitindo aos que são eleitos entre um pequeno número de elegíveis ver em sua eleição a comprovação de um mérito ou de um "dom" que em qualquer hipótese levaria a que eles fossem preferidos a todos os outros. É somente com a condição de revelar no exame a função de dissimulação da eliminação sem exame que se pode compreender completamente por que tantos traços de seu funcionamento como processo patente de seleção obedecem ainda à lógica que rege a eliminação que esse dissimula. Sabendo-se tudo o que o julgamento dos examinadores deve a normas implícitas que retraduzem e especificam na lógica propriamente escolar os valores das classes dominantes, vê-se que os candidatos têm que suportar um *handicap* tanto mais pesado quanto esses valores estão mais afastados daqueles de sua classe de origem[34]. A ótica de classe está mais marcada do que nunca nas provas em que o examinador mais se libera quanto aos critérios implícitos e difusos da arte tradicional de dar nota, como a prova de dissertação ou a oral, ocasião de se fazer julgamentos totais, armados dos critérios inconscientes da percepção social, sobre pessoas totais, cujas qualidades morais e intelectuais são percebidas através dos infinitésimos do estilo ou das maneiras, do acento ou da elocução, da postura ou da mímica, ou mesmo das roupas e dos cosméticos; sem falar dessas provas orais que, como o concurso da ENA ou da agregação das letras, reivindicam quase explicitamente o direito aos critérios implícitos, quer se trate do desembaraço e da distinção burguesa ou do bom tom e da boa apresentação universitários[35]. Do mesmo modo que, como o observa Marcel Proust, "descobre-se ao telefone as inflexões de uma

---

34. Como caso extremo, os concursos de medicina revelam com toda clareza traços observados alhures, quer se trate do primado conferido à função de seleção concebida como cooptação de classe ou do papel da retórica (que não é somente verbal, mas também gestual e, se se pode dizer assim, postural), ou ainda da criação artificial de castas irreversivelmente separadas por passados escolares diferentes (JAMOUS, H. *Contribution à une sociologie de la décision*. Paris: CES, 1967, p. 86-103).

35. Não se teria mais do que o embaraço da escolha para mostrar como os examinadores transformam em ordálio ético as provas mais técnicas: "O exame, sobretudo oral, parece-me implicar qualidades extremamente complexas. Se se aprecia o gosto, a modéstia e ao mesmo tempo a inteligência propriamente dita, é uma personalidade que tenta compreender uma personalidade" (BOUGLÉ, C. *III Conference on Examinations*, p. 32-44). "Um concurso como o nosso não representa apenas uma prova técnica, ele é igualmente um teste de moralidade, de probidade intelectual" (*Agrégation de grammaire masculine*, 1957, p. 14). "Tendo o texto sido penetrado e tendo a tradução sido preparada para a análise, resta, para transformá-la em grego, servir-se simultaneamente de qualidades morais e de conhecimentos técnicos. As qualidades morais, em nome das quais podem figurar a coragem, o entusiasmo etc., concentram-se nas de probidade. Tem-se deveres para com o texto. É preciso submeter-se a ele e não trapacear" (*Agrégation de grammaire masculine*, 1963, p. 20-21). Seria infinito enumerar-se os adjetivos que explicam as faltas técnicas na linguagem das depravações morais; "desprezível complacência", "desonestidade", "engenhosidade perversa", "negligência culpável", "pusilanimidade", "preguiça intelectual" ou "nulidade sem-vergonha".

voz que só se distingue quando ela está dissociada de um rosto em que se objetiva sua expressão", só a decomposição experimental do julgamento sincrético do examinador poderia revelar tudo o que um julgamento formulado em situação de exame deve ao sistema das marcas sociais que constitui o fundamento objetivo do sentimento da "presença" ou da "insignificância" do candidato. Mas é preciso resguardar-se da crença de que a racionalização formal dos critérios e das técnicas de julgamento seria suficiente para libertar o exame de suas funções sociais: é o que parecem ignorar os docimólogos quando, fascinados pela dupla inconstância dos examinadores incapazes de se harmonizar entre si porque incapazes de concordar consigo mesmos sobre os critérios de julgamento, esquecem que juízes diferentes poderiam, ao máximo, concordar sobre julgamentos identicamente distorcidos porque fundados sobre os mesmos critérios implícitos se eles tivessem em comum todas as características sociais e escolares que determinam suas notas. Chamando a atenção sobre esse asilo da irracionalidade que constitui o exame, os docimólogos colocam em evidência a discordância entre a ideologia da equidade e a realidade das operações de seleção, mas, esquecidos de se interrogar sobre as funções sociais dos processos também "irracionais", eles podem ainda contribuir para a realização dessas funções ao fazer crer que uma racionalização do sistema de notas seria suficiente para colocar os exames a serviço das funções proclamadas pela Escola e pelo exame[36].

Assim, para que o exame preenchesse à perfeição sua função de legitimação da herança cultural e, portanto, da ordem estabelecida, seria suficiente que a confiança jacobina

---

36. Do mesmo modo que, por não levar em conta as características sociais dos examinadores e dos examinados, os docimólogos jamais imaginaram testar a correlação entre a concordância das notações e a homogeneidade social e escolar do grupo dos examinadores, também por não ver que a docimologia espontânea dos professores tem sua lógica e suas funções sociais, eles não têm outro recurso senão a indignação consternada diante do fraco eco que sua prédica racional encontra no corpo professoral.

que tantos universitários depositam no concurso nacional e anônimo pudesse se transferir para as técnicas de medida que têm todas as aparências do cientificismo e da neutralidade. Nada serviria melhor a essa função de sociodiceia do que testes, formalmente irrepreensíveis, que pretendessem medir em um momento determinado a aptidão dos indivíduos para ocupar postos profissionais, esquecendo que essa aptidão, por mais cedo que se revele, é o produto de uma aprendizagem socialmente qualificada e que as medidas mais prognosticantes são precisamente as menos neutrais socialmente. É com efeito a utopia neoparetiana de uma sociedade ao abrigo da "circulação das elites" e da "revolta das massas" o que se pode ler entre as linhas de certas descrições que veem os testes como instrumento e garantia privilegiados da democracia americana como meritocracia: "Uma consequência concebível da confiança crescente nos testes de aptidão como critério da atribuição do *status* cultural e profissional poderia ser uma estrutura de classe fundada sobre as aptidões, porém mais rígida. O caráter hereditário das aptidões, combinado com o uso generalizado de testes rigorosos de seleção, confirmará o indivíduo em sua situação quando ele for nascido de pais pouco dotados. Considerando-se a endogamia de classe, pode-se esperar que, com o tempo, a ascensão intergeracional se torne mais difícil"[37]. E quando esses utopistas descrevem o efeito "desmoralizante" que um tal sistema de seleção não deixaria de produzir sobre os membros das "baixas classes", forçados a se convencerem, como os *delta* do *Melhor dos mundos*, que são os últimos dos últimos e devem estar contentes de sê-lo, eles só superestimam a aptidão dos testes para interpretar as aptidões naturais porque talvez subestimem a aptidão da Escola para fazer acreditar no caráter das aptidões ou das inaptidões.

---

37. GOSLIN, D.A. *The search for ability, standardized testing in social perspective*. Nova York: John Wiley and Sons, 1966.

Seleção técnica e seleção social

Assim, pode-se dizer que um sistema de ensino seja tanto mais capaz de dissimular sua *função social* de legitimação das diferenças de classe sob sua *função técnica* de produção das qualificações quanto menos lhe é possível ignorar as exigências incomprimíveis do mercado de trabalho: sem dúvida as sociedades modernas conseguem cada vez mais obter da Escola que ela produza e garanta como tais cada vez mais indivíduos qualificados, isto é, cada vez mais bem-adaptados às exigências da economia; mas essa restrição que a autonomia impõe ao sistema de ensino é sem dúvida mais aparente do que real na medida em que a elevação do mínimo de qualificação técnica exigido pelo exercício das profissões não traz consigo *ipso facto* a redução do desvio entre a qualificação técnica que o exame garante e a qualidade social que ele outorga pelo que se poderia chamar seu *efeito de certificação*. Um sistema de ensino conforme as normas da ideologia tecnográfica pode, pelo menos tão bem quanto um sistema tradicional, conferir à raridade escolar que ele produz ou decreta pelo diploma uma raridade social relativamente independente da raridade técnica das capacidades exigidas pelo posto ao qual o diploma dá legitimamente acesso: não se compreenderia de outra maneira que tantos postos profissionais pudessem ser ocupados, a títulos diferentes e com remunerações desiguais, por indivíduos que (na hipótese mais favorável à fiabilidade do diploma) só se diferenciam pelo grau em que foram consagrados pela Escola. Todas as organizações contam com esses "substitutos" que estão condenados pela ausência de títulos escolares a uma posição subalterna ainda que sua eficácia técnica os torne indispensáveis, e sabe-se da concorrência que opõe categorias separadas na hierarquia administrativa pelo rótulo escolar ainda que elas preencham as mesmas tarefas técnicas (como os engenheiros oriundos de escolas diferentes, ou, entre os professores do ensino secundário, os agregados, os biadmissíveis, os certificados, os adjuntos de ensino, os encarregados de ensino, os mestres auxiliares etc.). Se o princípio "para trabalho igual, salário igual" pode servir para justificar hierarquias que, tomado ao pé da letra, ele pareceria contradizer, é que o valor de uma produção profissional é sempre socialmente percebido como solidário do valor do produtor e esse por sua vez como resultante do valor escolar de seus títulos. Em suma, o diploma tende a impedir que a comparação da relação patente entre o diploma e o *status* profissional com a relação mais incerta entre a capacidade e o *status* faça surgir a questão da relação entre a capacidade e o diploma e conduza, assim, a um questionamento da fiabilidade do diploma, isto é, de tudo o que legitima o reconhecimento da legitimidade dos diplomas: são os próprios princípios sobre os quais repousam sua organização e sua hierarquia que defendem as burocracias modernas quando elas parecem contradizer os seus interesses mais patentes ao abster-se de pôr à prova o teor técnico dos títulos escolares de seus agentes, porque não poderiam submeter indivíduos certificados pelo diploma a provas capazes de colocá-los em risco sem pôr igualmente em risco a legitimidade do diploma e de todas as hierarquias que ele legitima. É ainda a necessidade de dissimular o desvio que separa a qualificação técnica efetivamente garantida pelo diploma da rentabilidade social assegurada por seu efeito de certificação que corresponde à ideologia da "cultura geral", cuja função primeira poderia ser a de impedir de fato e de direito que "o homem cultivado" possa jamais ser intimado a provar tecnicamente sua cultura. Compreende-se que as classes que detêm objetivamente o monopólio de uma relação com a cultura definida como indefinível (porque não pode ser definida objetivamente a não ser por esse monopólio de fato) estejam predispostas a tirar pleno proveito do efeito de certificação e que tenham todo o interesse em defender a ideologia da cultura desinteressada que legitima esse efeito, dissimulando-o[38]. Compreende-se, na mesma lógica, as funções sociais do desperdício ostensivo da aprendizagem que define o modo de aquisição de todas as aptidões dignas de pertencer a uma cultura geral, quer se trate da aquisição das línguas antigas, concebida como uma iniciação, necessariamente lenta, às virtudes éticas e lógicas do "humanismo", ou do entusiasmo complacente por todos os "formalismos", literários ou estéticos, lógicos ou matemáticos.

Se toda a operação de seleção tem sempre indissociavelmente por efeito o controle das qualificações técnicas por referência às exigências do mercado de trabalho e a criação de qualidades sociais por referência à estrutura das relações de classe que o sistema de ensino contribui para perpetuar, em suma, se a Escola detém simultaneamente uma função técnica de produção e de comprovação das capacidades e uma função social de conservação e de consagração do poder e dos privilégios, compreende-se que as sociedades modernas forneçam ao sistema de ensino múltiplas ocasiões de exercer seu poder de converter vantagens sociais em vantagens escolares, elas mesmas reconversíveis em vantagens sociais, porque tal permite que se apresentem as preliminares escolares, por conseguinte implicitamente sociais, como pré-requisitos técnicos do exercício de uma profissão[39].

---

38. "Ter a licença é talvez saber, ou ter sabido, alguns rudimentos de história romana ou de trigonometria. Pouco importa. O que importa é que o título permita obter uma situação mais vantajosa do que uma outra, para a qual esse diploma não é exigido. Tudo se passa como se a sociedade experimentasse dúvidas sobre a função de certos aspectos da educação e que ela devesse arredondar simbolicamente os ângulos criando noções como as de cultura geral" (SAPIR, E. *Anthropologie*. Tomo II. Paris: De Minuit, 1967, p. 55).

39. É essa tendência inerente a todo sistema escolar que Durkheim percebia no caso privilegiado do colégio do *ancien régime*: "O Colégio do *ancien régime* não formava sem dúvida médicos, nem padres, nem homens de Estado, nem juízes, nem advogados, nem professores; mas se considerava que, para se poder tornar professor, advogado, juiz etc., era indispensável ter passado pelo Colégio" (DURKHEIM, É. *L'évolution pédagogique en France*. Op. cit., p. 182).

Assim, quando Max Weber associava o desenvolvimento das grandes burocracias modernas, gerador da necessidade incessantemente acrescida de *experts* especialmente preparados para tarefas específicas, a uma racionalização dos processos de seleção e de recrutamento, ele superestimava a autonomia das funções técnicas em relação às funções sociais tanto do sistema de ensino quanto do sistema burocrático: de fato, a alta administração francesa talvez jamais reconheceu e consagrou tão totalmente quanto hoje as disposições mais gerais e mesmo mais difusas, mais rebeldes, em todo caso, à explicitação e à codificação racionais, e jamais subordinou tão completamente os especialistas, os *experts* e os técnicos, aos especialistas do geral procedentes das escolas mais prestigiosas[40].

Delegando cada vez mais completamente o poder de seleção à instituição escolar, as classes privilegiadas podem parecer abdicar, em proveito de uma instância perfeitamente neutra, do poder de transmitir o poder de uma geração à outra dos privilégios. Mas, por suas sentenças formalmente irrepreensíveis que servem sempre objetivamente as classes dominantes, pois não sacrificam jamais os interesses técnicos dessas classes a não ser em proveito de seus interesses sociais, a Escola pode melhor do que nunca e, em todo caso, pela única maneira concebível numa sociedade que proclama ideologias democráticas, contribuir para a reprodução da ordem estabelecida, já que ela consegue melhor do que nunca dissimular a função que desempenha. Longe de ser incompatível com a reprodução da estrutura das relações de

---

40. Essa evolução, começada no fim do último século, com a criação dos concursos de recrutamento das grandes administrações que, invocando as exigências da "cultura geral", marcariam o retrocesso dos especialistas e dos técnicos "formados na prática", encontra de algum modo a sua conclusão e sua realização com o concurso da Escola Nacional de Administração, que povoou as administrações e os gabinetes ministeriais de "jovens senhores", os quais acumulam as vantagens de uma educação burguesa e da formação escolar mais geral e mais tipicamente tradicional.

classe, a mobilidade dos indivíduos pode concorrer para a conservação dessas relações, garantindo a estabilidade social pela seleção controlada de um número limitado de indivíduos, ademais modificados por e pela ascensão individual, e dando assim sua credibilidade à ideologia da mobilidade social que encontra sua forma realizada na ideologia escolar da Escola libertadora[41].

---

41. Esposando-se implicitamente essa ideologia como tantas pesquisas que reduzem a questão da reprodução das relações de classe à questão da mobilidade intergeracional dos indivíduos, fica-se impedido de compreender tudo o que as práticas individuais, e em particular aquelas que contribuem para a mobilidade ou que dela resultem, devem à estrutura objetiva das relações de classe em que se realizam. Assim, por exemplo, o interesse coletivo que as classes dominantes têm na salvaguarda da estrutura das relações de classe e, portanto, na evolução do sistema de ensino para uma subordinação sempre mais estrita às exigências da economia e do cálculo econômico, o que implica, entre outras coisas, o sacrifício de uma fração dos estudantes dessas classes, tende, hoje, por causa da sua superescolarização, a entrar em conflito com o interesse individual dos membros dessas classes que os leva a esperar do sistema de ensino a consagração das pretensões sociais de todos os membros da classe.

Capítulo 4

A dependência pela independência

E primeiramente um hierofante os agrupou em ordem; depois tomando dos joelhos de Lachesis porções e moldes de vida, ele subiu num estrado muito alto e gritou: "Proclamação da virgem Lachesis, filha da Necessidade. Almas efêmeras, começareis uma nova carreira e renascereis na condição mortal. Não é um gênio que decidirá de vós ao acaso, mas vós quem ireis escolher vosso gênio. O primeiro que a sorte designar será o primeiro a escolher a vida à qual estará ligado pela necessidade [...]. Cada um é responsável pela sua escolha, a divindade está fora de causa".

Platão. *A república.*

Ao se propor analisar a comunicação da mensagem, a organização do exercício ou o controle e a sanção dos efeitos da comunicação e do exercício, isto é, o trabalho pedagógico como ação prolongada de inculcação pela qual se realiza a função própria de todo sistema escolar, ou ao se pretender apreender os mecanismos pelos quais o sistema seleciona, aberta ou tacitamente, os destinatários legítimos de sua mensagem, impondo exigências técnicas que são sempre, em graus diversos, exigências sociais, não se pode, como já foi visto, compreender a dupla verdade de um sistema definido pela capacidade de colocar a serviço de sua função externa de conservação social a lógica interna de seu funcionamento quando se deixa de relacionar todas as características, presentes e passadas, de sua organização e de seu público com o sistema completo das relações que se estabelecem, numa formação social determinada, entre o sistema de ensino e a estrutura das relações de classe. Conceder ao sistema de ensino a independência absoluta à qual ele pretende ou, ao contrário, não ver nele senão o reflexo de um estado do sistema econômico ou a expressão direta do sistema de valores da "sociedade global", é deixar de perceber que sua autonomia relativa lhe permite servir às exigências externas sob as aparências de independência e da neutralidade, isto é, dissimular as funções sociais que ele desempenha e, portanto, desincumbir-se delas mais eficazmente.

O esforço para repertoriar as funções externas do sistema escolar, isto é, as relações objetivas entre esse sistema e os outros subsistemas, por exemplo o sistema econômico ou o sistema de valores, permanece fictício todas as vezes que as relações assim estabelecidas não são elas mesmas relacionadas com a estrutura das relações de força que se estabelecem num momento determinado entre as classes sociais. Assim, foi preciso colocar a organização universitária (por exemplo, as condições institucionais da comunicação pedagógica ou a hierarquia dos graus e das disciplinas) em relação às características sociais do público para evitar fechar-se na alternativa empirista que obriga o senso comum e numerosas análises semieruditas a oscilar entre a condenação de um sistema escolar presumido culpável de todas as desigualdades que produz e a denúncia de um sistema social tido por único responsável das desigualdades legadas a um sistema escolar em si mesmo impecável. Do mesmo modo, é preciso determinar a forma diferencial que revestem, para cada classe social de uma sociedade caracterizada por uma certa estrutura de relações de classe, as relações entre o sistema de ensino e tal ou qual outro subsistema, se se deseja evitar a ilusão, frequente entre os economistas, de que a Escola, investida pela "Sociedade" de uma função única e unicamente técnica, manteria uma relação única e unívoca com a economia dessa sociedade, ou a ilusão, própria de certos antropólogos culturalistas, de que a Escola, investida pela "Sociedade" de uma função única e unicamente cultural de "enculturação", não faria mais do que exprimir em sua organização e em seu funcionamento a hierarquia dos valores da "cultura nacional" que ela transmite de uma geração a outra.

Reduzir as funções do sistema de ensino à sua função técnica, isto é, o conjunto das relações entre o sistema escolar e o sistema econômico ao "rendimento" da Escola medido pelas necessidades do mercado de trabalho, é interditar-se um uso rigoroso do método comparativo, condenando-se à comparação abstrata de séries estatísticas despojadas da significação que os fatos mensurados possuem pela sua posição numa estrutura particular, servindo um sistema particular de funções. As condições de uma aplicação fecunda do método comparativo só não preenchidas quando se relaciona sistematicamente as variações da estrutura hierárquica das funções do sistema de ensino (isto é, as variações do peso funcional de cada uma das funções no sistema completo das funções) com as variações concomitantes da organização do sistema escolar. Submetendo à crítica dois tipos de condutas que se conciliam para ignorar essas exigências, seja em nome de uma espécie de decreto da comparabilidade universal, seja em nome da crença na irredutibilidade das "culturas nacionais", pode-se esperar ao menos precisar as condições da construção de um modelo que permitiria compreender cada um dos casos historicamente realizados como um caso particular das transformações que pode sofrer o sistema das relações entre a estrutura das funções e a estrutura da organização. Com efeito, os diferentes tipos de estrutura do sistema de ensino, isto é, as diferentes especificações históricas da função própria de produção de disposições duráveis e transferíveis (*habitus*) que cabe a todo sistema de ensino, só adquirem todo seu sentido quando são relacionados com os diferentes tipos de estrutura do sistema das funções, eles mesmos inseparáveis dos diferentes estados da relação de força entre os grupos ou classes pelos quais e para os quais se realizam essas funções.

As funções particulares do "interesse geral"

Jamais a questão dos "fins" da educação identificou-se tão completamente como hoje com a interrogação sobre a contribuição que a universidade traz ao desenvolvimento nacional. Mesmo as preocupações, aparentemente as mais estranhas a essa lógica, como a apregoada preocupação de "democratizar o acesso à Escola e à cultura", empregam cada vez mais a linguagem da racionalidade econômica, revestindo por exemplo a forma de uma denúncia do "desperdício" dos talentos. Mas "racionalização" econômica e "democratização" estão elas assim tão automaticamente ligadas como gostam de crer os tecnocratas de boa vontade? A sociologia e a economia da educação não se deixariam envolver tão facilmente em semelhante problemática se não supusessem resolvida a questão que todas as interrogações artificialistas colocam objetivamente sobre os "fins" da educação, a saber, a questão teórica das funções do sistema de ensino que *são objetivamente possíveis* (isto é, possíveis não somente logicamente mas sociologicamente) e, correlativamente, a questão metodológica da comparabilidade dos sistemas de ensino e de seus produtos.

O pensamento tecnocrático que, retomando a filosofia da história do evolucionismo social em sua forma mais simplista, pretende extrair da própria realidade um modelo unilinear e unidimensional das fases da transformação histórica, considera-se a si mesmo o aferidor de uma comparação social universal que lhe permite hierarquizar de uma maneira unívoca, segundo seu grau de desenvolvimento ou de "racionalidade", as diferentes sociedades ou os diferentes sistemas de ensino. Na verdade, pelo fato de que os indicadores da "racionalidade" do sistema de ensino se prestam tanto mais dificilmente à interpretação comparativa quanto mais completamente exprimem a especificidade histórica e social das instituições e das práticas escolares, essa abordagem destrói o próprio objeto da comparação ao despojar os elementos comparados de tudo o que eles devem à sua dependência face aos sistemas de relações. Por conseguinte, quer se tomem indicadores tão abstratos como as taxas de analfabetismo, de escolarização e de enquadramento, quer se considerem indicadores mais específicos do rendimento do sistema de ensino ou do grau em que ele utiliza os recursos intelectuais virtualmente disponíveis, tais como a parte dedicada ao ensino técnico, a proporção dos diplomados em relação ao fluxo de admissão ou a representação diferencial dos sexos ou das classes sociais nos diferentes graus do ensino, é preciso reintegrar essas relações no interior dos sistemas de relações de que elas dependem, se se quer evitar a comparação de coisas incomparáveis ou, mais sutilmente, se não se quer omitir a comparação de coisas realmente comparáveis.

Mais profundamente, todos esses indicadores repousam sobre uma definição implícita da "produtividade" do sistema escolar que se referindo exclusivamente à sua "racionalidade formal e externa" reduz o sistema de suas funções a uma dentre elas, ela mesma submetida a uma abstração redutora: a medida tecnocrática do rendimento escolar supõe o modelo empobrecido de um sistema que, sem conhecer outros fins exceto aqueles que retivesse do sistema econômico, corresponderia ao máximo, em quantidade e em qualidade, e ao menor custo, à demanda técnica de educação, isto é, às necessidades do mercado de trabalho. Para que aderisse a uma tal definição da racionalidade, o sistema de ensino mais racional (formalmente) seria aquele que, subordinando-se totalmente às exigências da calculabilidade e da previsibilidade, produzisse ao menor custo formações específicas diretamente ajustadas a tarefas especializadas e garantisse os tipos e os graus de qualificação requeridos, num prazo dado, pelo sistema econômico, o que significaria utilizar para esse fim um pessoal especialmente formado no manejo das técnicas pedagógicas mais adequadas, ignorar as barreiras de classe e de sexo para aproveitar o mais amplamente possível (sem sair contudo dos limites da rentabilidade) as "reservas" intelectuais e banir todos os vestígios de tradicionalismo para substituir um ensino de cultura, destinado a formar homens refinados, por um ensino capaz de produzir necessariamente e em tempo previsto especialistas adequados[1].

A fim de perceber a simplificação que uma tal definição inflige aos sistemas das funções é suficiente observar que as relações estatísticas mais comumente invocadas para demonstrar a existência de uma correspondência global entre

---

[1]. Poder-se-ia objetar a essa definição da racionalidade formal do ensino que as exigências do sistema econômico não são mais formuladas hoje em termos de especialização estreita e que a ênfase é colocada, ao contrário, sobre a aptidão para as readaptações profissionais. De fato, trata-se aí de um novo tipo de especialidade profissional, exigido por um novo estado da demanda do sistema econômico. Apesar dessa ampliação da definição, a aptidão para produzir capacidades profissionalmente utilizáveis permanece sendo a medida da racionalidade do sistema de ensino.

o grau de racionalidade formal do sistema de ensino e o grau de desenvolvimento do sistema econômico só adquirem seu sentido específico se forem reintegradas no sistema das relações entre o sistema escolar e a estrutura das relações de classe. Um indicador tão unívoco em aparência quanto a taxa de diplomados de cada nível em cada especialidade não poderia ser interpretado na lógica formal de um sistema de equivalências jurídicas: o rendimento econômico e social de um diploma determinado é função de sua raridade nos mercados econômico e simbólico, isto é, do valor que as sanções desses mercados conferem aos diferentes diplomas e às diferentes categorias de diplomados. Assim, nos países em que a taxa de analfabetismo é muito alta, o simples fato de saber ler e escrever, ou, *a fortiori*, a posse de um diploma elementar é suficiente para assegurar uma vantagem decisiva na competição profissional[2]. Do mesmo modo, porque as sociedades tradicionais excluem geralmente a mulher da escolaridade, porque a utilização de todas as capacidades intelectuais é requerida pelo desenvolvimento da economia, e porque a admissão das mulheres nas profissões masculinas é uma das principais transformações sociais que acompanham a industrialização, se poderia ficar tentado a ver na

---

2. Em razão da equivalência formal dos sistemas e dos diplomas universitários, a comparação entre a Argélia e a França é, sob esse aspecto, particularmente significativa: "Numa sociedade em que 57% dos indivíduos não têm nenhum diploma de ensino geral e 98% nenhum diploma de ensino técnico a posse de um CAP (Certificat d'Aptitude Profissionelle) ou de um CEP (Certificat d'Etudes Primaires, que se encontra extinto) proporciona uma vantagem imensa na competição econômica; uma diferença ínfima de nível, a que separa por exemplo um indivíduo que sabe ler de um outro que sabe ler e escrever, determina uma diferença desproporcionada quanto às oportunidades de êxito social" (BOURDIEU, P. *Travail et travailleurs en Algérie*. Paris: La Haye/Mouton, 1962, p. 272-273). Do mesmo modo, a posse de um diploma tem para uma moça um rendimento muito diferente segundo a taxa de escolarização da população feminina: assim, por exemplo, na Argélia, 70% das moças que tinham o CEP ou um diploma mais elevado ocupavam em 1960 um emprego não manual, a taxa das inativas sendo insignificante (BOURDIEU, P. Op. cit., p. 208).

taxa de feminização do ensino secundário e superior um indicador do grau de "racionalização" e de "democratização" do sistema de ensino. Na verdade, os exemplos italiano e francês sugerem que uma taxa muito elevada de feminização não deve provocar uma ilusão e que a carreira escolar que as nações mais ricas oferecem às moças é frequentemente apenas uma variante, mais custosa e mais luxuosa, da educação tradicional ou, se se deseja, uma reinterpretação dos estudos femininos mais modernos em função do modelo tradicional da divisão de trabalho entre os sexos, como testemunham toda a atitude das estudantes em relação a seus estudos e, mais visivelmente ainda, a escolha da disciplina ou a taxa de utilização profissional do diploma, que são simultaneamente causa e efeito dessa atitude. Ao contrário, taxas de feminização, mesmo fracas, podem exprimir uma ruptura mais nítida com a definição tradicional da educação feminina num país muçulmano, em que toda a tradição tenderia a excluir totalmente as moças do ensino superior. Mais precisamente, a taxa global de feminização de um ensino superior não tem o mesmo sentido segundo o recrutamento social das estudantes e segundo a distribuição das taxas de feminização das diferentes faculdades e das diferentes disciplinas. Assim, na França, as oportunidades de admissão à universidade são hoje em dia sensivelmente iguais para os rapazes e as moças de mesma origem social sem que se possa concluir pelo enfraquecimento do modelo tradicional da divisão de trabalho e da ideologia da distribuição dos "dons" entre os sexos: as moças são condenadas mais frequentemente do que os rapazes a certos tipos de estudo (letras, principalmente) e isso tanto mais claramente quanto elas são de mais baixa origem. Mesmo indicadores à primeira vista tão pouco equívocos como a taxa de estudantes que utilizam sua qualificação escolar no exercício de uma profissão são submetidos ao efeito de sistema: para medir adequadamente o rendimento social do diploma detido por uma mulher seria preciso ao menos levar em conta o fato de que uma profissão (como, na França, a do ensino do primeiro e do segundo graus) vê o seu "valor" alterar-se à medida que se feminiza.

Outro exemplo, o indicador aparentemente mais irrecusável do rendimento do sistema de ensino, a saber, a taxa de "perda esperada" (definida pela proporção de estudantes que, num fluxo de admissão, não conseguem obter o diploma que sanciona o fim dos estudos), torna-se desprovida de sentido na medida em que não se consegue ver nela o efeito de uma combinação específica da seleção social e da seleção técnica que um sistema de ensino opera sempre indissociavelmente: a perda esperada é nesse caso um produto transformado da mesma forma que o produto acabado; pense-se no sistema de disposições para com a instituição escolar, a profissão e toda a existência que caracteriza o "fracassado" e ao mesmo tempo nos benefícios secundários, técnicos e sobretudo sociais, que são ocasionados desigualmente segundo as sociedades, e segundo as classes, pelo fato de se ter feito estudos, mesmo intermitentes ou interrompidos. Que adianta a comparação entre as taxas de perda esperada das universidades inglesa (14%), americana e francesa (40%), quando se deixa de considerar, além do grau de seleção, na admissão que distingue a Inglaterra da França ou dos Estados Unidos, a diversidade dos processos utilizados pelos diferentes sistemas para operar a seleção e fazer interiorizar os efeitos, desde a exclusão sem apelo operada pelo exame e sobretudo pelo concurso à francesa até "a eliminação suave" (*cooling out*) permitida pela hierarquia dos estabelecimentos universitários nos Estados Unidos?[3] Se é verdade que um

---

3. O que vale para os indicadores estatísticos vale também para os índices aparentemente mais específicos da organização e do funcionamento do sistema escolar: uma análise do conteúdo dos programas e dos manuais escolares que ignorasse as condições reais do seu funcionamento ou então um estudo do controle das universidades pelo Estado, da descentralização universitária ou do recrutamento dos administradores e dos professores que se apoiassem apenas nos textos jurídicos seriam tão enganadores quanto um estudo dos

sistema de ensino consegue sempre obter daqueles que ele consagra ou mesmo daqueles que ele exclui um certo grau de seleção à legitimidade da consagração ou da exclusão e, portanto, das hierarquias sociais, constata-se que um fraco rendimento técnico pode ser a contrapartida de um forte rendimento do sistema de ensino na realização de sua função de legitimação da "ordem social"; e isso mesmo quando, privilégio da inconsciência de classe, os tecnocratas se vangloriam às vezes de condenar um desperdício que eles só podem avaliar fazendo desaparecer os proveitos correlativos, por uma espécie de erro de contabilidade nacional.

Isso significa que a noção tecnocrática de "rendimento" tem por função excluir uma análise do sistema das funções do sistema de ensino: levada a seu extremo, essa análise impediria o recurso ao postulado, implícito ou explícito, do "interesse geral", ao mostrar que nenhuma das funções do sistema de ensino pode ser definida independentemente de um determinado estado da estrutura das relações de classe. Se, por exemplo, os estudantes procedentes das diferentes classes sociais são desigualmente levados a reconhecer os *veredictos* do sistema escolar e, em particular, desigualmente dispostos a aceitar sem drama nem revolta os estudos e as carreiras de segunda ordem (isto é, os postos de docentes ou de quadros médios aos quais são destinados pelas faculdades e disciplinas que oferecem a alguns um último refúgio

---

comportamentos religiosos que pretendesse inferir dos textos canônicos a prática real dos crentes mesmo quando ela é definida por textos formalmente idênticos. A "liberdade universitária" é função, na verdade, das relações que o sistema escolar mantém com o poder político ou religioso. Na França, a nomeação do professor de faculdade depende teoricamente do ministério, mas, devido ao fato de que ela é automaticamente obtida pelo candidato proposto pelo conselho da faculdade, o recrutamento repousa sobre a cooptação, com verdadeira campanha eleitoral junto aos colegas. Inversamente, em outros países, numerosas eleições são apenas processos formais confirmando escolhas já feitas. Na Itália, o recrutamento se opera oficialmente por concurso, mas esse procedimento esconde apenas o jogo das igrejinhas e das influências dentro e fora da universidade.

enquanto outros são às mesmas relegados pelos mecanismos da orientação), é porque as relações entre o sistema escolar e o sistema econômico, isto é, no caso em pauta, o mercado de trabalho, permanecem em relação, mesmo entre aprendizes intelectuais, com a situação e a posição de sua classe social de origem, pelo intermediário do *ethos* de classe como princípio do nível de aspiração profissional. Deixando-se de estabelecer tal relacionamento, reduz-se todo o sistema das relações que comandam a relação de uma categoria de indivíduos com o seu futuro profissional a um efeito mecânico da correspondência ou da não correspondência da oferta e da procura de trabalho. É uma redução desse tipo que é operada por Schumpeter quando ele pretende estabelecer uma relação simples e direta entre a superprodução relativa de diplomados em relação ao mercado de trabalho e o surgimento da atitude revolucionária entre os intelectuais[4]. Do mesmo modo, tentando formular uma "política da educação", M. Vermot-Gauchy reduz de início essa ambição à determinação "da natureza e da importância dos mercados que podem se abrir às gerações ascendentes e aos ativos"[5]: para calcular essas "necessidades de qualificação", seria suficiente passar das perspectivas da produção às necessidades previsíveis de mão de obra nos diversos setores, da previsão da mão de obra utilizada num setor às suas "necessidades de qualificação", dessas às "necessidades de formação" e enfim das "necessidades de formação" ao nível e ao conteúdo das qualificações requeridas escolarmente para satisfazê--las. Semelhante dedução, formalmente irrepreensível (levando-se em conta aproximação e hipóteses de constância implicadas em toda "projeção", repousa sobre uma definição das "necessidades" que deve sua credibilidade apenas a

---

4. SCHUMPETER, J. *Capitalisme, socialisme et démocratie*. Paris: Payot, 1961, p. 254-259.

5. VERMOT-GAUCHY, M. *L'éducation nationale dans la France de demain*. Futuribles, Mônaco: Du Rocher, 1965, p. 75.

uma analogia superficial: ou bem só se reconhece como "necessidades" aquelas que se julgam dignas de serem atendidas por referência a um ideal tecnocrático da dignidade econômica das nações, ou bem se reconhece como "necessidades" todas as exigências de educação efetivamente expressas[6]. Nada impede de escolher o primeiro termo da alternativa e de relacionar um estado determinado da Escola ao modelo puro de um sistema de ensino que seria definido de maneira exclusiva e unívoca por sua aptidão a satisfazer às exigências do desenvolvimento econômico. Mas, considerando-se que não existe sociedade onde o sistema de ensino se encontre reduzido ao papel de uma empresa industrial submetida a fins exclusivamente econômicos, considerando-se que a produção para as necessidades da economia não detém em todas as partes o mesmo peso no sistema das funções, considerando-se, mais profundamente, que a especificidade do sistema escolar e de seus técnicos de "produção" encontra-se reproduzida na especificidade de seus produtos, só por um ato de violência ideológica se pode apresentar as "necessidades da economia" ou da "Sociedade" como o fundamento racional e razoável de um consenso sobre a hierarquia das funções que se imporia, sem discussão, ao sistema de ensino. Ao condenar como irracionais as "motivações" ou as "vocações"

---

6. A demanda de educação se manifesta em dois tempos, uma primeira vez na admissão do sistema de ensino como demanda de escolarização, só posteriormente se manifestando as exigências do mercado de trabalho que sanciona os diplomados excedentes pela inatividade ou pelo subemprego. A demanda de escolarização, que se traduz na ampliação do recrutamento social do ensino e na maior extensão da escolaridade, obedece a regularidades parcialmente independentes dos imperativos de número e da qualificação aos quais pretende satisfazer a planificação escolar. É essa demanda (estreitamente ligada à elevação do nível de vida e à evolução das atitudes frente à Escola nas diversas classes sociais) que o Relatório Robbins, menos certo do que M. Vermot-Gauchy da previsibilidade da demanda técnica do mercado de emprego (subordinada às eventualidades do crescimento e às inovações técnicas imprevisíveis além de prazo muito curto), toma por base da previsão dos efetivos escolares (*Great Britain Committee on Higher Education*. Op. cit.).

que levam hoje uma parte dos estudantes para estudos e carreiras "improdutivas", sem ver que essas orientações são o produto da ação conjugada da Escola e dos valores de classe, eles mesmos orientados, objetivamente, pela ação da Escola, a ideologia tecnocrática revela desconhecer outros objetivos "racionais", exceto os fins objetivamente inscritos nas estruturas de um certo tipo de economia[7]. Poder-se-ia professar a ideia sociologicamente impossível de um sistema de ensino reduzido só a sua função econômica se, deixando--se de relacionar com uma estrutura determinada das relações de classe o sistema econômico ao qual se subordina o sistema de ensino e considerando-se como evidente uma exigência econômica concebida como independente das relações de força entre as classes, se restabelecesse inocentemente, sob o disfarce da função técnica, as funções sociais do sistema de ensino e em particular as funções de reprodução e de legitimação da estrutura das relações de classe?

Não é de espantar se esse idealismo do "interesse geral" não percebe as propriedades de estrutura e as características de funcionamento que cada sistema de ensino deve ao conjunto de suas relações com os outros subsistemas, isto é, ao sistema das funções que, numa situação histórica determinada, deve sua estrutura específica à estrutura das relações de classe; não é de espantar por razão mais forte ainda se esse modismo pan-econométrico ignora as propriedades específicas que a estrutura e o funcionamento do sistema de ensino devem à função própria desse sistema enquanto detentor do poder delegado de inculcar um arbitrário cultural; não é de espantar enfim se a aliança ingênua de um evolucionismo calculador e de um voluntarismo reforma-

---

7. Isso significa que o conhecimento do funcionamento do sistema escolar e das atitudes face ao ensino próprias das diferentes classes sociais revela-se a única base de previsão quando se deseja saber, não o que seria o arejamento desejável dos efetivos escolares entre as diversas ordens e os diversos tipos de ensino, mas o que ele pode ser num prazo determinado.

dor fica condenada a uma sociologia negativa que só pode ver carências ou omissões numa racionalidade exemplar ("arcaísmo", "sobrevivência", "atraso", "obstáculo" ou "resistência") e só pode, por conseguinte, caracterizar em termos de ausência e especificidade pedagógica e a singularidade histórica de um sistema de ensino.

A indiferenciação das funções e a indiferença às diferenças

Aqueles cujo projeto é apreender a originalidade de uma cultura na unidade significativa de seus elementos e que, como a escola configuracionista, dão provas, pelo interesse concedido às diferentes formas de educação, de que pretendem não dissociar a análise de uma cultura do estudo da transmissão cultural, pareceriam, à primeira vista, escapar das abstrações geradas pela ignorância das "configurações". Mas, pode-se considerar a cultura como uma totalidade concreta, indivisivelmente responsável de sua própria causalidade, e permitir-se assim relacionar os diferentes aspectos de uma cultura com uma espécie de fórmula geradora, "espírito do tempo" ou "caráter nacional", sem se correr o risco de ignorar a especificidade dos diferentes subsistemas ao tratar cada um deles como se manifestasse apenas um só e único dinamismo primordial, presente inteiramente e sem mediação em cada uma de suas manifestações? Quando a exigência da totalização das relações particulares se reduz a uma filosofia da totalidade que pretende que o todo esteja em tudo, ela leva tão infalivelmente como a ideologia tecnocrática a ignorar, com a especificidade e a autonomia relativa do sistema de ensino, o *efeito de sistema* que confere sua significação e seu peso funcionais seja a uma função no sistema das funções, seja a um elemento (organização, população etc.) na estrutura ou no devir da estrutura: enquanto uns reduzem a história relativamente autônoma do sistema de ensino ao esquema abstrato de uma evolução única, unilinear e universal que conhecesse apenas os estágios de um desenvolvimento morfológico ou as etapas de um processo de racionalização formal e externa, outros reduzem a especificidade que o sistema de ensino tira de sua autonomia relativa à "originalidade" de uma "cultura nacional", de modo que possam por exemplo identificar indiferentemente os valores últimos de uma sociedade em seu sistema de ensino ou um efeito do ensino nos traços mais característicos e mais diversos de sua cultura. Assim, Jessie R. Pitts julga "o grupo dos camaradas na escola", descrito como "comunidade delinquente", um "protótipo dos grupos de solidariedade que existem na França além do núcleo familiar e da grande família", reencontrando, por exemplo, "a agressividade face aos pais e aos professores" na "conspiração do silêncio face às autoridades superiores"[8]. Mas pode-se ver também na relação pedagógica um puro reflexo de "temas culturais" da França eterna: "Em seus relacionamentos com o professor, o aluno é posto em presença de uma das encarnações mais típicas dos valores doutrinário-hierárquicos franceses"[9]. Na escola como na família, nas organizações burocráticas como na comunidade científica, reapareceria, como se fosse "uma constante característica da sociedade francesa" ou do "sistema cultural francês", um tipo predominante de relação com o outro e com o mundo, dogmaticamente caracterizado por uma série de palavras abstratas, "autoritarismo", "dogmatismo", "abstração". Por não analisar os mecanismos propriamente pedagógicos pelos quais a Escola contribui para reproduzir a estrutura das relações de classe ao reproduzir a desigual distribuição entre as classes do capital cultural, a sociologia "culturalista" corre sempre o risco de se entregar ao seu gosto pelas homologias

---

8. PITTS, J.R. "Continuité et changement au sein de la France bourgeoise". *A la recherche de la France*. Paris: Du Seuil, 1963.

9. Ibid., p. 288.

não explicadas, concordâncias inexplicáveis e paralelismos que são em si mesmos a sua própria explicação. A pretensão de se situar de início, por um golpe de intuição, no próprio princípio do sistema cultural, é mais insustentável do que nunca no caso de uma sociedade dividida em classes em que se faz necessária a análise prévia dos diferentes tipos ou níveis de prática e das relações diferenciais das diferentes classes com essas práticas[10].

Um sistema de ensino deve, com efeito, sua estrutura singular tanto às exigências trans-históricas que definem sua função própria de inculcação de um arbitrário cultural quanto ao estudo do sistema das funções historicamente especificado pelas condições nas quais se realiza essa função. Assim, ver uma simples sobrevivência do "culto aristocrático do valor" na ideologia carismática do "dom" e do virtuosismo que pode ser encontrada em tão alto grau na França, tanto entre os estudantes quanto entre os professores, é não perceber que em sua forma escolar essa ideologia (com as práticas que ela mantém ou convoca) constitui uma das maneiras possíveis – sem dúvida a mais ajustada a uma forma histórica da exigência de reprodução e de legitimação da estrutura das relações de classe – de obter na e pela própria ação pedagógica o reconhecimento da legitimidade da ação pedagógica. Além disso, por não se analisar as

---

10. Assim, os especialistas japoneses que criticaram a obra de Ruth Benedict, *The chrysanthemum and the sword*, apegaram-se principalmente às facilidades e às aproximações permitidas por semelhante uso da abordagem "holística". Quem é, perguntam eles, esse japonês designado algumas vezes como "proverbial man in the street" e outras como "everyone" ou "anybody"? Minami observa que "a maioria de seus esquemas convêm às súcias militares a fascistas da última guerra" e Watsuyi considera que "seus esquemas não convêm propriamente a nenhum grupo identificável da sociedade nacional". A maioria dos comentaristas se pergunta como essas generalidades supremas "são compatíveis com a heterogeneidade patente da sociedade japonesa" (BENNETT, J.W. & NAGAI, M. "The japanese critique of the methodology of Benedict's Chrysanthemum and the sword". *American Anthropologist*, 55, 1953, p. 405-410).

variações dessa ideologia segundo as posições que ocupam na estrutura do sistema escolar as diferentes categorias de agentes (professores ou estudantes, mestres do ensino superior ou professores do ensino secundário, estudantes de letras ou de ciências) e segundo a relação que esses agentes mantêm com sua posição em função de sua dependência ou de sua origem social, fica-se condenado a explicar uma abstração "sociológica" por uma abstração "histórica", a ligar por exemplo o culto professoral da façanha verbal ao culto nacional da façanha artística ou guerreira, não sem sugerir simultaneamente que a ontogênese pode explicar a filogênese, e a biografia a história: "Se remontamos às fontes, uma façanha era realizada quando se realizava um ato notável de bravura, através de uma decisão espontânea e imprevista, que obedecia em sua ação a princípios claros e conhecidos de longa data. Em Roncevaux, Roland, levado por sua fé nos princípios da cavalaria, soube perceber a ocasião de transformar circunstâncias contrárias num dia de triunfo do espírito [...]. A proeza, portanto, pode existir em todos os níveis sociais. A criação de uma peça de bijuteria por um artesão parisiense, a cuidadosa destilação de um licor pelo camponês, o estoicismo do civil face às torturas da Gestapo, a afável galanteria de Marcel Proust no salão de Madame de Guermantes, são todos exemplos de bravura na França moderna"[11]. Para sair dos círculos viciosos da análise temática, circuitos turísticos entre os "temas comuns" que só podem conduzir aos "lugares comuns", não há, bem se vê, outra escapatória senão explicar os valores implícitos dos manuais de história através de uma história do manual.

  Poder-se-ia crer que uma análise como a de Michel Crozier, esforçando-se em aplicar ao sistema francês de ensino sua teoria do "fenômeno burocrático", escapa ao sincretismo holístico das descrições dos antropólogos culturalistas. De fato, sob a aparência de corrigir a abstração

---

11. PITTS, J.R. Op. cit., p. 273 e 274.

inerente à descrição genérica da burocracia por empréstimos "concretos" às descrições culturalistas da "cultura francesa", essa análise acumula os erros teóricos do culturalismo e do pensamento tecnocrático: na medida em que ignora a autonomia relativa dos diferentes subsistemas, ela só pode buscar em cada um deles, e em particular no sistema de ensino, a projeção das características mais gerais da burocracia francesa, elas mesmas obtidas pelo simples cruzamento das tendências mais gerais das sociedades modernas e das tendências mais gerais do "caráter nacional". Colocar, desde o princípio, que "o sistema de educação de uma sociedade reflete o sistema social dessa sociedade", é reduzir, sem outra forma de procedimento, a instituição escolar à sua função genérica de "controle social", resíduo comum de todas as funções específicas e condenar-se a ignorar tudo o que um sistema de ensino deve à sua função própria, em particular sua maneira específica de cumprir suas funções externas, numa sociedade dada e num momento dado[12]. Assim, por exemplo, Michel Crozier não pode compreender os traços característicos da instituição escolar, como a ritualização da ação pedagógica ou a distância entre o mestre e o aluno, a não ser na medida em que neles reconhece manifestações da lógica burocrática, isto é, na medida em que desconhece o que eles têm de especificamente escolar, enquanto expressão das tendências ou das exigências próprias a todos os sistemas de ensino institucionalizados, mesmo pouco ou não burocratizados: a tendência à "rotinização" do trabalho pedagógico que se exprime entre outras coisas pela produção de instrumentos intelectuais e materiais especificamente concebidos por e pela Escola, manuais, *corpus*, tópicos etc., aparece, com os primeiros sinais de institucionalização, nas escolas tradicionais que, como as escolas re-

---

12. CROZIER, M. *Le phénomène bureaucratique*. Paris: Seuil, 1963, p. 309. Lê-se ainda: Deveríamos, pois, se nossas hipóteses são exatas, identificar no sistema de educação francês os elementos característicos do sistema burocrático, já que esses elementos organizam-se em torno do problema do controle social e só podem ademais subsistir se forem transmitidos e reforçados pela educação.

tóricas e filosóficas da Antiguidade ou as escolas corânicas (relativas ao Corão), não apresenta nenhum dos traços da organização burocrática[13]. E se se pensa, por outro lado, na *epideixis* dos sofistas, pequenos empresários em educação, ainda constrangidos a recorrer às técnicas proféticas de captação do público para instaurar uma relação pedagógica, ou nas técnicas de desconcerto pelas quais os mestres do Zen impunham sua autoridade espiritual a uma clientela aristocrática, pode-se duvidar que o "valor" do magistério e seu efeito de distanciamento sejam melhor compreendidos a partir da "existência de um fosso entre o mestre e o aluno que reproduz a separação em estratos do sistema burocrático" do que por referência a uma exigência funcional que é inerente a toda ação pedagógica enquanto esta ação supõe e deve produzir o reconhecimento da autoridade pedagógica do mestre, quer ela seja pessoal ou delegada pela instituição. Do mesmo modo quando Michel Crozier só vê nas garantias institucionais da "independência" universitária uma forma das garantias estatutariamente inscritas na definição burocrática dos postos, ele confunde num só dos fatos tão irredutíveis quanto os sistemas de relações de que eles participam, de um lado a autonomia que os professores reivindicaram e obtiveram enquanto funcionários submetidos à legislação comum de uma administração de Estado e, por outro lado, a autonomia pedagógica herdada da "corporação" medieval[14]: só a tendência característica de todo sistema de ensino, burocratizado ou não, para reinterpretar

---

13. É assim que os sofistas, primeiros professores profissionais (Platão, *Protágoras*, 317b, "Reconheço ser um professor profissional – *sofista* – um educador de homens"), dão a seus alunos trechos escolhidos dos grandes poetas (PROTÁGORAS, 325e) e começam a distribuir cópias de seus próprios escritos como "modelos" (*paradeigmata*) – diríamos "exercícios corrigidos" (PFEIFFER, R.P. *History of classical scholarship*. Oxford: Clarendon Press, 1968, p. 31).

14. "Os docentes franceses foram os primeiros a obter garantias de estatuto que os colocam ao abrigo de todo o arbitrário. Se eles são obrigados a seguir programas geralmente ainda bastante estritos, eles adquiriram por outro lado a mais perfeita independência pessoal" (CROZIER, M. *Lé phénomène...* Op. cit., p. 311).

e retraduzir as exigências externas de acordo com sua função própria, e não qualquer inércia mecânica ou qualquer perseveração viciada, pode explicar o motivo da resistência que um corpo professoral tende a opor a toda definição externa de suas tarefas em nome de uma ética da convicção que recusa medir as consequências da prática por outros critérios que não os valores próprios do corpo e em nome de uma ideologia da "mestria" e de suas imunidades que se fortifica na invocação das tradições de autonomia legadas por uma história relativamente autônoma. Em suma, por não se admitir que um sistema de ensino particular é definido por um tipo e um grau particulares de autonomia, tende-se a descrever como simples especificações processos genéricos tais como a tendência à burocratização das características do funcionamento da instituição e da prática dos agentes que se prendem ao poder atribuído à Escola de cumprir suas funções externas de acordo com os princípios que definem sua função própria de inculcação.

Exprimir todas as relações entre os sistemas segundo o esquema metafórico do "reflexo" ou, pior, dos reflexos que se refletem mutuamente, é dissolver na indiferenciação as funções diferenciais que preenchem os diferentes sistemas em suas relações com as diferentes classes sociais. É assim que as análises de burocracia e de suas relações com o sistema escolar que ligam a prática e os valores das grandes entidades do Estado à formação dispensada pelas diferentes grandes escolas condena-se a ignorar que os antigos alunos dessas instituições introduzem no aparelho do Estado, do qual o sistema das grandes escolas lhes assegura o monopólio, disposições e valores que eles devem pelo menos tanto ao fato de pertencerem a certas frações de classes dominantes (distância do papel, fuga na abstração etc.) quanto às aprendizagens de Escola. É assim que se fica condenado ainda a ver apenas um produto da organização burocrática nas atividades mais típicas das categorias inferiores do pessoal das administrações, por exemplo a tendência ao formalismo do fetichismo da pontualidade ou da rigidez da relação com o regulamento, quando se deixa de observar que todos esses traços, que podem se manifestar também fora da situação burocrática, exprimem, na lógica dessa situação, o sistema das disposições (*ethos*), probidade, minúcia, rigorismo e propensão à indignação moral que os membros da pequena burguesia devem a sua posição de classe e que seriam suficientes para predispô-los a aderir aos valores de serviço público e às "virtudes" exigidas pela ordem burocrática se, além disso tudo, as carreiras administrativas não fossem para eles o meio por excelência da ascensão social. Sabe-se, na mesma lógica, que a disposição que os estudantes originários das classes médias ou dos quadros médios do ensino e, *a fortiori*, os estudantes oriundos de quadros médios do ensino, manifestam relativamente à Escola – por exemplo a boa vontade cultural ou a valorização do "labor" – só pode ser compreendida quando se relaciona o sistema dos valores escolares e o *ethos* das classes médias, princípio do valor que as classes médias outorgam aos valores escolares. Somente à condição de mediatizar as relações entre os subsistemas pela estrutura das relações entre as classes é que se pode perceber, além das semelhanças muito expressivas, as verdadeiras homologias entre a burocracia e o sistema de ensino, esclarecendo-se a homologia de suas relações com as classes sociais. Assim, sugerindo pela noção amorfa de "controle social", que o sistema escolar desempenha uma função indivisível e indiferenciada em relação à "sociedade global", o funcionalismo totalizante tende a dissimular que um sistema que contribui para reproduzir a estrutura das relações de classe serve efetivamente à "sociedade", no sentido de "ordem social", e, portanto, os interesses pedagógicos das classes que se beneficiam dessa ordem.

Mas não se poderia explicar completamente o sucesso de todas as filosofias holísticas que se inspiram numa mesma indiferença às indiferenças, e em particular às diferenças de classe, sem considerar as funções propriamente intelectuais de seus silêncios, de suas reticências, de suas omissões, de suas preterições e de seus lapsos, ou, ao contrário, dos deslocamentos e transferências que elas operam na temática da "homogeneização", da "massificação" ou da "planetarização". É assim que a obediência aos princípios da ideologia dominante só consegue se impor aos intelectuais através da obediência às convenções e às conveniências do mundo intelectual: não é por acaso se, atualmente e na França, a referência às classes sociais tende a aparecer, segundo os grupos ou segundo a conjuntura, como um partidarismo ideológico que os elegantes defensores do objetivismo de salão professam com um amaneiramento mundano; como um equívoco de provinciano incapaz de se atualizar, que entristece os representantes autorizados de uma sociologia importada e do qual fogem os funâmbulos de todas as vanguardas, incessantemente ocupados, com medo de se atrasarem em relação a uma revolução ideológica ou teórica, em perscrutar o horizonte da "modernidade" e sempre prestes e prontos a discernir o último grito das "novas classes", das "novas alienações" ou das "novas contradições"; como um sacrilégio de filisteu ou uma mentira de beócio que só servem para suscitar a comiseração dos sectários dos novos mistérios da arte e da cultura; ou ainda como uma insipidez indiscutível, indigna da discussão paradoxal, mas própria para suscitar as discórdias de mau gosto das quais se desvia tão elegantemente o discurso "antropológico" sobre as profundezas das essências comuns. Se não se soubesse que a significação intelectual ou mesmo política da ideologia própria de uma categoria de intelectuais não pode ser deduzida diretamente da posição dessa categoria na estrutura das relações de classe, mas deve sempre alguma coisa à posição que ela ocupa no campo intelectual, não se compreenderia que a indiferença às diferenças de classe, da qual se destacou aqui a função conservadora, possa, sem contradição, frequentar ideologias que se consagram ostensivamente à invocação ritual ou mágica da luta de classes. Certas "críticas" mais radicais do sistema de ensino buscam na "contestação" da função genérica de todo sistema de ensino considerado como instrumento de inculcação o meio de ocultar as funções de classe que essa função preenche: pondo-se a ênfase sobre as frustrações inerentes a toda socialização, a começar, evidentemente, pelas frustrações sexuais, muito mais do que sobre a forma específica das coerções ou das privações que, mesmo para as mais genéricas, pesam diferencialmente sobre as diferentes classes sociais, essas ideologias conduzem a uma denúncia concordatária da ação pedagógica concebida como ação indiferenciada de repressão e, ao mesmo tempo, a uma revolta ecumênica contra a ação repressiva da "sociedade", reduzida à superimpressão impressionista das hierarquias políticas, econômicas, burocráticas, universitárias e familiares. É suficiente ver que essas ideologias repousam todas sobre a pesquisa e a denúncia das *alienações genéricas*, ficticiamente especificadas pela referência patética à "modernidade", para perceber que, ao se abandonar a uma representação sincrética das relações de dominação que as conduz a fazer da revolta indiferenciada contra o professor-mandarim o princípio de uma subversão generalizada das hierarquias, elas deixam escapar ao mesmo tempo, como o pensamento tecnocrático ou culturalista, a autonomia relativa e a dependência do sistema de ensino relativamente às classes sociais[15].

---

15. Dividindo com a tecnocracia, sua adversária preferida, a indiferença pelas diferenças, as ideologias "críticas" só se diferenciam da mesma pela aplicação que fazem dessa disposição quando, condenando a sociologia à investigação das alienações genéricas, elas constituem um sistema ideológico cujos elementos mais frequentemente comprovados são a predileção pelas categorizações sociológicas capazes de ocasionar a ilusão da homogeneidade ("audiência jornalística", "classe de idade", "juventude", quando não "os usuários dos hospitais, dos grandes conjuntos residenciais ou dos transportes coletivos") ou o interesse fascinado pelo efeito de homogeneização e de alienação da televisão ou *dos massmedia*, da automatização ou dos objetos técnicos e, de maneira mais geral, da "civilização tecnicista" ou da "sociedade de consumo".

A função ideológica do sistema de ensino

Descobrir que se pode relacionar com o mesmo princípio todas as falhas que podem ser descobertas em análises do sistema de ensino baseadas em filosofias sociais aparentemente tão opostas quanto um economismo evolucionista e um relativismo culturalista é obrigar-se a buscar o princípio da construção teórica capaz de corrigir essas falhas e de explicá-las. Mas não é suficiente perceber as falhas comuns às duas tentativas de análise para chegar à verdade da relação entre a autonomia relativa do sistema de ensino e sua dependência relativa à estrutura das relações de classe: como levar em conta a autonomia relativa que a Escola deve à sua função própria sem deixar escapar as funções de classe que ela preenche necessariamente numa sociedade dividida em classes? Deixando-se de analisar as características específicas e sistemáticas que o sistema de ensino deve à sua função própria de inculcação, não se fica impossibilitado, paradoxalmente, de colocar a questão das funções externas que o sistema de ensino preenche ao preencher sua função própria e, mais sutilmente, a questão da função ideológica da dissimulação da relação entre a função própria e as funções externas da função própria?

Se não é fácil perceber simultaneamente a autonomia relativa do sistema de ensino e sua dependência relativa à estrutura das relações de classe é porque, entre outras razões, a percepção das funções de classe do sistema de ensino está associada na tradição teórica a uma representação instrumentalista das relações entre a Escola e as classes dominantes, enquanto que a análise das características de estrutura e de funcionamento que o sistema de ensino deve à sua função própria tem quase sempre tido por contrapartida a cegueira face às relações entre a Escola e as classes sociais, como se a comprovação da autonomia supusesse a ilusão da neutralidade do sistema de ensino. Acreditar que se esgota o sentido de um elemento qualquer de um sistema de ensino quando se se contenta em relacioná-lo diretamente com uma definição reduzida de interesse das classes dominantes, sem se interrogar sobre a contribuição que esse sistema traz, enquanto tal, à reprodução da estrutura das relações de classe, é de entregar sem esforço, por uma espécie de finalismo do pior, às facilidades de uma explicação simultaneamente *ad hoc* e *omnibus*: do mesmo modo que recusando reconhecer a autonomia relativa do aparelho do Estado, fica-se condenado a ignorar certos serviços mais dissimulados que esse aparelho presta às classes dominantes, credenciando, graças à sua autonomia, a representação do Estado-árbitro, também as denúncias esquemáticas da "Universidade de classe" que estabelecem, antes de toda análise, a identidade "em última análise" da cultura escolar e da cultura das classes dominantes, da inculcação cultural e do doutrinamento ideológico, da autoridade pedagógica e do poder político, impedem a análise dos mecanismos através dos quais se realizam, indireta e mediatamente, as equivalências tornadas possíveis pelas defasagens estruturais, os duplos jogos funcionais e os deslocamentos ideológicos.

Concebendo a autonomia relativa do sistema de ensino como poder de reinterpretar as exigências externas e tirar partido das ocasiões históricas para realizar sua lógica interna, Durkheim se concedia ao menos o meio de compreender a tendência à autorreprodução que caracteriza as instituições escolares e a recorrência histórica das práticas ligadas às exigências próprias da instituição ou das tendências próprias a um corpo de docentes profissionais[16]. Pre-

---

16. Vê-se por exemplo certos sociólogos americanos censurarem tradições e vícios de funcionamento da sua própria instituição escolar que numerosos autores franceses, frequentemente em nome de uma visão idílica do sistema americano, criticam na Universidade francesa, atribuindo o que eles tomam por traços singulares da mesma à singularidade de uma história nacional: embora não contem com os vestígios de um passado medieval, nem com as sobrevivências de uma centralização estatal, as universidades americanas também conseguem exprimir, talvez menos completamente, certas

faciando *L'évolution pédagogique en France*, Halbwachs via como principal mérito da obra o fato de que Durkheim ligava a longevidade das tradições universitárias à "vida própria" do sistema de ensino: "Os órgãos do ensino estão, em cada época, em relação com as outras instituições do corpo social, com os costumes e as crenças, com as grandes correntes das ideias. Mas eles têm também uma vida própria, ao curso da qual conservam vários traços de sua estrutura antiga. Eles se defendem algumas vezes contra as influências que se exercem sobre eles do exterior, apoiando-se sobre seu passado. Não se compreenderia de modo algum, por exemplo, a divisão das universidades em faculdades, os sistemas dos exames e dos graus, o internato, as sanções escolares, e não remontássemos muito para trás, para o momento em que se construía a instituição cujas formas, uma vez nascidas, tenderam a subsistir através dos tempos, seja por uma espécie de inércia, seja porque tenham conseguido se adaptar às condições novas. Encarada desse ponto de vista, a organização pedagógica nos surge como mais hostil à mudança, mais conservadora e tradicional talvez do que a própria Igreja porque ela tem por função transmitir às gerações novas uma cultura que mergulha suas raízes num passado afastado". Pelo fato de que o trabalho pedagógico (seja ele exercido pela Escola, por uma Igreja ou um Partido) tem

---

tendências mais características do sistema universitário em traços como a preparação apressada para o bacharelato (*boning*); a "corrida de obstáculos" institucionalizada a que se reduz o *curriculum* do estudante; a obsessão dos exames, que vai crescendo à medida que esses representam um papel maior no êxito social; a competição encarniçada pelos títulos e menções (*honours*) que perseguirão um indivíduo, sobretudo universitário, ao longo de sua vida; a "peonagem intelectual", à qual estão submetidos instrutores e assistentes; o aspecto incrivelmente medíocre (*unbelievably picayunish*) das teses de doutorado, que irão dormir seu último sono sobre uma prateleira de biblioteca; a improdutividade dos professores que, uma vez chegados, acampam em seu lugar sem mais nada fazer (*who ease up*); ou ainda a ideologia universitária do desprezo pela administração e pela pedagogia (WILSON, L. *The academic man, a study in the sociology of a profession*. Nova York: Oxford University Press, 1942).

por efeito produzir indivíduos modificados de forma durável, sistemática por uma ação prolongada de transformação que tende a dotá-los de uma mesma formação durável e transferível (*habitus*), isto é, de esquemas comuns de pensamento, de percepção, de apreciação e de ação, pelo fato de que a produção em série de indivíduos identicamente programados exige e suscita historicamente a produção de agentes de programação eles mesmos identicamente programados e de instrumentos padronizados de conservação e de transmissão; pelo fato de que a duração necessária para que surja uma transformação sistemática da ação de transformação é ao menos igual ao tempo indispensável para produzir em série reprodutores transformados, isto é, agentes capazes de exercer uma ação transformadora reprodutora da formação que eles próprios receberam; pelo fato sobretudo de que a instituição escolar é a única a deter completamente, em virtude de sua função própria, o poder de selecionar e de formar, por uma ação que se exerce sobre todo o período da aprendizagem, aqueles aos quais ela confia a tarefa de perpetuá-la e se encontra portanto na posição por definição a mais favorável para impor as normas de sua autoperpetuação, no mínimo, o fará usando de seu poder de reinterpretar as normas externas; pelo fato enfim de que os docentes constituem os produtos mais acabados do sistema de produção que eles são, entre outras coisas, encarregados de reproduzir, compreende-se que, como observava Durkheim, as instituições de ensino tenham uma história relativamente autônoma e que o *tempo* da transformação das instituições e da cultura escolar seja particularmente lento. Por não se relacionar a autonomia relativa do sistema de ensino e de sua história com as condições sociais de realização de sua função própria, entende-se, assim, que se fique condenado, como o revelam o texto de Halbwachs e a própria tentativa de Durkheim, a explicar circularmente a autonomia relativa do sistema pela autonomia relativa de sua história e vice-versa.

Não se poderia com efeito explicar completamente as características genéricas que todo sistema de ensino deve à sua função própria de inculcação e à sua autonomia relativa sem levar em conta as condições objetivas que, num momento dado, permitem a um sistema de ensino realizar um grau determinado e um tipo particular de autonomia. É preciso, pois, construir o sistema das relações entre o sistema de ensino e os outros subsistemas, sem deixar de especificar essas relações por referência à estrutura das relações de classe, a fim de perceber que autonomia relativa do sistema de ensino é sempre a contrapartida de uma dependência mais ou menos completamente oculta pela especificidade das práticas e da ideologia permitidas por essa autonomia. Em outros termos, a um grau e a um tipo dados de autonomia, isto é, a uma forma determinada da correspondência entre a função própria e as funções externas, correspondem sempre um tipo e um grau determinados de dependência em relação aos outros sistemas, isto é, em última análise, em relação à estrutura das relações de classe[17]. Se a instituição escolar que Durkheim observava pôde lhe parecer mais conservadora ainda que a Igreja, é que ela só pôde levar tão longe sua tendência trans-histórica à autonomização porque o conservadorismo pedagógico preenchia então sua função de conservação social com uma eficácia ainda maior pelo fato de permanecer mais dissimulada. Assim, por não analisar as condições sociais e históricas que tornavam possíveis o

---

17. Todo sistema escolar se desincumbe, em graus diversos e segundo formas determinadas em cada caso pela estrutura das relações de classe, do conjunto das funções correspondente ao conjunto das relações possíveis com os outros sistemas, de sorte que sua estrutura e seu funcionamento são sempre ordenados por referência a uma estrutura determinada das funções possíveis. A construção do sistema das configurações possíveis do sistema das funções seria apenas um exercício de escola se não permitisse tratar cada combinação histórica como um caso particular do conjunto ideal das combinações possíveis de funções e fazer surgir assim todas as relações entre o sistema de ensino e os outros subsistemas, a começar evidentemente pelas relações nulas ou negativas que são por definição as mais ocultas.

acordo perfeito entre o modo de inculcação e o conteúdo inculcado, característico do ensino tradicional, Durkheim condenou-se a determinar como função própria de todo sistema de ensino, definido como "conservação de uma cultura herdada do passado", algo que não é mais do que uma combinação particular, embora historicamente muito frequente, da função própria e das funções externas[18]. Quando a cultura que a Escola tem objetivamente por função conservar, inculcar e consagrar tende a reduzir-se à relação com a cultura que se encontra investida de uma função social de distinção só pelo fato de que as condições de aquisição monopolizadas pelas classes dominantes, o *conservadorismo pedagógico* que, em sua forma externa, não assinala outro fim ao sistema de ensino senão o de conservar-se idêntico a si mesmo, é o melhor aliado do *conservadorismo social e político*, já que, sob aparência de defender os interesses de um corpo particular e de autonomizar os fins de uma instituição particular, ele contribui, por seus efeitos diretos e indiretos, para a manutenção da "ordem social". O sistema social jamais pôde dar tão completamente a ilusão de autonomia

---

18. Vê-se que, incluindo na definição da função própria, e por conseguinte trans-histórica, do sistema de ensino características que se prendam a um estado historicamente determinado das relações entre o sistema de ensino e a estrutura das relações de classe, Durkheim tende implicitamente a considerar como lei trans-histórica uma relação cujo estatuto epistemológico é apenas o das "generalizações por acidente", regularidades históricas que não conheceram até aqui exceção, mas cujo contrário permanece sociologicamente possível. Isso não significa aprovar utopias pedagógicas que admitem a compatibilidade automática da função própria com não importa qual função externa, mas recusar-se a considerar produtos da história, por recorrentes que sejam, como expressões de uma natureza histórica ("não há sociedade conhecida onde...") quando não de uma natureza humana ("os homens serão sempre os homens"). Sabendo-se da tendência para justificar a ordem estabelecida por referência à "natureza das coisas" que caracteriza o pensamento conservador, vê-se o partido que as filosofias pessimistas da história, sempre prontas a converter a regularidade histórica sem exceção em lei necessária e universal, poderiam tirar da eternização da relação entre ação escolar e conservadorismo.

absoluta em relação a todas as exigências externas e particularmente em relação aos interesses das classes dominantes do que quando a concordância entre sua função própria de inculcação, sua função de conservação da cultura e sua função de conservação da "ordem social" era tão perfeita que sua dependência relativamente aos interesses objetivos das classes dominantes podia permanecer ignorada na inconsciência feliz das afinidades eletivas. Por tanto tempo quanto nada perturbe essa harmonia, o sistema pode de alguma forma escapar à história encerrando-se na produção de seus reprodutores como num ciclo de eterno retorno, já que, paradoxalmente, é ignorando toda outra exigência exceto a de sua própria reprodução que ele contribui mais eficazmente para reprodução da ordem social[19]. Só a relação funcional entre o conservadorismo pedagógico de um sistema dominado pela ideia fixa de sua autoperpetuação e o conservadorismo social permite explicar o apoio permanente que os conservadores da ordem universitária, por exemplo os defensores do latim, da agregação ou da tese de letras, suportes institucionais da relação letrada com a cultura e da pedagogia por falha inerente ao ensino humanista das "humanidades", sempre encontraram e encontram ainda na França, nas frações mais conservadoras das classes dominantes[20].

---

19. Não há sem dúvida outro sistema em que as escolhas pedagógicas em matéria de programa, de exercício ou de exame sejam tão completamente determinadas como no sistema francês pelos imperativos da formação de mestres conformes às normas tradicionais: é bem a lógica de um ensino que tende a se organizar inteiramente em função da preparação para o ensino que é expressa pelos professores franceses quando, em seus julgamentos e suas práticas pedagógicas, eles medem, ao menos inconscientemente, todos os estudantes por um modelo realizado do estudante que não é outro senão o "bom aluno" que eles foram e que "promete" tornar-se o professor que eles são.

20. A relação de dependência pela independência que une um sistema de ensino aos interesses materiais e simbólicos das classes dominantes ou, mais precisamente, às frações dominantes dessas classes, pode ser compreendida pela pesquisa sob a forma da convergência ou da divergência de opiniões que as diferentes categorias de docentes e as diferentes classes ou frações de

Considerando-se as condições históricas e sociais que definem os limites da autonomia relativa que um sistema de ensino deve à sua função própria definindo ao mesmo tempo as funções externas de sua função própria, todo sistema de ensino se caracteriza por uma *duplicidade funcional* que se atualiza plenamente no caso dos sistemas tradicionais em que a tendência para a conservação do sistema e da cultura que ele conserva encontra uma exigência externa de conservação social. É com efeito à sua autonomia relativa que o sistema de ensino tradicional deve o fato de poder trazer uma contribuição específica à reprodução da estrutura das relações de classe já que lhe é suficiente obedecer às suas regras próprias para obedecer ao mesmo tempo aos imperativos externos que definem sua função de legitimação da ordem estabelecida, isto é, para preencher simultaneamente sua função social de reprodução das relações de classe, assegurando a transmissão hereditária do capital cultural e sua função ideológica de dissimulação dessa função, inspirando a ilusão de sua autonomia absoluta. Assim, a definição completa da autonomia relativa do sistema de ensino em relação aos interesses das classes dominantes deve sempre levar em conta os serviços específicos que essa autonomia relativa presta à perpetuação das relações de classe: é com efeito à sua aptidão particular para autonomizar seu funcionamento

---

classes formulam sobre os problemas pedagógicos. Assim, por exemplo, a análise das respostas a uma pesquisa de opinião referente entre outras coisas ao ensino do latim, à agregação, à formação profissional ou às funções respectivas da Escola e da família em matéria de educação, permite perceber, além das manifestações da antiga aliança que unia as frações dominantes, desde a burguesia aos docentes mais presos (no duplo sentido do termo ao modo de recrutamento e de formação tradicional e ao mesmo tempo à representação tradicional da cultura "humanidades"), os sinais precursores de uma nova aliança que une as frações das classes dominantes mais diretamente ligadas à produção ou à gestão do aparelho de estado às categorias de docentes capazes de exprimir seus interesses categoriais de conservação universitária na linguagem tecnocrática da racionalidade e da produtividade (pesquisa nacional pela imprensa sobre a situação do sistema de ensino).

e obter o reconhecimento de sua legitimidade garantindo a representação de sua neutralidade que o sistema escolar deve sua aptidão particular para dissimular a contribuição que ele traz à reprodução da distribuição do capital cultural entre as classes, a dissimulação desse serviço não sendo o menor dos serviços que sua autonomia relativa lhe permite prestar à conservação da ordem estabelecida[21]. O sistema de ensino só consegue se desincumbir tão perfeitamente de sua função ideológica de legitimação da ordem estabelecida porque essa obra-prima do mecanismo social consegue dissimular, como por um encaixe de caixas de duplo fundo, as funções que, numa sociedade dividida em classes, unem a função de inculcação, isto é, a função de integração intelectual e moral, à função de conservação da estrutura das relações de classe característica dessa sociedade[22]. É assim, por exemplo, que, mais perfeitamente ainda que o corpo dos agentes do Estado (essa casta que, parecendo manter-se de fora e por assim dizer por cima da sociedade, confere ao Estado, como observa Engels, uma aparência de independência em relação à sociedade), o corpo dos docentes põe a autoridade moral de seu ministério pedagógico (autoridade tanto maior quanto parece não dever nada à sua instituição escolar que parece ela própria não dever nada ao Estado ou

---

21. Se se está no direito de tratar a autonomia relativa do sistema de ensino como a condição necessária e específica da realização de suas funções de classe, é que o sucesso da inculcação de uma cultura legítima e da legitimidade dessa cultura supõe o reconhecimento da autoridade propriamente pedagógica da instituição e de seus agentes, isto é, o desconhecimento da estrutura das relações sociais que fundamentam essa autoridade. Dito de outra maneira, a legitimidade pedagógica supõe a delegação de uma legitimidade preexistente, mas ao produzir o reconhecimento da autoridade escolar, isto é, o desconhecimento da autoridade social que a fundamenta, a instituição produz a legitimação da perpetuação das relações de classe, por uma espécie de círculo das prioridades recíprocas.

22. Vê-se que, por um paradoxo que produz toda a sua fecundidade heurística e que é iludido pela maioria dos utilizadores da noção de autonomia, é preciso tirar todas as consequências da autonomia para nada perder da dependência que se realiza através dela.

à sociedade) a serviço da ideologia das isenções universitárias e da equidade escolar. Se as práticas pedagógicas ou as ideologias profissionais dos docentes nunca são direta e completamente redutíveis ou irredutíveis à origem e à condição de classe desses agentes, é porque, como o mostra a história escolar da França, elas exprimem por sua polissemia e polivalência funcional a coincidência estrutural entre o *ethos* que os agentes devem à sua classe social de origem e de dependência e as condições de atualização desse *ethos* que são objetivamente inscritos no funcionamento da instituição e na estrutura de suas relações com as classes dominantes[23].

Assim, os docentes do primeiro grau não têm dificuldades em reformular na ideologia universalista da Escola liberadora uma disposição jacobina para a reivindicação ética

---

23. Vê-se, por exemplo, que o peso relativo dos docentes procedentes da pequena burguesia decresce à medida que se eleva a hierarquia das ordens de ensino, isto é, à medida que se acusa a contradição inscrita na função professoral e que se afirma mais completamente o primado da relação com a cultura característica das classes privilegiadas: 36% dos mestres do ensino primário com idade abaixo de 45 anos em 1964 eram originários das classes populares, 42% da pequena burguesia e 11% da média ou da grande burguesia, enquanto que, entre os professores (secundário e superior confundidos), 16% eram originários das classes populares, 35% da pequena burguesia e 34% da média e da grande burguesia. Na ausência de estatísticas, pode-se dar uma ideia da origem social dos professores de ensino superior considerando-se a origem social dos alunos da Escola Normal Superior: 6% de classes populares, 27% de classes médias e 67% de classes superiores. Se não é possível duvidar que as diferentes categorias de docentes devem numerosas de suas características à posição que ocupam no sistema de ensino, isto é, às relações de concorrência, de competição ou de aliança, declaradas ou tácitas, que mantêm com as outras categorias (pense-se, por exemplo, quanto ao ensino secundário, nas divergências que separam os instrutores e os professores tradicionais dessa ordem de ensino) e, na trajetória escolar, com o tipo de formação correlativo, que os conduziu a essa posição, resta concluir que todas essas características estão estreitamente ligadas a diferenças de origem social de modo que categorias de docentes que diferem pouco no que concerne às condições de existência e à situação profissional podem ser separadas, em suas atitudes profissionais e extraprofissionais, por diferenças que são irredutíveis a oposições de interesses categoriais e que remetem, para além da condição de classe, à classe de origem.

da igualdade formal das oportunidades que eles conservam de sua origem e de sua condição de classe e que, na história social da França, tornou-se indissociável de sua retradução na ideologia escolar do sucesso social pelo mérito escolar. Do mesmo modo, a representação das virtudes e da excelência escolar que orienta ainda as práticas pedagógicas no ensino secundário francês, mesmo científico, reproduz, não sem levar a marca das reinterpretações pequeno-burguesa ou universitária, uma definição social de excelência intelectual e humana em que a inclinação genérica das classes privilegiadas para o culto das maneiras se especifica segundo as normas de tradição aristocrática de elegância mundana e de bom-gosto literário perpetuada por um sistema de ensino impregnado de valores jesuíticos como a escala dos valores dominantes, a hierarquia escolar das aptidões organiza-se segundo as oposições do "brilhante" e do "sério", do "elegante" e do "laborioso", do "distinto" e do "vulgar", da "cultura geral" e do "pedantismo", em suma do desembaraço politécnico e do domínio técnico[24]; tantas dicotomias produzidas por um princípio de classificação tão poderoso que, só com o risco de se especificar segundo os domínios e os momentos, pode organizar todas as hierarquias e ajustamentos de hierarquias do mundo universitário e consagrar

---

24. Esse sistema de oposições propriamente universitárias não teria sem dúvida um tal rendimento classificatório e uma tal eficácia simbólica se não invocasse indiretamente a oposição entre teoria e prática em que se exprime a divisão fundamental entre o trabalho manual e o trabalho não manual. Privilegiando de maneira sistemática um dos polos de uma série de oposições paralelas (com a primazia conferida às disciplinas teóricas, o culto literário da forma e o gosto do formalismo matemático ou a depreciação absoluta do ensino técnico), o sistema de ensino privilegia ao mesmo tempo os que tiveram o privilégio de receber de uma família relativamente isenta do pragmatismo imposto pelas urgências da necessidade econômica a aptidão para o domínio simbólico, isto é, sobretudo verbal, das operações práticas e a relação isolada, distante e "desinteressada" com o mundo, com o outro e, portanto, com a linguagem e com a cultura que são exigidas pela Escola, muito particularmente quando se trata de adquirir disposições tão fortemente valorizadas quanto a disposição propriamente estética ou a atitude científica.

diferenças sociais constituindo-as como distinções escolares. A oposição entre o "forte em versão" e o "forte em francês" é apenas uma das atualizações do mesmo princípio de divisão que opõe também os especialistas do geral saídos das grandes escolas (ENS, Politécnica, ENA) aos especialistas produzidos pelas escolas de segunda linha, isto é, a grande burguesia à pequena burguesia e a "grande porta" à "pequena porta"[25]. Quanto aos professores do ensino superior, filhos de pequeno-burgueses que só deveram uma promoção social de exceção à sua aptidão para transformar em destreza escolar, à força de obstinação e de docilidade, uma obstinação dócil de aluno de primeiro lugar, ou filhos da média e da grande burguesia que tiveram de dar ao menos a aparência de renunciar aos proveitos temporais prometidos por seu nascimento para impor a imagem de sua seriedade universitária, todas suas práticas revelam a tensão entre os valores aristocráticos que se impõem ao sistema escolar francês, tanto em virtude de sua tradição própria como em razão de suas relações com as classes privilegiadas, e os valores de pequena burguesia que encorajam, mesmo entre os que não os herdam diretamente de sua origem social, um sistema que condena os seus agentes, por causa mesmo de sua função própria e de sua posição em relação ao poder, a ocupar uma posição subalterna na hierarquia das frações das classes dominantes[26]: uma instituição que permite e encoraja agentes

---

25. Lê-se, no *Dictionnaire des idées reçues*, "Versão: no colégio, prova a aplicação, como a tradução prova a inteligência. Mas no mundo é preciso rir dos muito aplicados". Seria fácil mostrar que, para a grande burguesia dos negócios e do poder, o formado pela Escola Normal Superior que, na ideologia professoral, representa o ideal do homem cultivado, não está longe de ser para o aluno da ENA a encarnação de uma cultura mundana dentro da moda, exatamente o que o "aplicado" é para o homem cultivado segundo os cânones da Escola tradicional.

26. A discordância estrutural entre a posição eminente na instituição e a posição fora da instituição que resulta da posição inferior (ou marginal) da instituição na estrutura do poder poderia constituir um dos princípios explicativos mais poderosos das práticas e das opiniões dos professores de ensino superior (próximos, sob esse prisma, dos oficiais superiores).

de transmissão intercambiáveis a desviar-se da autoridade da instituição para dar a ilusão da criação inimitável, oferece um terreno particularmente favorável ao jogo das censuras cruzadas e acumuladas que permite a referência sucessiva e às vezes simultânea ao culto escolar do brio e ao gosto acadêmico da justa medida. Os professores de ensino superior encontram assim, nas próprias ambiguidades de uma ideologia em que se exprimem, ao mesmo tempo, a dualidade social do recrutamento do corpo docente e a ambivalência da definição objetiva do posto profissional, o instrumento mais perfeito para reprimir sem se contradizer todos os desvios em relação a dois sistemas de normas em mais de um ponto contraditórias. Compreende-se que o desprezo supremo pelas virtudes laboriosas do trabalhador intelectual, retradução universitária do aristocratismo do talento – que retraduz ele mesmo, de acordo com as exigências da hereditariedade burguesa, a ideologia aristocrática do nascimento – se conjugue sem esforço com a reprovação moral do sucesso imediatamente percebido como compromisso mundano e com a defesa minuciosa dos direitos estatutários, mesmo contra os direitos da competência; são atitudes que exprimem sob uma forma propriamente universitária a propensão pequeno-burguesa a reconfortar-se com uma afirmação apotropaica da universal mediocridade. Assim, todas as normas universitárias, tanto as que presidem à seleção dos estudantes ou à cooptação dos docentes, quanto as que regem a produção dos cursos, das teses ou mesmo dos trabalhos com pretensão científica, tendem sempre a favorecer o sucesso, ao menos no seio da instituição, de um tipo modal de homem e de obra definidos por uma dupla negação, isto é, pelo brilhantismo sem originalidade e a gravidade sem peso científico, ou, se se deseja, o "pedantismo de ligeireza" e a coqueteria da erudição.

Ainda que seja quase sempre dominada pela ideologia burguesa da graça e do dom, a ideologia pequeno-burguesa da ascese laboriosa consegue marcar profundamente as práticas escolares e os julgamentos sobre essa prática, porque ela reencontra e reativa uma tendência à justificação ética pelo mérito que, mesmo relegada ou repelida, é inerente à ideologia dominante. Mas não se compreenderia o sincretismo da moral universitária se não se visse que a relação de subordinação e de complementaridade que se estabelece entre as ideologias pequeno-burguesa e grande-burguesa e reproduz (no duplo sentido do termo), na lógica relativamente autônoma da instituição escolar, uma relação de aliança antagônica, que se observa em outros domínios e em particular na vida política, entre a pequena burguesia e as frações dominantes da burguesia: predisposta, por sua dupla oposição às classes populares e às classes dominantes, a servir de guardiã da ordem moral cultural e política, e portanto daqueles que servem essa ordem, a pequena burguesia está condenada pela divisão de trabalhos a servir com zelo nos postos de quadros subalternos e médios das burocracias encarregadas de manter a ordem, quer seja inculcando a ordem ou chamando à ordem os que não a interiorizaram[27].

É preciso, portanto, relacionar as propriedades de estrutura e de funcionamento que um sistema de ensino deve à sua função própria e às funções externas dessa função

---

27. Para lembrar as funções que assume a divisão do trabalho de dominação entre a pequena e a grande burguesia e, em particular, a função de bode expiatório que assumem os agentes subalternos investidos do cargo de exercer por delegação uma coerção física ou simbólica, seria suficiente enumerar alguns pares de oposições mais significativos dessa oposição funcional, por exemplo, o coronel "pai do regimento", e o sargento, "cão do quartel"; o juiz e o "tira"; o patrão e o contramestre; o alto funcionário e o pequeno empregado colocado em contato com o público; o médico e o enfermeiro ou o psiquiatra e o enfermeiro de hospício; e, enfim, no interior do sistema universitário o reitor e o bedel. Conhece-se por exemplo o duplo jogo que permite, no sistema de ensino, a dualidade das funções e das pessoas: a desvalorização proclamada ou tácita da burocracia dos administradores escolares e dos agentes de enquadramento constitui uma das forças mais seguras e econômicas do carisma de instituição.

própria com as disposições socialmente condicionadas que os agentes (emissores ou receptores) devem à sua origem e à sua condição de classe assim como à posição que ocupam na instituição, para compreender adequadamente a natureza das relações que unem o sistema escolar à estrutura das relações de classe e elucidar, sem cair numa espécie de metafísica da harmonia das esferas ou de providencialismo do melhor ou do pior, correspondências, homologias ou coincidências reduzíveis em última análise a convergências de interesses, alianças ideológicas e afinidades entre os *habitus*, colocando de lado o discurso interminável que resultaria de se percorrer em cada caso a rede completa das relações que conferem a cada relação seu sentido completo, é suficiente perceber, a propósito de uma relação parcial, o sistema das relações circulares que unem *estruturas* e *práticas*, pela mediação dos *habitus* como produtos das estruturas, produtoras das práticas e reprodutoras das estruturas, para definir os limites da validade (isto é, a validade nesses limites) de uma expressão abstrata como a do "sistema de relações entre o sistema de ensino e a estrutura das relações de classe": assim, encontra-se colocado ao mesmo tempo o princípio do trabalho empírico que permite escapar à alternativa mundana e fictícia entre o pan-estruturalismo mecânico e a afirmação dos direitos imprescritíveis do sujeito criador ou do agente histórico[28]. Na medida em que define as condições originárias de produção das diferenças entre os *habitus*, a estrutura

---

28. Para mostrar a distância que separa da análise das mediações concretas a formulação teórica que, no melhor dos casos, a resume e, no pior, a dispensa, é suficiente remeter a certas análises desse livro que, reduzidas à sua estenografia abstrata, se enunciariam por exemplo como "o sistema das relações de comunicação entre níveis de emissão e níveis de recepção sistematicamente definidos pelas relações entre o sistema de ensino como sistema de comunicação e a estrutura das relações entre as classes" (capítulos 1 e 2); ou ainda como "o sistema das relações entre valores escolares definido em suas relações com os valores das classes dominantes e o sistema dos valores que se prendem à origem e à condição social do corpo dos agentes" (capítulo 4).

das relações de classe, entendida como campo de forças que se exprime simultaneamente em antagonismos diretamente econômicos ou políticos e num sistema de posições e de oposições simbólicas, proporciona o princípio explicativo das características sistemáticas que reveste, nos diferentes domínios de atividade, a prática dos agentes de uma classe determinada, mesmo se essa prática deve em cada caso sua forma específica às leis próprias de cada um dos subsistemas considerados[29]. Assim, por não se perceber que é somente pela mediação da condição de classe, isto é, através das ações de agentes levados a atualizar nas práticas mais diferentes (fecundidade, nupcialidade, condutas econômicas, políticas ou escolares) os mesmos tipos fundamentais de *habitus*, que se estabelece a relação entre os diferentes subsistemas, fica-se exposto a reificar estruturas abstratas reduzindo a relação entre esses subsistemas à fórmula lógica que permite reencontrar não importa qual dentre eles a partir de um deles; ou, pior, a só restaurar as aparências de funcionamento real do "sistema social" atribuindo aos subsistemas, como faz Parsons, a figura antropomórfica de agentes ligados entre si por permutas de serviços e que contribuem assim para o bom funcionamento do sistema, que seria simplesmente o produto de sua composição abstrata[30].

---

29. Sobre o papel que exerce o conceito de *habitus* (características de grupo) no ultrapassamento dessa alternativa pré-científica que, mesmo em suas formas de vanguarda, evoca, por mais de um traço, o velho debate sobre os determinismos sociais e a liberdade humana, cf. P. Bourdieu, o *habitus* como mediação entre estrutura e práxis, posfácio à obra de Erwin Panofsky: *Architecture gothique et pensée scolastique*. Paris: De Minuit, 1967, p. 135-167.

30. Tudo parece indicar, por exemplo, que é o mesmo *ethos* ascético da ascensão social que está na base das condutas em matéria de fecundidade e disposição relativas à Escola de uma fração das classes médias: enquanto que, nas categorias sociais mais fecundas como os assalariados agrícolas, os agricultores e os operários, as oportunidades de entrar na sexta série decrescem regularmente à medida que as famílias se acrescem de uma unidade, apresentam uma queda brutal nas categorias menos fecundas, artesãos e comerciantes, empregados e quadros médios, entre as famílias de quatro filhos ou mais,

Se, no caso particular das relações entre a Escola e as classes sociais, a harmonia parece perfeita, é que as estruturas objetivas produzem os *habitus* de classe, e em particular as disposições e as predisposições que, gerando as práticas adaptadas a essas estruturas, permitem o funcionamento e a perpetuação das estruturas: por exemplo, a disposição para utilizar a Escola e as predisposições para ter êxito nela dependem, como já se viu, das probabilidades objetivas de alcançá-lo que estão ligadas às diferentes classes sociais, essas disposições e predisposições constituindo por sua vez um dos fatores mais importantes da perpetuação da estrutura das oportunidades escolares como manifestação objetivamente perceptível das relações entre o sistema de ensino e a estrutura das relações de classe. Não existem disposições e predisposições negativas que conduzam à autoeliminação, por exemplo autodepreciação, a desvalorização da Escola e de suas sanções ou a resignação ao fracasso ou à exclusão, que não possam ser compreendidas como uma antecipação inconsciente das sanções que a Escola reserva objetivamente às classes dominadas. Mais profundamente, só uma teoria adequada do *habitus* como duplo processo da interiorização da exterioridade e da exteriorização da interioridade permite esclarecer completamente as condições sociais do exercício da função da legitimação da ordem social que, de todas as funções ideológicas da Escola, é sem dúvida a mais dissimulada. Porque o sistema de ensino tradicional consegue dar a ilusão de que sua ação

---

isto é, entre aquelas famílias que se distinguem do conjunto do grupo por sua fecundidade. Em lugar de ver no número de filhos a explicação casual de baixa da taxa de escolarização, é preciso supor que a vontade de limitar o número de nascimentos e a vontade de dar uma educação secundária aos filhos exprimem, nas categorias que se associam, uma mesma disposição ascética. Para uma análise das relações entre o *ethos* de classe e a fecundidade, poder-se-ia cf. BOURDIEU, P. & DARBEL, A. La fin d'un malthusianisme? In: DARRAS. *Le partage des bénéfices*. Paris: De Minuit, 1966, p. 134-154.

de inculcação é inteiramente responsável pela produção do *habitus* cultivado ou, por uma contradição aparente, que essa ação só deve sua eficácia diferencial às aptidões inatas dos que a ela são submetidos, e que é por conseguinte independente de todas as determinações de classe, embora nada mais faça do que confirmar e reforçar um *habitus* de classe que, constituído fora da Escola, está no princípio de todas as aquisições escolares, tal sistema contribui de maneira insubstituível para perpetuar a estrutura das relações de classe e ao mesmo tempo para legitimá-la ao dissimular que as hierarquias escolares que ele produz reproduzem hierarquias sociais[31]. Para convencer-se que tudo predispõe um sistema de ensino tradicional a servir uma função de conservação social, é suficiente lembrar, entre outras coisas, a afinidade de um lado entre a cultura que ele inculca, sua maneira de inculcá-la e a maneira de possuí-la que supõe e produz esse modo de aquisição, e por outro lado a afinidade entre o conjunto desses traços e características sociais do público ao qual se inculca conjunto, sendo essas características elas mesmas solidárias com as disposições pedagógicas e culturais que os agentes de inculcação conservam de sua origem social, de sua formação, de sua posição na instituição e de sua condição social. Considerando-se a complexidade da rede de relações através da qual se realiza a função da legitimação da ordem social, seria vão, percebe-se, pretender localizar o seu exercício num mecanismo ou num setor do sistema de ensino; todavia, numa sociedade dividida em classes, onde a Escola reparte, com famílias desigualmente

---

31. Ainda que afirmem a imanência da estrutura das relações de classe em todos os níveis da prática social, os leitores estruturalistas de Marx, levados por uma reação objetivista contra todas as formas idealistas da filosofia da ação, só querem reconhecer os agentes como "suportes" da estrutura e se condenam portanto a ignorar a questão das mediações entre a estrutura e a prática, por não conferir às estruturas um outro conteúdo além do poder, em última análise muito misterioso, de determinar ou de superdeterminar outras estruturas.

dotadas de capital cultural e da disposição para colaborar, a tarefa de reproduzir esse produto da história que constitui num momento determinado o modelo legítimo da disposição cultivada, nada serve melhor ao interesse pedagógico das classes dominantes que o *laisser-faire* pedagógico que é característico do ensino tradicional, já que essa ação à revelia, imediatamente eficaz e, por definição, inapreensível, parece predestinada a servir a função de legitimação da ordem social. Isso corresponde a dizer quanto seria ingênuo reduzir todas as funções ideológicas do sistema de ensino à função de doutrinamento político ou religioso que pode, ela mesma, segundo o modo de inculcação, exercer-se de uma maneira mais ou menos intermitente. Essa confusão, que é inerente à maioria das análises da função política da Escola, é tanto mais perniciosa pelo fato de que a recusa ostensiva da função de doutrinamento ou, pelo menos, das formas mais declaradas da propaganda política e a instrução cívica pode preencher por sua vez uma função ideológica ao dissimular a função da legitimação da ordem social; como o mostra particularmente bem a tradição francesa da universidade laica, liberal ou libertária, a neutralidade proclamada relativamente aos credos éticos e políticos ou mesmo a hostilidade apregoada para com os poderes torna menos suspeitável a contribuição que o sistema de ensino é o único capaz de prestar à manutenção da ordem estabelecida.

Assim, para compreender que os efeitos sociais das ilusões comuns ou eruditas que estão sociologicamente implicadas no sistema das relações entre o sistema de ensino e a estrutura das relações de classe não são ilusórios, é preciso remontar ao princípio que comanda esse sistema de relações: a legitimação da ordem estabelecida pela Escola supõe o reconhecimento social da legitimidade da Escola, reconhecimento que repousa por sua vez sobre o desconhecimento da delegação de autoridade que fundamenta objetivamente essa legitimidade ou, mais precisamente, sobre o desconhecimento das condições sociais de uma harmonia entre as estruturas e os *habitus* bastante perfeita para gerar o desconhecimento do *habitus* como produto reprodutor daquilo que o produz e o reconhecimento correlativo das estruturas da ordem assim reproduzida. Assim, o sistema de ensino tende objetivamente a produzir, pela dissimulação da verdade objetiva de seu funcionamento, a justificação ideológica da ordem que ele reproduz por seu funcionamento. Não é por acaso que, vítimas do efeito ideológico da Escola, tantos sociólogos são levados a separar de suas condições sociais de produção as disposições e as predisposições relativas à Escola: "esperanças", "aspirações", motivações", "vontade": esquecendo que as condições objetivas determinam simultaneamente as aspirações e o grau em que essas podem ser satisfeitas, eles se permitem proclamar o melhor dos mundos quando ao término de um estudo longitudinal das carreiras profissionais eles descobrem que, como por uma harmonia preestabelecida, os indivíduos nada esperaram que não tivessem obtido e nada obtiveram que não tivessem esperado. Referindo-se aos universitários que experimentam sempre "um sentimento de culpabilidade na leitura das estatísticas relativas à origem social dos estudantes em faculdade", M. Vermot-Gauchy objeta que "não lhes ocorreu que a verdadeira democratização consistiria talvez em favorecer o desenvolvimento dos ensinos mais adaptados às características e ao desejo dos alunos procedentes dos meios modestos ou pouco civilizados", e acrescenta: "Pouco lhes importa que por tradição social, aptidão adquirida pela sua dependência a um meio etc., um filho de operário, intelectualmente brilhante, prefira se orientar para as antigas escolas, práticas ou antigas escolas nacionais profissionais, para conseguir, se ele possui as capacidades, o diploma de técnico ou de engenheiro de Artes e Ofícios por exemplo, e o filho do médico para o ensino clássico, visando atingir as faculdades"[32]. Felizes, pois, as pessoas "modestas" que, em sua modéstia, não aspiram no fundo a mais nada, senão ao que elas já têm e bendita seja "a ordem social" que não pretende a desventura deles ao convidá-los a destinos muito ambiciosos, tão mal adaptados às suas aptidões quanto às suas aspirações.

Pangloss planificador é menos assustador do que Pangloss metafísico? Convencidos de que é suficiente calcular para produzir o melhor dos mundos escolares na melhor das sociedades possíveis, os novos filósofos otimistas da ordem social reencontram a linguagem de todas as sociodiceias que visem convencer que a ordem estabelecida é o que ela deve ser, já que não há sequer necessidade de chamar à ordem, isto é, a seu dever-ser, as vítimas aparentes dessa ordem para que elas consintam em ser o que elas devem ser. Compreende-se que eles não possam senão calar, porque elas assumem, tacitamente, a função de legitimação e de conservação da ordem estabelecida de que se desincumbe a Escola quando ela persuade da legitimidade de sua exclusão as classes que ela exclui, impedindo-as de perceber e de contestar os princípios em nome dos quais ela as exclui. Os *veredictos* do tribunal escolar tão decisivos exatamente porque impõem simultaneamente a condenação e o esquecimento dos considerandos sociais da condenação. Para que o destino social seja transformado em vocação da liberdade ou em méritos da pessoa, como no mito platônico em que as almas que ga-

---

[32]. Para se pôr à prova concretamente a concordância dos efeitos da ação e da seleção escolares com os efeitos da educação pré ou paraescolar que é dispensada de maneira anônima pelas condições de existência, mesmo quando especificada e investida de sua significação propriamente pedagógica pela autoridade pedagógica de um grupo familiar, é suficiente observar que, da sexta série à Politécnica, a hierarquia dos estabelecimentos, segundo o prestígio escolar e o rendimento social dos títulos aos quais eles conduzem, corresponde estreitamente à hierarquia desses estabelecimentos segundo a composição social de seu público.

nharam seu "quinhão" devem beber a água do rio do esquecimento antes de tornar a descer à terra para aí viver o destino que lhes coube, é preciso e é suficiente que a Escola, "hierofante da Necessidade", consiga convencer os indivíduos que eles mesmos escolheram ou conquistaram os destinos que a necessidade social antecipadamente lhes assinalou. Melhor do que as religiões políticas cuja função mais constante tem sido, como observa Max Weber, dotar as classes privilegiadas de uma teodiceia de seu privilégio, melhor do que as soteriologias do além que contribuíram para perpetuar a ordem social pela promessa de uma subversão póstuma dessa ordem, melhor do que uma doutrina como a do *Kharma*, em que Weber via a obra-prima das teodiceias sociais, já que justificava a qualidade social de cada indivíduo no sistema das castas por seu grau de qualificação religiosa no ciclo das transmigrações, a Escola consegue hoje em dia, com a ideologia dos "dons" naturais e dos "gostos" inatos, legitimar a reprodução circular das hierarquias sociais e das hierarquias escolares.

Assim, a função mais dissimulada e mais específica do sistema de ensino consiste em esconder sua função objetiva, isto é, dissimular a verdade objetiva de sua relação com a estrutura das relações de classe[33]. Para se convencer disso é suficiente ouvir um planificador consequente que, interrogando-se sobre os meios mais seguros de operar uma seleção antecipada dos indivíduos aptos a obter êxito escolar e de aumentar, portanto, o rendimento técnico do sistema escolar, é levado a se perguntar quais são as características dos candidatos que se está no direito de levar em conta: "Numa democracia, instituições mantidas por fundos públicos não podem manter abertamente certas características como critérios de seleção. Entre as características que se estaria normalmente levado a considerar como base, há o sexo, a condição de nascimento, o tempo passado na escola, a aparência física, o

---

33. VERMOT-GAUCHY, M. Op. cit., p. 62-63.

acento ou a entonação, o *status* socioeconômico dos pais e o prestígio da última escola frequentada [...]. Mas se ficasse demonstrado que aqueles cujos pais estão situados muito baixo na hierarquia social tendem a um fracasso quanto a seus resultados escolares na universidade, um desvio direto e manifesto da política de seleção contra esses candidatos seria inaceitável"[34]. Em suma, o tempo (e, portanto, o dinheiro) desperdiçado é também o preço que é preciso pagar para que fique dissimulada a relação entre a origem social e os resultados escolares, pois, querendo se fazer com menor gasto e mais rapidamente o que o sistema fará de todas as maneiras, deixar-se-ia exposta, anulando-a ao mesmo tempo, uma função que só pode se exercer quando permanece dissimulada. É sempre ao preço de um gasto ou de um desperdício de tempo que o sistema escolar legitima a transmissão do poder de uma geração a uma outra dissimulando a relação entre o ponto de partida e o ponto de chegada sociais da trajetória escolar, graças ao que é, em última análise, apenas um efeito de certificação tornado possível pela extensão ostensiva e às vezes hiperbólica da aprendizagem. De maneira mais geral, se o tempo perdido não é consumido inutilmente, é porque ele dá

---

34. Há poucas instituições que, tanto quanto o sistema de ensino, estejam protegidas contra a investigação sociológica. Se é verdadeiro que a Escola tem por função dissimular as funções externas de sua função própria e que ela só pode se desincumbir dessa função ideológica escondendo aquilo de que ela se desincumbe, a ciência não pode ter objeto nesse caso a não ser com a condição de tomar por objeto o que cria obstáculos à construção do objeto. Recusar semelhante projeto científico é condenar-se à adesão cega ou cúmplice ao dado tal como ele se oferece quer essa demissão teórica se dissimule sob o rigor apregoado dos processos empíricos ou quer ela se legitime pela invocação do ideal da "neutralidade ética", simples pacto de não agressão com a ordem estabelecida. Se não existe ciência senão do que é oculto, a ciência da sociedade é, por si, crítica, sem que o erudito que escolhe a ciência tenha jamais que escolher a crítica: o oculto é, nesse caso, um segredo, e um segredo bem-guardado, ainda que ninguém se tenha proposto guardá-lo, porque contribui para a reprodução de uma "ordem social" baseada na dissimulação dos mecanismos mais eficazes de sua reprodução e serve, portanto, aos interesses dos que têm interesse na conservação dessa ordem.

ensejo a uma transformação das disposições relativas ao sistema e às suas sanções que é indispensável ao funcionamento do sistema e ao preenchimento de suas funções: o que separa a autoeliminação a longo prazo da eliminação imediata que tem como base uma previsão das oportunidades objetivas de eliminação, é o tempo que é preciso no primeiro caso para que excluídos se persuadam da legitimidade de sua exclusão. Se, para eliminar as classes mais afastadas da cultura escolar, os sistemas de ensino recorrem cada vez mais frequentemente hoje em dia à "maneira suave", portanto mais dispendiosa em tempo e em meios, é que, a título de instituição de polícia simbólica, dedicada a frustrar em alguns as aspirações que ela encoraja em todos, o sistema de ensino deve proporcionar-se os meios de obter o reconhecimento da legitimidade de suas sanções e de seus efeitos sociais, de modo que instâncias e técnicas de manipulação organizadas e explícitas não possam deixar de aparecer quando a exclusão não for suficiente por si para impor a interiorização da legitimidade de exclusão[35].

Assim, o sistema escolar, com as ideologias e os efeitos gerados pela sua autonomia relativa, é para a sociedade burguesa em sua fase atual o que outras formas de legitimação da ordem social e de transmissão hereditária dos privilégios foram para formações sociais que diferiam tanto pela forma específica das relações e dos antagonismos entre as classes quanto pela natureza do privilégio transmitido: não contribui com ele para convencer cada sujeito social de ficar no lugar que lhe cabe por natureza, de se manter nele e de manter nele, *ta heautou prattein*, como dizia Platão? Não podendo invocar o direito do sangue – que sua classe historicamente recusou à aristocracia – nem os direitos da natureza, arma outrora dirigida contra a "distinção" nobiliárquica, nem as virtudes ascéticas que permitiam aos empreendedores da

---

35. KELSALL, R.K. "University student selection in relation to subsequent academic performance – A critical appraisal of the evidence". In: HAMOS, P. (org.). Sociological studies in british university. *The Sociological Review* – Monograph, 7, out./1963, p. 99.

primeira geração justificarem seu sucesso através de seu mérito, o herdeiro dos privilégios burgueses deve apelar hoje para a certificação escolar que atesta simultaneamente seus dons e seus méritos. A ideia contra a natureza de uma cultura de nascimento supõe e produz a cegueira face às funções da instituição escolar que assegura a rentabilidade do capital e legitima a sua transmissão dissimulando ao mesmo tempo que preenche essa função. Assim, numa sociedade em que a obtenção dos privilégios sociais depende cada vez mais estreitamente da posse de títulos escolares, a Escola tem apenas por função assegurar a sucessão discreta a direitos de burguesia que não poderiam mais se transmitir de uma maneira direta e declarada. Instrumento privilegiado da sociodiceia burguesa que confere aos privilegiados o privilégio supremo de não aparecer como privilegiados, ela consegue tanto mais facilmente convencer os deserdados que eles devem seu destino escolar e social à sua ausência de dons ou de méritos quanto em matéria de cultura a absoluta privação de posse exclui a consciência da privação de posse[36].

---

36. O sistema de ensino francês que em sua forma tradicional exigia e obtinha o reconhecimento de *veredictos* sem apelo que exprimiam uma hierarquia sempre unívoca (embora se dissimulasse sob um encaixe de hierarquias) se opõe sob esse prisma a sistemas que, como a universidade americana, preveem a resolução institucional das tensões resultantes do desvio entre as aspirações que ela contribui para inculcar e os meios sociais de realizá-las: indo-se até o extremo, observam-se universidades que, assumindo-se de modo quase explícito como um caso particular do sistema das instituições de polícia simbólica, se dotariam de toda a instrumentação institucional (testes, sistemas de orientações e de opções que constituem uma universidade sutilmente hierarquizada sob as aparências da diversidade) e de pessoal especializado (psicólogos, psiquiatras, conselheiros em orientação, psicanalistas) que permitem a manipulação discreta e sorridente daqueles que a instituição condena, exclui ou relega. Essa utopia permite perceber que a "racionalização" dos instrumentos técnicos e institucionais da exclusão, da orientação e da inculcação da adesão à orientação e à exclusão permitiria ao sistema escolar preencher, de maneira mais eficaz porque mais irrepreensível, as funções de que se desincumbe hoje quando seleciona e, ocultando os princípios de sua seleção, obtém a adesão a essa seleção e aos princípios que a fundamentam.

Apêndice

A evolução da estrutura das oportunidades de acesso ao ensino superior: deformação ou translação?

Há questões, como aquela da "democratização" do recrutamento da população escolarizada, tão estreitamente integradas a uma problemática ideológica que predetermina se não as respostas possíveis, pelo menos as interpretações possíveis dessas respostas, que se hesita em colocar em pauta, quando nada pelo simples aspecto de intervir-se, mesmo com razões científicas, num debate em que a razão científica tem tão pouco lugar. É curioso por exemplo que aqueles que foram os primeiros a gritar pela "democratização", sem a proteção de uma prova numérica ou baseando-se sobre a comparação prematura e prevista de simples percentagens dos representantes de cada categoria social na população escolarizada[1], apressem-se hoje a denunciar como efeito de

---

1. Percentagens que são frequentemente reproduzidas sem qualquer outra forma de procedimento metodológico, de estatísticas construídas segundo categorias desaparecidas no tempo ou no espaço e a propósito de subconjuntos mal definidos ou mutáveis da população escolarizada: vê-se assim um artigo, que representa apenas um exemplo extremo, decidir sobre a questão da democratização do ensino (reduzida, por um jogo de palavras, à questão da composição social da população estudantil) tendo como base estatísticas que, para as necessidades do estabelecimento de séries cronológicas, devem misturar os quadros subalternos, médios e superiores da função pú-

uma obsessão ideológica toda tentativa para medir cientificamente a evolução das oportunidades de acesso às diversas ordens e aos diferentes tipos de ensino em função da origem social: para apreciar plenamente o paradoxo é preciso saber que a medida da evolução das oportunidades escolares num período suficientemente longo só é possível desde a publicação pelo BUS (Bureau Universitaire Statitisque) de séries estatísticas avaliadas segundo categorias relativamente pertinentes[2]. Por oposição à simples manipulação de taxas de representação das diferentes categorias de estudantes no conjunto da população estudantil (implícita ou explicitamente tratada como um império dentro de um império), a construção das probabilidades objetivas de escolarização ligadas às diferentes categorias sociais força a relacionar a parte dos sobreviventes escolares de cada categoria com o conjunto da categoria de origem: tal construção também fornece um dos meios mais eficazes de compreender empiricamente o sistema das relações que unem, num momento determinado, o sistema de ensino e a estrutura das classes sociais e ao mesmo tempo de medir a transformação no tempo desse sistema de relações[3].

---

blica numa categoria dita dos "funcionários civis e militares"; método tanto mais leviano quanto pelo fato de apoiar uma "análise" que visa demonstrar a passagem de um "recrutamento burguês" a um "recrutamento médio".

2. Se, em 1963, fomos forçados a nos restringir a um cálculo referente a um só ano das oportunidades de acesso ao ensino superior e das oportunidades condicionais de acesso às diferentes faculdades em função da origem e do sexo (cálculo efetuado pela primeira vez sob essa forma), é que, até o ano de 1958, as estatísticas da população estudantil, por categoria socioprofissional de origem, por sexo e por faculdade, que eram disponíveis para as épocas anteriores, agrupavam numa mesma categoria todos os funcionários civis e militares, sem distinção de grau... BOURDIEU, P. & PASSERON, J.-C. *Les héritiers*. Paris: De Minuit, 1964, p. 15ss. (quadro de oportunidades) e p. 145ss. (nota sobre o método empregado para a construção desse quadro).

3. Assim, desde que se relacione a evolução da parte relativa dos estudantes originários das classes médias na população estudantil à evolução da parte relativa das classes médias na população ativa francesa, percebe-se, imediatamente, tudo o que há de fictício nas análises que tendem a interpretar o

Esta construção constitui em todo caso o único meio de escapar a todos os erros que resultam da autonomização de uma população de sobreviventes que devem o essencial de suas características bem menos à *composição social* do grupo que eles constituem do que às suas relações objetivas com a categoria da qual eles são os representantes escolares, relações que se exprimem por exemplo nas taxas de seleção diferencial segundo a classe social e o sexo[4], de forma mais geral, é com a condição de empregar sistematicamente *o modo de pensamento relacional* que se pode escapar ao erro que consiste em ver atributos substanciais nas propriedades ligadas a uma categoria, por não se perceber que a significação adequada de cada um dos termos de uma relação (por exemplo, aquele que une as tomadas de posição política à dependência a uma disciplina) só pode ser completamente estabelecida no interior do sistema das relações que eles encobrem e dissimulam: que se reflita por exemplo na literatura de "sociólogos" sobre o papel dos sociólogos no movimento de maio ou nas ingenuidades inspiradas pela taxa relativamente elevada de filhos de operários nas faculdades de ciências, quando se deixa de cotejá-la com o quase monopólio das classes privilegiadas sobre as maiores escolas científicas, isto é, de colocar o problema do recrutamento social na escala do sistema dos estudos científicos. A vigilância contra a tentação de tratar os elementos independentemente das relações que os constituem em sistema jamais se impõe tanto quanto na comparação de épocas diferentes: assim, para perceber a significação social

---

peso ligeiramente crescente dessa categoria de estudantes (identificada pela profissão do pai *no momento da inscrição da faculdade*) como uma indicação da participação crescente dessas classes nos benefícios da escolarização superior: com efeito, entre 1962 e 1968, são justamente as categorias sociais mais numerosas e mais representativas das classes médias que conheceram na população ativa as taxas de crescimento mais elevadas, seja + 34,2% para os quadros médios em seu conjunto (+ 67% para os professores e as profissões literárias e científicas) e + 26,4% para os empregados, contra, por exemplo, + 4% para os patrões da indústria e do comércio (- 1,9% para os industriais propriamente ditos). *Economie et statistique*, 2, jun./1969, p. 43.

4. Para outros exemplos ver supra, capítulo 3.

em nome das diferentes categorias sociais nas diferentes faculdades ou nas diferentes disciplinas, é preciso levar em conta a *posição* que tal faculdade ou tal disciplina ocupa num momento dado no sistema das faculdades ou das disciplinas, sob pena de sucumbir às ilusões da história monográfica que, concluindo implicitamente pela identidade dos termos a identidade substancial através do tempo das instituições ou dos traços correspondentes, condena-se a comparar o incomparável e a deixar de comparar elementos que, incomparáveis quando apreendidos em si mesmos e por si mesmos, constituem os termos verdadeiros da comparação porque ocupam posições homólogas em dois estados sucessivos do sistema das instituições de ensino[5].

Para aqueles que concluem do crescimento do volume global da população escolarizada no ensino superior a "democratização" do público das faculdades, é preciso lembrar que esse fenômeno morfológico pode encobrir uma perpetuação do *statu quo* ou mesmo, em certos casos, uma regressão da representação das classes desfavorecidas[6] tanto quanto uma ampliação da base social do recrutamento. O

---

5. Assim, por exemplo, desde que o sistema das grandes escolas não pode ser pensado fora das relações que o uniam às outras instituições de ensino superior e porque nenhuma escola particular pode ser pensada fora de suas relações com as outras escolas, isto é, abstraindo-se a posição que ela ocupa num momento dado no sistema das grandes escolas, uma história social da Escola Politécnica ou da Escola Normal Superior (mais precisamente uma história do recrutamento social, das carreiras, ou mesmo das atitudes políticas e religiosas dos alunos dessas escolas) que ignorasse a posição de cada uma delas no sistema das grandes escolas; e portanto tudo o que decorre de seu *valor de posição* na estrutura das relações entre o sistema das grandes escolas e o sistema do poder, quando nada pelo fato da criação da Escola Nacional de Administração, seria tão falaciosa quanto uma história de Saint-Cyr que, encerrando-se na ideografia, não percebesse que outra escola (por exemplo as escolas de agronomia) tende a substituir progressivamente a primeira no sistema das funções que preenche o sistema das grandes escolas.

6. A hipótese não é jamais completamente excluída – ao menos para um tipo particular de ensino – mesmo num ensino de expansão e numa situação de crescimento econômico. Encontrar-se-ia um índice dessa tendência na evolução do recrutamento dos estudos médicos.

crescimento da taxa de escolarização de uma classe de idade pode com efeito se operar em benefício quase exclusivo das categorias sociais que já eram as mais escolarizadas ou, pelo menos, proporcionalmente à repartição anterior das desigualdades de escolarização. De maneira mais geral, o desenvolvimento dos efetivos é a resultante de fatores de várias ordens: se, na França, o aumento do número de estudantes traduz simultaneamente (ao menos desde 1964) o crescimento dos grupos sociais decorrente do crescimento da taxa de fecundidade (após 1946) e a elevação da taxa de escolarização das classes de idade superiores a dezoito anos, a avaliação dessa taxa global entre as taxas de escolarização das diferentes categorias socioprofissionais corre o forte risco de ter mudado bem menos que o leva a supor a elevação contínua da taxa global de escolarização no ensino superior.

Mais precisamente, para realizar uma aproximação numérica da estrutura das oportunidades socialmente condicionadas de alcançar a Escola, e, sobretudo, para analisar a evolução no tempo dessa estrutura, convém relacionar o efetivo de uma categoria socialmente definida de estudantes com o efetivo do grupo de jovens da mesma idade dotado das mesmas características sociais. Com efeito o aumento da fração de estudantes originários de uma categoria social determinada pode traduzir não o aumento das oportunidades de acesso dos adolescentes procedentes dessa categoria ao ensino superior, mas uma simples mudança do peso numérico da categoria na população ativa. Eis por que o cálculo da probabilidade de acesso ao ensino superior segundo a categoria socioprofissional de origem, o sexo ou qualquer outro critério representa a formulação mais exata da ordem de grandeza da desigualdade das oportunidades escolares socialmente condicionadas e de seu leque.

A interpretação do quadro das oportunidades de acesso ao ensino superior mostrava, em 1961/1962, disparidades consideráveis entre as diferentes categorias sociais: é assim que um filho de assalariado agrícola tinha 1,2 de chance sobre cem de empreender estudos superiores, e um filho de industrial mais de uma chance sobre duas. Essa medida do leque das desigualdades demonstrava que nessa época o sistema de ensino tendia a eliminar pura e simplesmente os estudantes de origem popular do acesso de nível escolar superior.

Entre 1962 e 1966, as chances de acesso ao ensino superior cresceram para todas as categorias sociais. Mas se se entende por "democratização" o que a palavra sugere sempre implicitamente, a saber, o processo de igualação das oportunidades escolares das crianças procedentes das diferentes categorias sociais (a igualdade perfeita das oportunidades supondo que todas as subcategorias tenham uma taxa de oportunidades igual à taxa global de escolarização da classe de idade), o crescimento empiricamente constatado das oportunidades de todas as categorias não constitui por si um sinal de "democratização". Por outro lado, para ser sociologicamente rigoroso, a análise da evolução da estrutura das oportunidades supõe que se leve também em conta a significação social da evolução dessa estrutura considerada enquanto tal. Se, para cingir-se às categorias extremas, constata-se que as oportunidades de acesso ao ensino superior dos filhos de operários e de assalariados agrícolas foram mais do que duplicadas durante o período, enquanto as dos filhos de quadros superiores foram somente multiplicadas por 1,6, é por demais evidente que a duplicação de uma taxa muito fraca de oportunidades não tem a mesma significação nem os mesmos efeitos sociais que a de uma taxa trinta vezes superior. Para se ter a justa medida das consequências sociais dessa mudança numérica que, como o mostra o gráfico, reduz-se a uma transferência para cima da estrutura das oportunidades escolares das diferentes classes sociais (Gráfico 2), seria preciso portanto poder determinar com todo rigor as passagens que, nas diferentes zonas da escala das oportunidades, podem produzir transformações significativas dos sistemas de aspiração dos agentes. Sabe-se, com efeito, que

A evolução das oportunidades escolares segundo a origem e o sexo entre 1961/1962 e 1965/1966

CATEGORIA SOCIO-PROFISSIONAL DO PAI		OPORTUNIDADES OBJETIVAS (PROBABILIDADES DE ACESSO)		PROBABILIDADES CONDICIONAIS									
				Ciências		Letras		Direito		Medicina		Farmácia	
Anos		61-62	65-66	61-62	65-66	61-62	65-66	61-62	65-66	61-62	65-66	61-62	65-66
Assalariados agrícolas	R	1,2	3,0	44,0	53,3	36,9	26,4	15,5	16,3	3,6	3,3	0	0,5
	M	1,0	2,3	26,6	32,9	65,6	54,1	7,8	8,4	0	3,2	0	1,3
	Med	**1,1**	**2,7**	**34,7**	**45,0**	**50,0**	**38,0**	**12,5**	**12,9**	**2,8**	**3,3**	**0**	**0,8**
Agricultores	R	3,8	8,5	44,6	45,0	27,2	24,4	18,8	20,3	7,4	7,9	2,0	2,2
	M	3,0	6,7	27,5	31,8	51,8	48,5	12,9	10,9	2,9	3,9	4,9	4,6
	Med	**3,4**	**8,0**	**37,0**	**39,2**	**38,1**	**35,0**	**16,2**	**16,1**	**5,6**	**6,2**	**3,1**	**3,3**
Operários	R	1,5	3,9	52,5	50,0	27,5	24,8	14,4	17,8	5,0	6,6	0,6	0,6
	M	1,2	2,9	29,3	31,0	56,0	54,4	10,4	10,2	2,6	2,7	1,7	1,4
	Med	**1,3**	**3,4**	**42,8**	**42,1**	**39,9**	**37,2**	**12,3**	**14,7**	**3,6**	**5,0**	**1,4**	**1,0**
Empregados	R	10,0	17,9	46,0	37,7	17,6	21,6	24,6	26,7	10,1	11,8	1,6	1,7
	M	7,8	14,3	30,4	22,3	44,0	53,4	16,0	14,3	6,1	5,7	3,5	4,0
	Med	**9,0**	**16,2**	**39,4**	**31,1**	**28,6**	**35,5**	**21,1**	**21,5**	**8,6**	**9,2**	**2,3**	**2,7**
Patrões da indústria e do comércio	R	14,6	25,0	40,3	37,2	24,9	17,1	20,5	26,6	11,0	15,4	3,3	3,3
	M	13,3	21,2	21,8	22,4	55,7	47,4	11,7	15,7	4,8	7,6	6,0	6,7
	Med	**13,9**	**23,2**	**31,8**	**30,5**	**39,1**	**30,6**	**16,4**	**21,6**	**8,1**	**12,0**	**4,6**	**4,8**
entre os quais industriais	R	52,8	74,0	28,5	34,3	25,2	11,6	22,0	32,3	20,0	17,8	3,9	4,0
	M	56,9	68,6	13,2	18,4	57,8	42,5	11,2	19,8	10,8	9,8	6,8	9,2
	Med	**54,4**	**71,5**	**21,1**	**26,6**	**41,1**	**26,0**	**17,0**	**26,5**	**15,5**	**14,0**	**5,3**	**6,4**
Quadros médios	R	24,7	38,2	38,3	41,2	30,2	21,0	21,0	23,2	8,5	12,6	2,0	1,8
	M	25,4	31,4	22,2	25,5	61,9	52,6	9,1	11,3	3,4	6,4	3,4	3,9
	Med	**24,9**	**35,4**	**30,5**	**34,3**	**45,6**	**35,0**	**15,2**	**18,0**	**6,0**	**9,9**	**2,7**	**2,8**
Profissões liberais e quadros superiores	R	38,7	61,0	40,0	35,7	19,3	13,7	21,8	26,8	14,7	20,1	4,2	3,5
	M	36,9	51,2	25,7	22,8	48,6	43,5	11,6	15,0	6,5	11,1	7,6	7,4
	Med	**38,0**	**58,7**	**33,3**	**30,0**	**33,2**	**27,0**	**16,9**	**21,5**	**10,8**	**16,2**	**5,8**	**5,2**

281

às oportunidades objetivas diferentes correspondem sistemas de atitudes diferentes relativas à Escola e à ascensão social pela Escola: mesmo se elas não são o objeto de uma estimativa consciente, as oportunidades escolares, cuja expressão pode ser percebida intuitivamente no grupo a que se pertence (vizinhança ou grupo de iguais), por exemplo sob as características concretas do número de indivíduos conhecidos que ainda estão sendo escolarizados ou que já estão no trabalho numa idade determinada, contribuem para determinar a imagem social dos estudos superiores, que está de algum modo objetivamente inscrita num tipo determinado de condição social; segundo a maneira pela qual o acesso ao ensino superior é encarado coletivamente, mesmo de uma maneira difusa, como sendo um futuro impossível, possível, provável, normal ou banal, registra-se a variação de conduta das famílias e dos alunos (e em particular sua conduta e seu êxito na Escola), que tende a se pautar pelo que é "razoavelmente" permitido esperar. Na medida em que, em níveis quantitativamente diferentes das taxas de oportunidades coletivas correspondem experiências qualitativamente diferentes, as oportunidades objetivas de uma categoria social constituem, pela mediação de um processo de interiorização do destino objetivo da categoria, um dos mecanismos pelos quais se realiza esse destino objetivo.

Assim, passando de 52,8% a 74%, a probabilidade de acesso ao ensino superior própria aos filhos de industriais foi multiplicada somente por 1,4; todavia, a taxa assim atingida (74%) situa-os a um nível da escala das oportunidades ao qual só pode corresponder uma experiência da quase certeza de escolarização, com as novas vantagens e as novas contradições associadas a essa experiência. Se se considera por um lado que um número importante de filhos de industriais são escolarizados nas classes preparatórias e nas grandes escolas (por conseguinte não compreendido nos efetivos que serviram de base ao cálculo dessa taxa) e se se leva em conta além disso os estudos pagos não recenseados dos quais os membros dessa categoria são os primeiros beneficiários (pseudoescolas superiores de comércio, de publicidade, de jornalismo, de cinema, de fotografia etc.), deve-se admitir que a quase totalidade dos filhos de industriais suscetíveis de seguir cursos possui efetivamente uma escolarização de cerca de dezoito anos, e que se tende a ver surgir os primeiros sinais de uma superescolarização de classe.

Definitivamente, através do crescimento geral das taxas de probabilidade de acesso, a evolução da estrutura das oportunidades escolares entre 1962 e 1966 consagrou os privilegiados culturais das classes superiores: para três categorias com efeito, filhos e filhas de industriais e filhos de quadros superiores, as probabilidades de acesso atingem ou ultrapassam o limiar de 60%, não se levando em conta os alunos das grandes escolas. Para um oriundo de quadro superior, a solicitação de estudos após o bacharelato era em 1961-1962 um futuro provável; em 1965-1966, era um futuro banal. Inversamente, o aumento das probabilidades de acesso dos procedentes das classes populares não foi tal que eles se encontrem decisivamente afastados da zona das oportunidades objetivas em que se forja a experiência da resignação ou, por exceção, a do miraculado da Escola: que um filho de operário tenha 3,9 de oportunidade sobre cem, em vez de 1,5, de ter acesso ao ensino superior, isto não pode ser suficiente para modificar a imagem que ele faz dos estudos superiores como um futuro improvável, senão "desarrazoado" ou, se se deseja, inesperado. Quanto às classes médias, é provável que certas frações (em particular os professores primários e os pequenos funcionários) consigam um limiar em que os estudos superiores tendem a aparecer como uma possibilidade normal e onde tenda a enfraquecer-se a representação dos estudos que faz do bacharelato o termo pouco mais ou menos obrigatório da carreira escolar.

Em outras palavras, a representação, já admitida desde longo tempo nas classes superiores, que faz do bacharelato um simples direito de acesso ao ensino superior (o que diz o oposto da fórmula, "o bacharelato, isso não é nada"), tende a estender-se no nível das classes médias: a representação que inspirava até então um grande número de abandono de estudos após o bacharelato, abandonos muito frequentes entre os filhos de quadros médios e sobretudo empregados que restringiam sua ambição, por um efeito de histerese, a transpor a barreira contra a qual seu pai tinha se chocado durante sua carreira ("sem o bacharelato não se tem nada") tende a ceder o lugar à representação inversa ("com o bacharelato não se tem mais nada"), ademais fundamentada sobre uma experiência real e realista, pelo fato de que o bacharelato que se tornou, em muitos casos, a condição do acesso a funções às quais a geração precedente tinha podido alcançar através da "pequena porta", isto é, muito frequentemente, com uma instrução primária, não é mais suficiente para assegurar automaticamente o acesso às funções de quadro superior. Vê-se, nesse caso, como o que é, para uma grande parte, apenas uma transferência das aspirações, pode ser vivido pelos sujeitos como uma mudança natural ou, como diriam os observadores que não têm medo das palavras, como uma "mutação".

Mas a desigualdade das oportunidades de acesso à universidade exprime muito parcialmente as desigualdades escolares socialmente condicionadas: o quadro das chances condicionadas mostra que os estudantes e as estudantes de diversas origens não se encontram indiferentemente em tal ou qual tipo de estudos. Se a origem social ou o sexo só representassem seu papel de crivo diferencial para o acesso ao ensino superior e se, uma vez obtida a admissão na faculdade, contingentes desigualmente selecionados tivessem oportunidades iguais de entrar nas diferentes escolas, em suma, se a distribuição dos estudantes nas diversas faculdades só dependesse da vocação e dos "gostos" individuais (considerados como propensões naturais que escapam aos determinismos sociais), dever-se-ia, para cem estudantes de uma origem dada, descobrir uma distribuição das oportunidades condicionais que, em cada categoria social, refletisse pura e simplesmente a parte das diferentes disciplinas no efetivo total dos estudantes, ou seja, respectivamente 31,5 para as letras, 32,4 para as ciências, 16,5 para o direito, 15,6 para a medicina e 4,0 para a farmácia em 1961-1962, e, na mesma ordem, 34,4, 31,4, 19,9, 10,7 e 3.5% em 1965-1966. Vê-se que a distribuição empiricamente constatada apresenta, em relação à repartição ao acaso que decorreria do "livre-jogo das faculdades naturais", um desvio sistemático que faz, *grosso modo*, com que os estudantes originários das classes desfavorecidas se orientem antes para as faculdades de letras e de ciências e os estudantes das classes favorecidas para as faculdades de direito e de medicina. De fato, deve-se mesmo observar que, entre 1961-1962 e 1965-1966, essa *especialização social* das faculdades tende a acentuar-se.

Em 1961-1962, os estudantes das classes populares se dirigiam principalmente para os estudos de letras ou de ciências, enquanto uma proporção mais elevada de estudantes originários das classes superiores se engajava nos estudos de direito ou de medicina: é assim que 84,7% dos filhos dos assalariados agrícolas estavam inscritos em letras ou em ciências assim como 75,1% dos filhos de agricultores e 82,7% dos filhos de operários; em compensação, esse era o caso só de 66,5% dos filhos dos quadros superiores e de 62,2% dos filhos de industriais (que se sabe serem fortemente representados nas grandes escolas científicas). Em suma, mais se desce na hierarquia social e mais o acesso ao ensino superior deve ser pago por uma *restrição das escolhas* indo para as categorias mais desfavorecidas até a *relegação* pouco mais ou menos obrigatória aos alunos de letras ou de ciências. A evolução das taxas de probabilidades condicionais entre

1962 e 1966 mostra que a distribuição permaneceu quase imutável, as diferentes categorias sociais se hierarquizando do mesmo modo sob o prisma da "escolha" das disciplinas literárias e científicas. Se o crescimento da parte dos estudantes de direito no efetivo global se traduz para todas as categorias socioprofissionais por uma diminuição das oportunidades condicionais de fazer estudos literários e científicos, essa diminuição é particularmente marcada no caso das categorias superiores: enquanto que os filhos de assalariados agrícolas têm em 1966 83% de oportunidades de inscrever-se em letras ou em ciências, os dos agricultores 74,2% (seja - 0,9% em relação a 1962) e os dos operários 79,3% (- 3,4%), as chances dos filhos de quadros superiores não são mais de 57% (- 9,5%) e os filhos de industriais de 52,6% (- 9,6%); o desvio entre os filhos de operários e os dos quadros superiores passam ao curso do período de 15% a 22%. Se se examina mais detalhadamente a evolução das probabilidades condicionais dos rapazes, constata-se, para todas as categorias sociais (com exceção dos filhos de empregados), uma diminuição das probabilidades de admissão em faculdade de letras, porém a regressão é muito mais sensível para as classes superiores do que as classes populares e médias: assim as chances dos filhos de operários passam de 27,5% a 24,8%, enquanto que as dos filhos de quadros superiores caem de 19,3% a 13,7% e as dos filhos de industriais regridem de 25,2% a 11,6%. Sabendo que o acesso ao ensino secundário não foi estendido a frações novas das classes populares senão ao preço da relegação em estabelecimentos ou seções (a seção moderna por exemplo) objetivamente situadas embaixo na hierarquia escolar, relegação que engaja os alunos procedentes dessas classes numa *engrenagem* que os condena quase que inevitavelmente às faculdades de ciências, por oposição não somente às outras faculdades, mas também às outras grandes escolas científicas[7], compreende-se que se possa constatar, para os estudantes das classes populares, um aumento da probabilidade condicional de empreender estudos de ciências, enquanto os estudantes das classes superiores empreendem mais frequentemente estudos de direito ou de medicina: assim as chances dos filhos de assalariados agrícolas de fazer estudos de letras decrescem de 10,5% durante o período, enquanto que suas chances de empreender estudos de ciências aumentam de 9%; inversamente, as chances dos filhos de quadros superiores de fazer estudos de letras diminuem simultaneamente com as de fazer estudos de ciências (seja respectivamente de 5,6 e 4,3%), enquanto que suas oportunidades de empreender estudos de direito ou de medicina aumentam respectivamente de 5 e 5,4%. De modo geral, para os estudantes originários das classes populares e médias (assalariados agrícolas, agricultores, operários, empregados e quadros médios) as oportunidades condicionais de fazer estudos de direito permanecem sensivelmente constantes, o crescimento máximo atingindo 2,8% somente com a categoria dos quadros médios; enquanto as oportunidades dos filhos de quadros superiores (+ 4,6%) e sobretudo o de industriais (+ 9,5%) crescem nitidamente. Acontece a mesma coisa para os estudos de medicina: as oportunidades de ascender estão estacionárias ou em ligeira ascensão, para os alunos procedentes das classes populares, enquanto aumentam de 5,6 + para os filhos de classes superiores. Em conclusão, pode-se considerar que o ligeiro crescimento das oportunidades dos alunos originários das classes populares de ascender à universidade foi de qualquer forma compensado por um reforço dos mecanismos que tendem a relegar os sobreviventes a certas faculdades (e isto a despeito das reformas visando "racionalizar"

---

7. SAINT-MARTIN, M. "Les facteurs de l'émination et de la selection différentielle dans les études de sciences". *Revue Française de Sociologie*, IX, número especial, 1968, p. 167-184.

a organização dos estudos que foram realizados durante o período estudado nas faculdades de direito e de medicina).

É suficiente aplicar o princípio de interpretação das estatísticas, implicado pelo cálculo das oportunidades condicionais segundo as faculdades, em relação a outras diferenciações internas do sistema de ensino (por exemplo as que separam as disciplinas no seio de uma mesma faculdade (Gráficos 2 e 3, e sobretudo as que opõem as grandes escolas, elas mesmas rigorosamente hierarquizadas, no conjunto das faculdades) para que se consiga apreender, nas estatísticas que medem a evolução da estrutura das oportunidades de acesso a um nível e a um tipo determinado de ensino, o que constitui talvez a lei fundamental da transformação das relações entre o sistema de ensino e a estrutura das classes sociais: tomando por unidade o estudante, e abstraindo a posição que o estabelecimento ou a trilha de opção ocupam na hierarquia patente ou dissimulada da instituição escolar, deixa-se escapar o duplo privilégio resultante do fato de que as categorias que possuem as mais fortes chances de ascender a um nível dado de ensino têm também as oportunidades mais fortes de ascender aos estabelecimentos, às seções e às disciplinas que se ligam às mais fortes oportunidades de êxito posterior, tanto escolar quanto social. E deixa-se também de se ver que a transferência para cima da estrutura das oportunidades de acesso a um sistema de ensino capaz de exercer diferenciações preexistentes ou de criar-se novas acompanha-se necessariamente de uma redefinição contínua de critérios da qualificação escolar e social dos títulos universitários[8]. Por esse desvio sistemático, tende-se a

---

8. A estatística dos que voltam a estudar em função da idade da interrupção dos estudos mostra que o rendimento econômico de um ano suplementar de estudos aumenta brutalmente a partir do limite de idade que coincide *grosso modo* com a idade média de acesso ao ensino superior, isto é, com um nível da carreira escolar da qual as classes populares são pouco mais ou menos totalmente eliminadas. Tudo leva a supor que esse limiar deve ter se elevado continuamente à medida que o acesso a um nível dado

subestimar a aptidão do sistema de ensino para neutralizar, graças a uma diferenciação crescente que dissimula sua estrutura hierárquica, os efeitos da translação da estrutura das oportunidades de acesso à Escola ou, se se prefere, a substituir oposições em termo de tudo ou nada, de acesso ou de exclusão, que caracterizariam um outro estado do sistema, pelas gradações eruditas e eruditamente dissimuladas que vão do pleno reconhecimento dos "direitos da burguesia" universitária aos diferentes graus de relegação[9].

---

de ensino perdia sua qualificação extra pelo fato da translação da estrutura das oportunidades escolares.

9. Nessa lógica, esquecer as grandes escolas, cujo recrutamento social tende a se elevar desde o princípio do século, a taxa dos estudantes das classes superiores tendo passado por exemplo de 49% entre 1904 e 1910 (ou 1924-1930) a 49,6% entre 1924 e 1930 e 67,6% em 1966 na Escola Nacional Superior de Ciências, é cometer um erro cujo alcance não se pode comparar com o peso numérico de seu público, pois essas instituições, dotadas do mais alto valor de posição no sistema escolar e mesmo no sistema de suas relações com o poder, são um quase monopólio das classes privilegiadas.

Índice de temas e de nomes

Abegglen
academismo antiacadêmico 65
ação pedagógica 24, 149, 171, 174, 178s., 242-245, 249
aculturação 53, 72, 104, 153
afinidade estrutural 77, 181
agregação 104, 152s., 189, 200-203, 218, 256
agricultor 285s.
alienação 46
analfabetismo 231, 233
aprendizagem 33, 41, 64, 70s., 74, 87, 118, 155, 167, 188, 220, 253, 272
arbitrário 24, 28s., 31, 37-39, 47, 51, 53, 55, 57, 61s., 65, 70, 79, 159
aristocracia 29, 159, 273
artesão 243
ascensão 51, 140, 191, 208, 220, 225, 247, 282, 287
asilo 61, 71, 95, 219
atitude 37, 124s., 131, 132, 182, 209, 216, 234s., 237, 262, 282
autoeliminação 79, 205s. 212s., 266, 273

autonomia 23, 32, 40, 51, 56, 89s., 95, 144, 176, 180, 192, 194, 203s., 221, 224, 228, 240, 244-247, 249-252, 253-258
autonomização 83s., 94, 198, 254, 277
autor 86, 175
autorreprodução 82, 88-91, 251
autoridade 26, 30, 32s., 36, 39, 42s., 47-51, 53, 55, 58, 91-97, 149, 151, 153, 158, 173s., 241, 245, 251, 258, 262, 268

Balazs 181
Bally 163
Bardy 93
Benedict 242
Bennett 242
Bernstein 161
bilinguismo 33
biografia 62s., 128, 129s., 217, 243
Blanchard 200
Bloomfield 167
brilhante 153s., 164, 170, 189, 216, 260, 269

burguesia 194s., 199, 215s., 247, 261, 263, 274, 289
burocracia 192s., 199, 222, 224, 244, 246s. 263

Calverton 182
campo
  de força 265
  intelectual 44, 84, 88, 171, 189, 248
canonização 87
capital 57, 72, 76, 78, 104s., 132, 210, 274
carisma 48, 93, 96, 171
carreira 84, 104, 110, 116, 118, 125, 129, 194, 234, 283
Cassirer 161
causalidade estrutural 125
certificação 52, 221s., 272, 274
Clark 213
classes
  populares 37, 51, 77, 104, 106s., 110, 113, 119, 120s., 167, 204, 206, 209-213, 263, 283, 285s.
  sociais 102, 110, 129-132, 145s., 159, 194, 196, 204-207, 209, 211, 214s., 228, 231, 236, 246-251, 266, 276, 280, 288
  superiores 106s., 116, 122, 134, 283, 285-288
Clerc 204
códigos 150, 157, 160, 177, 181, 210
coerção física 61
comentário 56, 86

comerciantes 106, 265
comparação 182, 201, 222, 229, 231, 235, 275, 277s.
competência
  legítima 59
  linguística 104, 113, 116, 122, 130s., 160, 163, 178
competição
  profissional 233
comunicação
  pedagógica 17, 25, 32s., 41-46, 54, 91, 102, 130, 142, 145, 148s., 155s., 160, 171, 173, 228
concorrência 40s., 44s., 88, 170, 194, 221
concurso 152, 168, 187-191, 192, 196, 199-203, 218s., 235
consenso 23, 60, 88, 238
conservadorismo 119, 186, 207, 254s.
controle social 244, 247
cooptação 200, 262
corpo
  sacerdotal 84, 191
  universitário 200, 204
cosmético 165, 218
criação 171, 223, 243, 262
crise 91, 131, 141s.
Crozier 243-245
cultura
  dominante 25, 46, 52s., 66s., 173, 187, 189
  escolar 29, 87, 90, 145, 172, 197, 251, 253, 273
  geral 173, 222, 260
  legítima 45s., 52, 55, 59, 66-69, 80, 81, 84, 88, 97,

145, 149, 168, 179, 181, 187
  nacional 229, 241
  popular 46
culturalismo 244
curriculum 193, 211
curso 69, 103, 105, 118, 125, 129s., 134, 145, 160, 170s., 197, 204, 211, 214, 216, 252, 262, 283

Darbel
definição 26, 35, 37s., 42s., 50, 59, 63s., 112-116, 141, 149, 160, 164, 174, 186, 196, 200, 231s., 234, 245s., 251, 253, 260, 262, 268
delegação 47-51, 55, 59, 76, 91-95, 172, 268
democratização 81,132, 207, 212, 230, 234, 269, 275, 278, 280
dependência 23, 26, 30, 39s., 46, 89, 97, 128, 138, 146, 164, 231, 243, 249s., 254, 256, 258, 269, 277
Descartes 64
desculturação 71, 72
desembaraço 65, 119, 158, 161, 164s., 174, 216, 218, 260
diacrônico 130
diploma 84, 221s., 233-235, 269
disciplina 122s., 134-139, 140, 204, 211, 228, 236, 277s., 285s., 288
discordância estrutural 261

dissertação retórica dissertativa 152s.
dissimulação 36, 45, 96, 175, 206, 217, 250, 257, 269
distância 37, 55, 71s., 81, 102, 143, 150s., 160,162, 175, 177s., 244, 246
distinção 29, 46, 86, 163, 183, 218, 255, 273
dom 80, 183, 217, 242, 262
dominação 24, 27s., 30, 35s., 46, 52, 67, 160, 249
duração estrutural 56s., 89
Durkheim 23s., 31, 38, 82s., 90, 94, 158, 190-193, 251-255

ecletismo 44, 87
educação 33s., 38, 54, 56, 62, 67, 72, 81s., 83, 91-95, 128, 145, 162, 189, 230s., 234s., 237
efeito 23, 26, 31, 37, 43, 51, 57, 78, 96, 129, 131, 144, 152, 202, 220, 234, 277, 283
eliminação 78s., 103, 116, 125, 131, 139, 145, 186, 205-207, 210, 212s., 217, 235, 273
empregado 284, 286s.
Engels 84, 258
escola 35, 39, 51, 63, 68-71, 85, 94s., 106, 110, 131, 141s., 145, 156, 158-161, 162, 172s., 180s., 187, 191s., 194s., 202, 206s., 214, 216, 219-223, 224, 229s., 238s., 241s., 244, 246s., 250, 252, 254, 259,

266-269, 270, 274, 279, 280-284, 289
escolarização 130s., 132, 140, 209s., 231, 276, 279s., 280s.
escolástica 51, 58
espaço 75, 149-152, 170, 191
esperança 208s., 269
Estado 42, 96, 245s., 251, 258s.
estrutura hierárquica 107, 229, 289
estudantes 103-107, 110s., 113, 116, 119-124, 129, 134s., 140s., 148s., 150s., 153-157, 164, 168, 194s., 214-217, 234s., 236, 239, 242s., 247, 262, 269, 276, 279, 284-287
estudo 110, 120s., 129, 134s., 164, 183, 204, 207-211, 213, 217, 234-237, 239, 242, 269, 277, 280, 282-288
ethos 21, 54, 72, 76, 78, 125s., 139, 146, 209, 237, 247, 259
etnocentrismo 39, 55, 62, 65
evolucionismo 231, 239
exame 79, 83, 87, 118s., 152s., 165s., 186s., 189-193, 197, 199-207, 210, 213s., 217-221, 235, 252
excelência 65, 166, 169, 180, 202s., 247, 260

familiaridade 80, 174, 177, 187
familiarização 75, 160, 166, 179
fecundidade 61, 140, 265, 279
feminização 138, 234s.
Floud 213
força 23, 30, 33, 35s., 48s., 61, 203, 207, 228
formação
  clássica 119, 214
  moderna 113s., 119, 122, 214
formalismo 70, 161, 246
Fortes 26
Freud 41
função 21s., 25, 33, 37, 40, 51, 53, 92, 102, 112, 131, 141s., 158-161, 166, 169, 189-192, 202, 213, 217, 219, 222-225, 228s., 233, 244, 248, 250, 254, 274
funcionário 92, 96, 151, 174, 192s., 245, 283
geração 57, 224, 229, 272s., 284
Giraudoux 174
Goody 26

hábito 56-58, 65, 68, 70, 83, 182
Halbwachs 252s.
heresia 40
hierarquia 79, 107, 113, 119, 134, 138, 140, 146, 162, 168s., 190, 192-199, 203, 211, 215, 217, 221s. 228, 235, 238, 249, 260s., 267s., 271s., 285-288

história 29, 40, 69, 83, 112, 130, 134, 134, 140, 159, 182s., 186, 190, 194, 202, 240, 243, 246, 253, 256, 268
Hollingshead 210
humanidade 118, 256
humanismo 223
Humboldt 161
Husen 205
Husserl 68

ideologia 24, 42, 46s., 66, 80, 86s., 95s., 154, 168, 181-183, 199, 202, 219, 221s., 224, 234, 239, 240-244, 248, 254, 259s., 262, 271
igreja 38s., 58, 63, 83, 92s., 252, 254
igualdade 166, 190, 199, 207, 260, 280
ilusão 23, 29, 43, 62s., 66, 87, 95s., 130, 141, 155, 186, 202, 205, 229, 234, 250, 255, 257, 262, 266
imposição 21, 25s., 29-32, 34, 36-40, 45, 47, 49s., 55, 58, 62, 67, 70, 73, 95, 145, 149, 175, 199
indicador 216, 233-235
inércia 56, 81, 89, 131, 191, 246, 252
infalibilidade 93, 154, 155
informação 31, 41, 43, 57, 67, 86, 148s., 150, 156, 163, 180
instituição 25s., 43, 47, 50, 63, 71, 81-85, 89-94, 96s., 138, 140, 142s., 145, 149-152, 154-156, 168s., 186, 189s., 192, 194s., 199-204, 224, 235, 244-247, 251-256, 258, 261-264, 267, 274, 288
integração 54, 60, 258
intelectual 53, 56, 92, 138, 159, 171, 182, 187, 217, 248, 262
interesse 51, 81, 213, 222, 236, 239, 251, 268
interiorização 55s., 61s., 65s., 73, 112, 209, 266, 273, 282

Jamous 218
Jesuítas 29, 71, 158, 196ss.

Kant 161
Kelsall 273
kharma 271
kula 155

latim 46, 112s., 119-122, 124, 129, 159, 189, 214, 256
legitimação 37, 46, 146, 173, 219s., 236, 239, 242, 257s., 266-269, 270-274
legitimidade 21, 24, 34-36, 38-41, 44-47, 53, 61, 63, 66s., 79, 90-93, 95, 150, 153, 159, 173, 203, 217, 222, 236, 242, 258, 268, 270, 273
leitor 22, 187
Lênin 87
liberdade 23, 66, 158, 175s., 204, 270

língua
  escolar 105s., 166
  materna 69, 103, 159
  popular 161s.
linguagem 77s., 103s., 112, 140s., 149, 151s., 155-159, 160, 162-168, 169, 171s., 175s., 178s., 230, 270
literatura 277

Marx 23s., 56, 83
Mead 95
mercado
  de trabalho 52, 221, 223, 229, 232, 237
  escolar 160
  simbólico 52, 89, 233
mérito 154, 195, 217, 252, 260, 263, 274
método 28, 104, 186s., 189, 229
mímica 165, 218
mobilidade social 81, 225
modelo teórico 104, 116, 118, 125
monopólio 25, 38s., 44, 74, 79, 84, 89, 92, 97, 179s., 199, 222, 246, 277
mortalidade 105, 206, 209
museu 63, 79

necessidade 28, 35, 45s., 56, 63, 70, 112, 140, 150, 165, 170, 197, 201, 222s., 229, 232, 237s., 270s.
Neugarten 204
neutralidade 95, 97, 186, 220, 228, 250, 258, 268
neutralização 88, 151

objetivismo 24, 248
operário 129, 214, 269, 277, 280, 283, 285s.
ortodoxia 40, 44, 86

pa-ku-wen 187
Panofsky 58
Parsons 265
Pascal 147
pedagogia 30, 38, 73, 75s., 81s., 89, 96, 142, 144, 171, 177, 181, 197, 256
Pfeiffer 245

Piaget 73
Pichon 159
Pitts 241
planificação 270
Platão 227, 273
poder 23-26, 30, 36, 38, 42s., 48s., 58, 96, 104, 107, 140, 155, 168, 175, 195s., 203, 223, 246, 251, 253, 261, 272
práticas 32-35, 56-61, 63, 72, 74-77, 81, 88, 128, 146, 155, 173, 176, 186, 189, 231, 242, 251, 259-267, 269
Prieto 163
probabilidade 128, 134, 140, 173, 208-210, 212, 214, 216, 279, 282, 287
produtividade 57s., 67, 71-75, 78-81, 102, 177, 231
professor 90s., 94, 96, 129, 150s., 153, 155s., 165, 168-177, 200, 241

profeta 48, 56, 73, 92
programa 46, 88, 96, 175, 177
programação 66, 88, 253
propaganda 48s., 268
Protágoras 91
Proust 218, 243
Publicidade 42, 48, 283

quadro 25, 69, 195, 236, 247, 263, 27, 283, 284-287
qualificação 43, 190, 221, 223, 232, 234, 237, 271, 288

racionalização 73, 81, 84, 219s., 224, 230, 234, 241
recepção 41, 43, 70, 130s., 140, 143s., 149, 154, 177
receptor 75, 177
reconhecimento 24, 34-36, 41s., 45, 51, 53, 63, 66-69, 90, 173s., 194, 199s., 217, 222, 242, 245, 258, 268, 273, 289
recrutamento 84, 119, 132, 142, 200, 202, 210, 212, 224, 234, 275, 277
referência 72, 119, 128, 134, 140, 163, 169, 173, 196s., 209, 223, 238, 245, 248s., 254, 262
regra 61, 70, 162, 175
reinterpretação 153, 158, 234
relativismo cultural 33, 250
relegação 110, 205, 211, 285s., 289
religião 64, 73, 84, 197s.
Renan 158, 188

reprodução
 cultural 21, 30s., 74, 82, 85, 88
 social 21, 30s., 36, 74, 82, 85, 88
residência 106s., 209, 215
retradução 118, 125, 144, 191, 260, 262
ritualização 87, 244
Rosenthal 80
Ruiter 205

Saint-Martin 148, 210, 215, 287
sanções
 afetivas 26
 físicas 44
 jurídicas 26, 47, 84
 simbólicas 52
Sapir 161
Schumpeter 237
seleção 27, 34, 71, 79, 103-105, 107s., 110s., 113, 119s., 134, 188, 193, 197, 203-207, 210, 216s., 219s., 223-225, 235s., 262, 271s., 277
simbólico 24, 54, 69, 76s., 81, 89, 162, 210
sincretismo 44, 87, 243, 263
sincronia 216
sistema tradicional 130, 141, 180, 221
sistematização 49
sociologia 122, 124s., 134s., 139, 145, 186, 191, 205, 213, 230, 240, 241, 248
sofistas 51, 84, 91, 245
Stendhal 166

tecnocrata 173, 230, 236
teodiceia 154, 271
teoria 32, 59, 83, 90, 154,
 243, 266
trabalho pedagógico 50, 55,
 102s., 154, 171, 177, 180,
 228, 244, 252
trajetória 122, 134, 272

utopia 38, 95, 195, 220

Vermot-Gauchy 237, 269
violência simbólica 21, 23,
 25-28, 32, 34, 37-40, 42s.,
 47, 50, 56-58, 61, 67, 70s.,
 90, 95, 97
vocação 112, 207, 270, 285
vulgarização 42
Vygotsky 73

Warner 191
Weber 23s., 42, 83, 84, 93s.,
 153, 190s., 193, 196, 224,
 271
Wells 101
Whorf 161
Wilson 252

Zen 245

Conecte-se conosco:

f   facebook.com/editoravozes

◉   @editoravozes

🐦   @editora_vozes

▶   youtube.com/editoravozes

🟢   +55 24 2233-9033

www.vozes.com.br

Conheça nossas lojas:
www.livrariavozes.com.br

Belo Horizonte – Brasília – Campinas – Cuiabá – Curitiba
Fortaleza – Juiz de Fora – Petrópolis – Recife – São Paulo

 *Vozes de Bolso*

EDITORA VOZES LTDA.
Rua Frei Luís, 100 – Centro – Cep 25689-900 – Petrópolis, RJ
Tel.: (24) 2233-9000 – E-mail: vendas@vozes.com.br